金陵世家

金 戈 著

The Honoured Ancestries In Nanking

南京出版传媒集团
南京出版社

图书在版编目（CIP）数据

金陵世家 / 金戈著 . -- 南京：南京出版社，
2023.3
　　ISBN 978-7-5533-3926-9

　　Ⅰ . ①金… Ⅱ . ①金… Ⅲ . ①家族 – 史料 – 南京
Ⅳ . ① K820.9

　　中国版本图书馆 CIP 数据核字（2022）第 202181 号

书　　名	金陵世家
编　　者	金　戈
出版发行	南京出版传媒集团 南　京　出　版　社
社址：南京市太平门街53号	邮编：210016
网址：http://www.njcbs.cn	电子信箱：njcbs1988@163.com
联系电话：025-83283893、83283864（营销）　025-83112257（编务）	

出 版 人	项晓宁
出 品 人	卢海鸣
责任编辑	潘　珂
封面题签	丁　帆
装帧设计	王　俊
责任印制	杨福彬

排　　版	南京新华丰制版有限公司
印　　刷	南京凯德印刷有限公司
开　　本	787毫米×1092毫米　1/16
印　　张	16.25
字　　数	221千
版　　次	2023年3月第1版
印　　次	2023年3月第1次印刷
书　　号	ISBN 978-7-5533-3926-9
定　　价	50.00元

营销分类：历史·文化

用微信或京东
APP扫码购书

用淘宝APP
扫码购书

前　言

金　戈

　　南京自古出世家。"世家"一词，最早出自《孟子·滕文公》，是指门第高贵、世代为官的人家。本书所指的"金陵世家"，既从历史文化名城南京的别称"金陵"出发，也从笔者十多年来开展文献梳理和田野调查所取得的二十个"个案"出发：

　　最早的"金陵甘氏"，可以一直追溯到战国时期秦国丞相甘茂；明初伍氏家族迁居金陵，之后亦商亦儒，由贾而仕；清代乾嘉年间以经学享誉儒林的陈授一族，以经学、文学、史学绵延七世，出现了陈作霖、陈作仪等代表性人物；晚清"中国动漫鼻祖"万氏四兄弟出生于南京城南；新中国成立前后，中国"建筑四杰"之一的童寯先生一直居住在文昌巷52号……

　　这里，既有在南京生活600年以上的原住民"甘""陈（作霖）""伍""郑"；也有100年之内，从外地迁徙而来的"姚""童"；还有"蒋""万"家族中的一部分人，带着本土文化的熏陶，带着对家乡的眷念，去上海创业，但他们的"根基"都在南京，他们"发家"的起点都在南京。

论对国家做出的贡献，政治方面有卞家的"忠"、邓家的"义"；经济方面有吴家的丝绸之路遗存；文化方面有伍、程、胡、朱、万家所留下来的历史、文学与艺术遗产；更多的还体现于郑、陈（裕光）、姚、杨、童等家在航海、教育、建筑等方面的作为。

从上述内容可以看出，本书虽然沿用了"世家"这一概念，但不仅限于"门第高贵、世代为官"的"官宦世家"，更多的是指那些世世代代保持了独特家风和文化传承的家族。

这些家族见证了南京这个城市演进的步履，有战乱和灾祸，也有新生和转型，自然有着诸多的感人事迹：既有响应社会变革和国家号召参军入伍、献出自己宝贵的生命；也有为了满足长辈愿望单身赴海外留学、安身立命以及归国寻亲并反哺家庭与社会；还有因为家庭的需要而放弃出国留学、晋升乃至享受更加舒适美满生活的机会。这些活生生的事例，让我们不得不思考一些无法回避的人生命题：个人与家庭的关系、家庭与社会的关系、个人与国家的关系，乃至个人与世界的关系。

在查阅书稿、家谱、家书时，在与家族后人进行访谈的过程中，笔者试图考证这些文本的来源、成书的时间和作者的身份，试图理解他们的想法，了解他们的时代背景，理解他们的价值观、他们家族的文化传统，以及那些有价值的文化遗产，同时希望能将他们置于一个被还原了的历史语境里。在写作过程中，笔者逐步意识到，本书不是诸多家谱（史）的简单缩写，而是以人物为主体，以家族演变为背景的历史叙述。

"家族"一词，《辞源》解释为"同姓的亲属"。"家风"一词，《辞源》的解释是家族的传统风尚。笔者认为，"家风"是社会文明的"铺路石"。"重提家风"可以促进培育和弘扬社会公德、职业道德、家庭美德和个人品德。

家庭教育是一个人最早期接受的教育，时间较长，影响最深，是一切教育的基础。家庭教育也是一门综合性科学，它与优生学、生理学、卫生学、营养学有关系，跟心理学、教育学、人才学、伦理学，甚至与美学等也有关系。因此，既要研究家庭教育的目的、任务、特点和方法，还要研究父母的责任、父母的修养以及家庭教育与学校教育、社会教育的关系等问题。

笔者认为，促成一个人成长和走向成熟的因素，有两个方面最为关键：一是家庭成长环境所赋予的印记，其次才是他（她）对社会的观察与思考。在书中，我们可以看到这些家族经历的巨变：从济济一堂到相隔千里万里。庆幸的是，我们同样可以看到在这些家族里的种种情景：慈母抚儿、子承父志、兄弟情深、隔代亲情……更有高度一致的浓浓家国情怀。可以说，建立良好的家庭伦理感情生活，促进家庭成员的身心健康和发展，以充沛的精力从事工作、劳动、学习非常有必要；同时正确认识人与人、人与社会的相互关系，树立良好的家庭和社会风气，促进安定团结也非常重要。

目 录

001　一、诗书传家：南捕厅甘家
012　二、忠孝为先：冶山卞家
025　三、融合进取：三山街伍家
039　四、拥抱海洋：马府街郑家
052　五、治学为本：花露冈顾家
064　六、睁眼看世界：万竹园邓家
076　七、四世翰林：棉鞋营赵家
087　八、才情为上：膺福街卢家
101　九、方志大家：安品街陈家
114　十、由商至文：三条营蒋家
128　十一、行销世界：钓鱼台吴家
139　十二、以园颐亲：鸣羊街胡家
151　十三、江南文人：大百花巷程家
163　十四、不舍亲情：颜料坊夏家
176　十五、和睦人家：仓巷杨家

189　十六、动漫鼻祖：箍桶巷万家

202　十七、不丢"根本"：汉口路陈家

213　十八、"有学识更有勇气"：清溪村朱家

223　十九、"燃烧自己，照亮他人"：莲子营姚家

236　二十、执着向上：文昌巷童家

251　跋

一、诗书传家：南捕厅甘家

甘熙宅第位于南捕厅，是南京现存规模最大、保存较完整的多进穿堂式晚清私人住宅。它建成于清嘉庆四年（1799）春，相传是甘熙之父甘福始建，取名"友恭堂"，后经甘熙续建并形成后日之规模，俗称"九十九间半"。1982年被列为南京市文物保护单位。1992年作为南京民俗博物馆对外开放，时称"甘熙宅第"。1995年4月被列为江苏省文物保护单位。2006年5月被列为全国重点文物保护单位。

甘熙宅第规制齐整，地域宽广，整个建筑群的砖雕门额、花厅、绣楼

甘熙宅第南门

等基本保存完好。门前的楹联"德尚圣贤，炎凉世事三更梦；志存淡泊，风雨人生一部书"，以及大厅中悬挂的"友恭堂"匾额、"孝义传家政，诗书裕后昆"堂联，很好地概括了它的历史和主人的精神境界。甘家堂号"友恭"，意即兄友弟恭、相亲相爱及以诗书教子孙，以孝义传家政。友恭堂，既是家族议事、接待宾客、节庆祭祀、婚丧活动的场所，更是甘氏家族精神所在：兄须爱其弟，弟必恭其兄，以"友恭"为家训，产生凝聚力，使得家族和睦。

甘家祖先可以追溯到战国时期的秦国丞相甘茂，其后甘宁、甘卓等都为战功显赫的名将。东晋时甘氏的封地在南京南郊的小丹阳，称于湖。明代末年甘氏迁至南京城，因经商致富。金陵甘氏是南京最古老的土著，是南京人的骄傲。

甘福：藏书在于"用"

甘熙宅第有一座藏书楼名为"津逮楼"，由甘福所建，仿造天一阁式样，上下各三楹。"津逮"二字语出《水经注》，"津逮"亦作"津达"，常用来比喻为学的门径。

甘福（1768—1834），字德基，号梦六，又号保彝，官至按察司经历衔。他惜老怜贫，乐善好施，在民间享有很好的口碑。自甘福之后，家族中的辈分皆以"火、土、金、水、木"为序，取五行相生之道。甘福有子二，甘煦（1792—1863）及甘熙（1797—1852）。

甘福编有《津逮楼书目》18卷。他曾在诗中写道："吴山越水几遨游，四十年来费苦搜。插架非徒供秘玩，研经愿与企前修。香薰芸简频收拾，夜爇兰膏细校雠。从此老怀堪告慰，左图右史复何求。"道出了藏书在于"用"的理念。

甘熙在《白下琐言》中，叙述了父亲收集图书和建设津逮楼的经过："家大人性嗜书，往来吴越间，遍搜善本，积至十余万卷，于宅之东筑津逮楼以藏之。……家大人四十年间勤加搜访，宝若珠玑，悉为传经而计，并亲定训约：'至亲密友不得私自借出下楼，愿就读者听，违者以家法治。'后之子孙可忘所自来耶。"

津逮楼落成时，在外任职的甘熙作诗祝贺，并表示自己"却愧风尘多废学，归田他日好研求""烟波一舸乐徜徉，万卷归来手自装"。

甘福去世后，甘熙、甘熙撰《梦六府君（甘福）行述》，追忆父亲在藏书楼读书的情景："春秋之暇……登楼静坐，浏览群书，见有嘉言懿行，辄手录之，积帙逾五六寸，曰保彝斋日记。"

后来，津逮楼由甘熙扩建，藏书量也随之大大增加。道光十五年（1835）六月，甘熙"增筑书舍数楹，兄将各砖嵌诸壁间，颜其屋曰'卅六宋砖之室'"。这些宋砖共有三十六块，是道光五年（1825）甘熙之兄甘煦任安徽太平教谕时，从宝应教谕手中获得的。甘熙对三十六块宋砖一一考证，认为"文字古雅、精神完具者有十四砖"。因为甘熙与曾国藩是同科进士，曾国藩曾经赠给甘熙一副对联："高楼百尺南朝迹；甓舍一舟北宋砖"，把藏书楼和"卅六宋砖之室"都写了进去。

甘家后人知道古籍善本的价值，因此在1951年变卖旧宅的时候，族人经过商议，一致决定将所收藏的书籍、刻版，连同刻有"津逮楼藏书"字样的柏木书框书籍捐赠给南京图书馆古籍部，一来可以告慰祖先，二来有利于读者阅读。

甘熙：耗费40年完成巨著《白下琐言》

甘熙是金陵甘氏由商入仕的杰出代表人物，因其在家族中最有名望，故家族之宅被后人以"甘熙宅第"命名至今。他是道光十八年（1838）进士，官至礼部仪制司、户部广东司道员等，著有《白下琐言》《建康实录》《栖霞寺志》等地方志书和《忠义孝悌祠传赞》《寿石轩诗文集》《金石题咏汇编》等文集。深受清代"考据"之风尚影响的甘熙，借助津逯楼十余万卷藏书，耗费四十年记录和考证，遍访南京的山川河流、园林街景及风土人情，撰成一部笔记体文献巨著《白下琐言》。

《白下琐言》始撰于嘉庆（1796—1820）中期，成书于道光二十七年（1847）。专记金陵山水、名人遗事等，详细查考利病、沿革，内容包括名胜古迹、经济状况、文化生活、风俗人情等，共570多则，是研究明清南京地方历史的重要文献，被今天的学者评价为继顾起元《客座赘语》之后的另外一部具有里程碑意义的作品。

道光二十一年（1841）夏天，南京发生水患，很多人都认为应该开后湖（即今玄武湖）以通江。有好事者想要在神策门外沿城开河，提议将后湖的湖水西通入长江。为此，甘熙撰写《后湖水道考》一文。他指出：一旦开后湖，江上的船队借势即可进逼钟山，直捣省城之背，威胁整座城官民的生死性命。使得朝廷终止了这项工程计划。他还提出"禁青龙诸山开采，浚秦淮支河"等建议，得到了采纳。

甘熙的堂弟甘勋，也是一位学者。在太平天国运动之后，他复建了五间藏书房，并称之为"复庐"。甘勋（1841—1897），字元焕，号复庐，一字绍存，晚号岘叟，光绪二年（1876）举人。著有《金陵氏族谱》《金陵耆旧述闻》《江宁艺文考略》《江宁金石旁征》《莫愁湖志》等，又应聘参与修《同治上江两县志》《光绪续纂江宁府志》，勘校《建康实录》等。同治七年（1868），甘元焕与侯宗海结为好友。侯宗海（1826—1907），字杏楼，江浦县陡岗乡湖里钱人。幼年勤学苦读，道光二十五年（1845）进入县学，同治六年（1867）拔贡。他在甘氏家中教书达20余年，由此得以便利阅读大量珍贵的乡邦文献，并积累了丰富的编纂经验。光绪十七年（1891），侯宗海在甘元焕的支持下，将县志《光绪江浦埤乘》编纂成书。

虽说甘熙所著的《白下琐言》，于道光年间（1821—1850）就已经完成，但直到光绪十六年（1890）才出现江宁傅崧生筑野堂刻本。而且，原先的十五卷只剩下了八卷。1926年，由甘熙的侄孙甘鋐，经过百般辛苦终于找到了书版,并添补两卷加以补刻,才使得这一部记录晚清南京社会生活的百科全书再次呈现在世人面前。

甘銋:为民族工商业"发声"

甘銋(1869—1939),字仲琴,清增郡生。历任南京总商会干事、商事公断处处长、南京总商会副会长、督办江苏善后事宜公署参议及南京总商会会长等职。年轻时跟从岳父李仲纶先生读书,因累次乡试不中,遂弃科举而致力于经营家业。他所经营的"协兴和百货店",位于大板巷以南的坊口大街上。他经营有方,根据市场需求,广购华洋百货,数年以后,信誉昭著,被百货行业推为"业董"。

1925年创办"仁寿织布工厂"。6月10日,领导南京总商会发布公告,抵制英、日货物,通电全国、集会游行,支援对英、日帝国主义制造的"五卅"惨案的罢工运动。1927年,不仅在自己经营的商店内全部采购国货、销售国货,还利用其南京总商会会长的影响力,极力推动地方

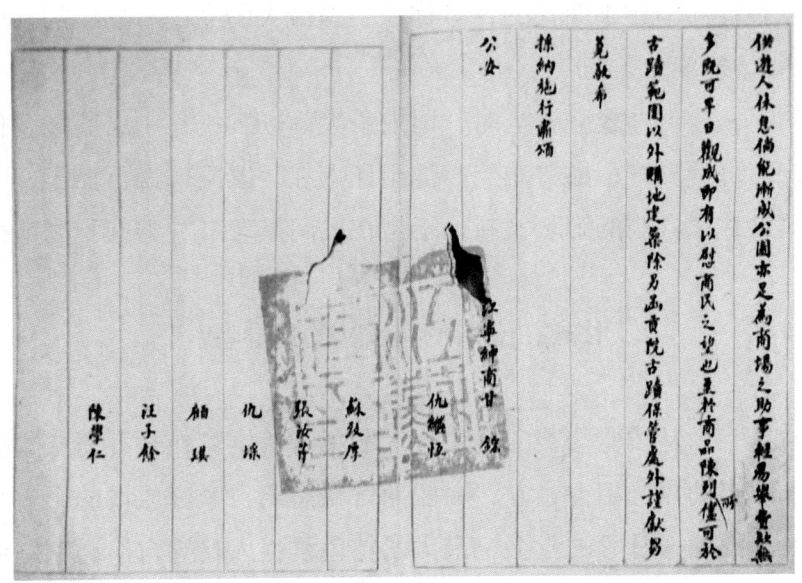

《致江苏省长陈贡院中路旧存号舍应力为保存函》(其中有甘銋签名)

的"国货运动"。与此同时,他还热忱于兴办学校,捐资扶助地方慈善事业。

今天,在省级文物保护单位"江南贡院碑刻"里,有一块《金陵贡院遗迹碑》,碑文记述了江南省(江苏和安徽)省长根据甘鋐等人之请,经省议会商议,最终划定贡院遗址保护范围的决策过程。相对应的,还有一件以甘鋐为首八位江宁绅商的《致江苏省长陈贡院中路旧存号舍应力为保存函》,与其他七份原始文件一同成为证明保存江南贡院遗迹的一级文物,静静地放置于南京中国科举博物馆的展柜里。

1921年5月30日,甘鋐、仇继恒、苏致厚、张汝芹、仇埰、顾琪、汪子余、陈学仁等呈送给省长的保存函中,建议应着力保存"明远楼、至公、衡鉴、监临、提调、监试诸堂"之"古迹",并指出"保存古迹,本为历史观念,虽文化最新之国,亦不能背此义"。经江苏省长王瑚批复,"六年冬,始定处分法凡十条。七年春,始设处分事务所。规厥制,划巨道,剖其中,而留明远楼及衡鉴堂,为方式存遗迹,以示方来。别存号舍若干间,以明前代试场之遗轨,余则辟市肆,利群商"。于是,使得我们今天还能够看到始建于明代的,号称"中国最大的乡试考场"的标志性建筑——明远楼。

1936年,他创办成立了当时"国内最大商场"——中央商场。作为儒商的甘鋐,每到夏日,酷暑难当,他会让人在甘家门口摆下摊子,免费为老百姓提供甘家自制的解暑饮料,于是在民间享有"甘善人"之美誉。

甘鑫:南京民间乐社的倡导者

"堂会",是"堂会戏"的简称。旧指官僚富豪在举办喜庆宴会时,请艺人来演出助兴,招待亲友,一般而言只是出自家庭成员的个人爱好。但尤为不同的是,甘家的堂会,最大的特色是主人自导自演、家庭成员共同投入,因其较高的专业水准和持续性,对传统戏曲和民族乐曲的发展起到推波助澜的作用，社会反响也就更加显著。

甘鑫（1889—1969），字贡三，早年毕业于政法大学经济科，抗战胜利后在"江宁师范学校"任昆曲教师。对于诗词书画、戏曲音乐，他无一不精，更精娴音律，民乐方面精于笙、箫、笛，弹拨乐器中擅三弦、琵琶，特别是笛子，人称"江南笛王"。他曾经花费数年时间，将百余出戏的工尺谱翻成简谱。他的长子甘南轩、四子甘律之皆喜京剧，尤工老生；长女甘长华、幼女甘纹轩，尤擅昆曲；女婿汪剑耘是梅兰芳的高足，被誉为"南京梅兰芳"。

二十世纪二、三十年代，甘贡三与名流仇继恒、吴梅、溥侗、俞振飞等举办昆曲清唱集会。活动地除了复成桥畔，还有今天杨公井古籍书店的二楼。1933年，甘贡三与溥侗等人创办"公余联欢社"，被推举担任昆剧组组长。

1935年夏，长子甘南轩成立新生社并任社长，社址就设在南捕厅15号甘家花厅内。成员主要有甘涛、甘律之、甘汝恭、甘菊生、汪剑耘等。

抗战胜利后，甘贡三带领全家返回南京，在南捕厅每月举行"同期"（即集会清唱昆曲）。1948年2月，为庆贺甘贡三六十寿辰，在甘家宅内大作堂会。甘贡三携子、女、孙、媳、婿等合演昆曲《天官赐福》，甘贡三扮演天官，寿禄喜三星分别由长子南轩、四子律之、长婿汪剑耘扮演，其余宫女、文堂由媳、女、孙扮演，一时传为佳话。当天所演奏的昆曲

1935年，上海百代唱片公司邀请甘贡三先生灌制唱片

甘鑫六十岁生日全家福

《祝寿词》，由外甥卢冀野作词、程虚白作曲，由子甘涛所在的"中央广播乐团"演奏。

甘贡三的次子甘涛（1912—1995），字汉波。南京艺术学院教授，著名民族音乐家、音乐教育家，杰出的二胡、京胡演奏家和指挥家，也是现代民乐交响化奠基人。他六岁习笛，九岁学胡琴，对吹、拉、弹、打等各种民族乐器有浓厚兴趣，尤其擅长胡琴类乐器。从民歌小调到戏曲曲牌，为京剧、昆曲伴奏，进而涉猎江南丝竹和广东音乐。中学时即登台演奏乐器。高中毕业后，考入中央大学电机系学习，后因病辍学，后考入上海国立音专，向比利时小提琴教授法利国学小提琴。后来他进入国民政府"中央广播电台"工作，历任干事、总干事、代理组长，直至担任乐团团长兼总指挥。1958年在南京艺术学院音乐系任民乐教研室主任、教授。著有《江南丝竹音乐》《怎样吹笛箫》《江南丝竹演奏艺术》《二胡音准问题》《二胡运弓艺术》《二胡基本练习曲》《中国民族乐器常识》《中国打击乐器》等。因为早年学工科，亲手绘制图纸，反复试验，与陈济略、黄锦培等人共同改进了中胡、大胡、低胡、低音大阮，成为民族乐器的改革家。他培养了大量的民乐人才，知名的演奏家有孙恒柏、龚一、闵慧芬、陈跃星、朱昌耀、杨积强、周维等，可谓"桃李满天下"。

1954年，经南京市文化局及秦淮区文化馆提议，甘涛和他的父亲甘贡三，古琴家夏一峰，国画家、古琴教育家张正吟共同发起，成立"南京乐社"，甘涛任乐社社长。琵琶演奏家和教育家程午加，古琴演奏家王生香、刘少椿、赵云霄，竹笛教育家吴造峨，民族音乐家闵季骞，民间艺人顾鉴明、谈明镛等均为乐社骨干。

1978年改革开放之后，乐社恢复活动，先后由甘贡三先生长子甘南轩及爱新觉罗·溥侗女儿爱新觉罗·毓峘担任社长。1998年，南京乐社昆曲组更名为"南京昆曲社"，在老一辈的提议下，甘贡三先生的外孙女汪小丹接任社长一职。她自幼跟随外公学习昆曲，外公要求很严格，要求"拍曲"必须练习100遍才能够上笛子，并告诉她："笛子是配合唱腔的，是应该笛子跟着唱腔，而不是唱腔跟着笛子。"她步入京昆艺术道路，是直接受到大舅甘南轩和四舅甘律之的影响。甘南轩在病中还写信给她，鼓励

1982年，夫子庙秦淮谢幕现场，右三甘涛，右一爱新觉罗·毓崟，右二甘长华

她走出家门参加曲社活动，并教导她：学习昆曲一定要有好的文化功底，告诉她"昆曲是跟着文化走的"。母亲甘长华也一直支持鼓励她学习昆曲，还请了戏校的高慰伯老先生来家中辅导。

2001年，甘涛五子甘本（国家一级演奏员，小提琴、二胡双栖独奏演奏家），响应甘熙宅第二期复建规划，创建了南京世杰艺术进修学校。2002年，甘熙宅第对外开放，南京昆曲社以此为基地开展昆曲传承活动。2004年，汪小丹成立南京甘熙宅第京昆文化艺术研习中心，并邀请了梅兰芳先生之子梅葆玖担任名誉社长。为庆祝南京昆曲社迎来五十周年，她还主编了《友恭堂——甘贡三及其子女的艺术生涯》一书。2010年，她又成立了"南京梅兰芳京昆艺术研究会"，邀请梅葆玖出任名誉会长，在人民大会堂与南京市文化局联办专场演出。2014年，在江苏省昆剧院及昆剧艺术家张继青老师支持下，举办了南京昆曲社喜迎六十周年系列庆典活动。2018年，甘梵以父亲甘涛的代表作《江南丝竹音乐》为指南，在南京将"江南丝竹"成功申报为非物质文化遗产。

甘櫯：遵照父亲嘱托编修家谱

甘櫯（1952—），是甘鑫的孙子。毕业于河海大学的人文学院。退休前就职于南京财经大学，先后在校办档案室、图书馆、法学院、老干部处

等部门工作，担任科长、办公室主任等职务。

15岁时，他下农村插队。1972年，凭借家传的音乐特长，他考入西藏军区政治部文工团，担任小提琴手。42年后，他在女儿婚礼上演奏马斯奈的《沉思曲》，在表达一个父亲美好祝愿的同时，向来宾送上讴歌美好爱情的优美旋律。

1980年前后，每次从部队回南京探亲，母亲都会催促甘櫯尽快回来上大学，告诫他"甘家世代书香传承，不能在你这里给断了"。加之长兄甘棠（1930—1965）英年殉职（后被追认为烈士），甘櫯不忍违背父母心愿，1982年向部队提出转业申请，获准回到南京。

1984年春，在病榻前，父亲甘洌（字南轩，金陵大学毕业，胡小石先生高徒）嘱咐他接手此前曾计划重修的族谱。于是，按照母亲写给他的家族成员的名字，甘櫯去图书馆查阅资料，去各家登门拜访。在积累了大量资料的基础上，他担当起家族修谱主笔的职责，三十多年来撰写了《甘氏家族历史人物简介》《甘氏家族谱系简表》《重建津逮楼记》等专稿。2010年出版专著《金陵甘氏考》。漫长的岁月，使得编修家谱的工作十分艰难。他把家史划分为三个部分：从先秦到元代，明代到康熙年间，最后一部分是乾隆年间至当今。

通过考证，他不断取得新的发现：一向被认为是甘家大院直系祖先的

1972年，甘櫯在西藏（前排左一）

2014年，甘櫯在女儿的婚宴上演奏

甘凤池，还有待考证；很多材料中把甘家称为戏曲世家，这种说法也不恰当；另外，对于清初平民之家的甘氏，如何能置办下偌大家业，这个外界解不开的谜，甘櫆也渐渐弄清了……

2021年6月25日，为庆祝昆曲被联合国教科文组织列为"人类口述和非物质遗产代表作"二十周年，政府有关部门以"金陵甘氏百年——甘氏家族及京昆艺术的传承与弘扬"为题，在甘熙宅第举办南京方志大讲堂。甘櫆与汪小丹作为嘉宾，讲述甘氏友恭堂作为金陵文化世家的由来，以及前后三代甘氏族人经过不懈努力，在昆曲人才培养和音乐社团建设两个方面做出的贡献。

从南京走出去的优秀影视演员海清（1977—），本名黄怡，是甘南轩堂弟甘汝敏的外孙女。2001年，在南京城墙博物馆建成开放之际，海清在接受《心城：南京城墙记忆》口述史采访时说："甘家大院是我们共同祭祖、亲友间相聚的纽带。"她说："自己是一个土生土长的南京人，可能我在外地的时间会比在南京的时间长，可这一点都不妨碍我对南京的这份感情。一个人的家乡是在他的血脉里的，我从小的饮食习惯、我的亲朋好友、我对世界的很多看法、我对味道的记忆、我的脑子里一些片段等，都是跟南京息息相关的。"她庆幸甘熙宅第能够完好地保护下来，并且很好地发挥作用，她"希望我的家乡将来继续这样发展，将这些历史韵味，这些古迹，这些南京人世世代代怀念的，像古城墙、梧桐树、旧的古宅都尽量多地保存"。

二、忠孝为先：冶山卞家

卞壶塑像

说起东晋时期的著名人物，人们往往会想到王导和谢安。其实，和他们齐名的，还有集"忠孝"于一身的卞壶。朝天宫西门外，广场上矗立着一座东晋名臣卞壶的立式塑像。卞壶墓碣为南京市文物保护单位。而且，与王谢相比，只有他的墓地依然留存。每当举办祭祖活动，数百人在此静穆站立，成为六朝古都不多见的景象。究其缘由，有专家认为，"以忠贞公为代表的卞氏家族，迥异于魏晋南北朝时期一般世家大族清谈玄虚、骄奢攀富的立门风气，秉孔孟之道，行忠孝之事，以儒家的价值与理念立身行事"，所以才源远流长，从南京发散衍生到全国。

顺着山坡继续往北，有一座"卞壶井亭"，井栏内是忠孝泉。来到卞壶墓牌坊，迎面是御赐全节坊。前方墓道的尽头便是"卞壶父子墓碑"亭。亭中一块高大的石碑，仔细辨认上面的字迹，刻有"道光甲午春所立晋父子忠孝卞公之墓"。

此外，还有一块碑碣藏于南京市博物馆，为宋庆历三年（1043）北宋名臣建康知府叶清臣所书。碑高1.73米、宽0.66米，正面刻有文字"晋尚书令假节领军将军赠侍中骠骑将军成阳卞公墓"。

卞壶父子：为国捐躯

卞壶（281—328），字望之，济阴冤句（山东曹县）人。卞壶历仕东晋三朝，身任御史中丞、吏部尚书、尚书令等职。东晋明帝时，官至尚书令。成帝立，卞壶与庾亮共辅朝政。后在平苏峻乱中与二子俱巷战阵亡，葬于冶城（今朝天宫）。《晋书·卞望之传》记载："臣死于君，子死于父，惟忠与孝，萃其一门""再对贼锋，父子并命，可谓破家为国""夫事亲莫大于孝，事君莫尚于忠。唯孝也，故能尽敬竭诚；唯忠也，故能见危授命"。

卞壶像

卞壶为人刚正不阿，不畏权贵，维护朝廷纲纪不遗余力。晋成帝即位举行登基大典那天，元老重臣王导竟以病缺席。卞壶在朝廷上严肃地说："王公岂社稷之臣邪！大行在殡，嗣皇未立，宁是人臣辞疾之时！"王导听说后连忙带病赶来。因此，近代学者柳诒徵在《中国文化史》这样评价，东晋不清谈而做实事的人只有两个：一个是陶侃，陶渊明的祖上；一个就是卞壶。

卞壶去世后，其三子瞻、四子眈皆承先翁之志，精忠恪尽，保国安民，功勋硕建：卞瞻官拜广州刺史，守疆戍边，竞业终生；四子眈任晋陵太守，时晋简文帝咸安二年（372），庾希、庾邈与青州刺史武沈之子武遂聚集兵众反叛，趁夜攻入京口，晋陵太守卞眈发各县兵众2000多人讨伐之，杀死全部叛逆兵众，京师安逸。卞眈转迁尚书郎。

由于卞壶父子忠心报国，事迹感人，历朝历代的封建统治者皆立碑建亭，到此祭祀。南唐保大年间，中主李璟曾命人在此建祠筑亭。北宋庆历三年（1043），知府龙图阁直学士叶清臣将南唐所建的"忠贞亭"改为"忠孝祠"。宋元祐八年（1093），江宁制守曾肇将忠孝祠、亭扩建为

"忠孝堂"，南宋绍兴八年（1138）叶梦得又在忠孝亭原址南面建庙。明成化十四年（1478），朝廷与卞壶族人共同出资重修卞公庙，新增水井，井栏高45厘米，呈六角形，水清味甜，经旱不干，上刻有"永乐十七年七月忠孝泉"字样，为南京现存最完好的古井。清乾隆十六年（1751）首次南巡时，曾御书"典午孤忠"匾额一块，悬挂于享堂之上。

从此，至明代时，冶城山下，形成前祠后墓的规模，自南而北，前有山门、全节坊、享堂、裴夫人祠，后有忠孝碑亭、封土堆，牌坊前西南侧有古井亭。

无数文人墨客留下了著名篇章，其中，有南宋诗人马之纯的《卞壶墓》："当时风俗尚清谈，笑道公心瓦石含。临难此曹皆处女，惟公一个是奇男。一门忠孝真难得，六代衣冠孰与参。墓草没头人不见，令人惆怅极无堪。"清雍正五年（1727），著名文学巨匠、《儒林外史》作者吴敬梓，登金陵冶城山，拜谒卞公祠墓，填词一首《满江红·冶山卞忠贞公庙》："北府军兵遗恨在，南朝君相清谈误。便全家，碧血染雕戈，青溪路。"

卞壶卒后，太和二年（367），族人纂修谱牒，乃以卞壶为一世祖。卞壶后裔秉承"忠孝传家"的家族遗风，将家族堂号命名为"忠贞（孝）堂"，成为历史上以忠孝责任的价值信仰，培育"忠臣孝子"的"忠贞世家"。

目前，卞氏家族在南京有高淳、溧水两支。从南京往外延伸，一支在扬州，一支在常州。扬州这一支又逐步朝北方扩展到江都、兴化、盐城、徐州和连云港；常州这一支扩展至江阴，再浙江、台湾。仅仅就族谱推算，现在卞氏家族已经繁衍生息到了七十世有余。

卞孝萱：自学成才的学术大家

卞孝萱（1924—2009），男，江苏扬州人，晚年号"冬青老人"。南京大学中文系教授、古典文学专业博士生导师、《中国思想家评传丛书》副主编,中国唐史学会顾问、中国唐代文学学会韩愈研究会会长,江苏省六朝史研究会名誉会长等。根据家谱,他是江都卞氏第二十一世孙。在他的口述集《冬青老人口述》"旧家往事"篇里记载,就是因为出生于望族,"由此得以从一些老辈学习,从而树立志向,这也是我治学的一个客观条件";他说自己去上海发展,就是拿着家族成员介绍信去的。

对于家史,长子卞敏在为父亲出版的《冬青书屋藏名人书画选》前言里写道:"父亲卞孝萱谱名卞敬堂,1924年6月20日出生于扬州城内一个没落的书香门第。祖父卞宗礼字恭甫,光绪己卯年生,国学生,登仕佐郎,初娶王氏,早卒;续娶李氏梅清,生卞孝萱。父亲农历五月生,祖父七月殁。尚在襁褓中的父亲,成了失怙的孤儿。祖母原是基本不识字的旧式妇女,她依靠十指针线,含辛茹苦地抚养父亲长大。"

这样的经历,使得他在读到家藏《郑板桥家书》的这一段文字:"每见贫家之子,寡妇之儿,求十数钱,买川连纸钉仿字簿,而十日不得者,当察其故而无意中与之"时,联想起自己的身世,"不禁泪下,觉得像郑板桥这样体贴穷苦孩子的好人,世上不多见。这部集子,成为我所爱读的书"。

卞先生回忆自己读小学时,说:"从汉代大儒董仲舒,到隋、唐'选学'大师曹宪、李善,到清代扬州学派的代表人物阮元、汪中,都在我的幼稚的心灵上留下深刻

卞孝萱像

少年时期的卞孝萱与母亲的合影

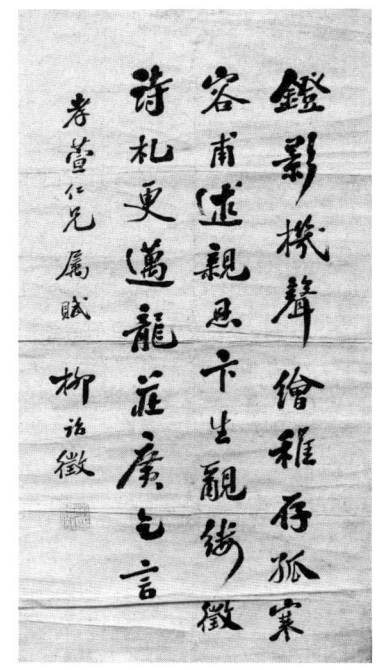

柳诒徵先生的题词

的印象。我也要做有学问的人，才有意义；这个朴素的信念从那时起便开始在我的头脑中萌生了。由孤儿苦学终成大家的汪中，尤为我所向往。由于经济条件的限制，我不能享受正规的高等教育，自然而然地走上自学之路。"

1939年，卞孝萱在溧潼镇江苏省立第一临时高级中学读书，恰好听到国学大师柳诒徵先生的演讲，其中"国学不亡，国家就不会亡"的感慨激发了他选择学术研究之路的决心。

高中毕业后，卞先生无力上大学，十八岁便独自到上海谋生。所以，他一生最高的学历是上海立信会计专科学校。因为当时银行职员的收入比较高，为了养家糊口，他便在族人的帮助下到银行做职员。工作之余，坚持自学文史。他有感于战火中文献惨遭损失，急需抢救，就立志收集、整理晚清至民国政治、经济、军事、文化各方面人物的墓碑、墓志铭、家传、行状等。白天工作，晚上就到图书馆读书。那时的图书馆晚上也开放，卞孝萱常常是从家中带了馒头夹咸菜，用手帕包上揣进口袋，就去图书馆了。

抗战胜利后，柳诒徵返回南京后复任国学图书馆馆长，卞孝萱常与他通信，向他请教。卞孝萱说："柳先生知道了我的身世后，赋诗一首为赠。诗中以清代的洪亮吉、汪中、汪辉祖勉励我，这三位学者都是由寡母抚教成名的，这就使我自学的决心更加坚定了。"

1943年，卞孝萱19岁。为报答慈母的养育之恩，庆贺母亲四十寿辰，他做了一件了不起的事情，那就是写下了《征〈娱亲雅言〉启》，向自己仰慕已久的文史学者和书画名家广泛征集诗文书画，期盼借助他们的笔墨将母亲的慈爱记录下来。

　　首先收到的是他的族伯父卞綍昌写的一副对联："母氏劬劳，历尽冰霜坚苦节；孤儿贤孝，追怀堂构读遗书。"旁注："孝萱族侄生二月而孤，全恃节母教养成人，今已十九年矣。思报答于春晖，痛饥案于圣岁，致身经济，立志显扬，前途正未可量，属作楹帖，以志无忘。岁在玄敦羚之涂月既望，七十老人狷庵卞綍昌撰句，呵冻勉涂于扬州并记。""呵冻勉涂"，这四个字看起来生动有趣，实则体现出长辈对后人的怜爱与激励。家人的关怀是一种支持，更是一种慰藉。1945年，卞綍昌先生赠联祝贺卞孝萱双喜临门，一则母亲四十寿诞，二则奉母命与段子宜女士成婚："峻节著熊丸，成才琢玉；高堂歌燕喜，洗手调羹。"这是卞孝萱生前最为珍爱的对联，从扬州到北京、南京，一直呵护珍藏。

　　在此后数年里，陆陆续续地，他收到了60多位学者的回复。著名美学家宗白华在题词中写道："孝弟也者，其为人之本与。母爱实人间最不自私，如天地之育万物，无名无功，而世界赖之以存在。卞母为母爱之典型，遂使卞君善继其志，善述其事，可以风世矣。"1944年，齐白石先生亲手绘就两只寿桃，并写下题款："孝萱先生事尊太夫人至孝，欲得白石画使太夫人见之欢，予早闻之矣。"特别值得一提的是，20年间陈三立、陈寅恪父子二人，同为一个家族中的卞士云、卞孝萱两个孤儿的事迹题诗，在近代文化名人交往史上留下一段令人称颂的佳话。有专家说：学界名流之所以乐意帮助卞孝萱，主要不是怜悯，而是他本人的刻苦努力。

　　1949年后，卞先生到中国人民银行总行工作，也将日积月累所获得的两大箱辛亥革命时期人物碑传带到了北京。柳诒徵先生特地介绍他向中国科学院近代史研究所研究员金毓黻请教，而此时金毓黻对卞先生已很赏识，正是通过他的大力推荐，卞孝萱于1956年调到了当时的中国科学院近代史研究所工作。

　　再后来，卞孝萱师从范文澜、章士钊先生，协助范先生编写《中国通史简编》，协助章先生校勘《柳文指要》，专攻古代文史。此后，他陆续出版《刘禹锡年谱》《元稹年谱》《唐代文史论丛》等专著10部，发表论文100余篇，主编《资治通鉴新编》《中华民族优秀传统文化丛书》《六朝丛书》等多种。其中，由他领衔主编的《中国历代史话》获第七届中国图书奖。

说起先生的晚年生活，他自称"冬青老人"。他并没有因为年老而放弃学术探索。我以为，这种探索既是一种回味，又是一种补偿。

一是为章炳麟、章士钊、黄侃、陈寅恪等十二师友立传。83岁时，出版《现代国学大师学记》，看起来是回味过去，以诉说来表达感恩之情，其实更多的是传授经验和感受。他的学生武黎嵩在文章里写道："孝萱师为不少青年学者评阅论文、写推荐信，有求必应。"先生对他说过："年轻人想成功不容易，要帮助。我从来不在外人面前讲年轻人的缺点。如果年轻人个个都出色，要你们老师干什么？"

二是研究家谱。早年在上海时，他就收集、整理过一些晚清至民国政治、经济、军事、文化各方面人物的墓碑、墓志铭、家传、行状。随着研究的深入，他曾经自豪地说过："如果能给我一间房子，三四个研究生，每个月一万块钱经费，一个家谱研究中心就可以建起来了。"2008年，他出版了最后一部学术专著《家谱中的名人身影——家谱丛考》。

2009年，族人卞元荣拜见先生，请他担任卞氏研究会会长。卞先生说自己年龄大了，但表示支持。他提出对传统的"忠""孝"的认识不能狭窄，千家百姓是一家人，要团结。他对族人卞世传提出"文化立族"，强调不仅要传承

通往故居的巷口

文化,更要"提升文化",其中最为核心的是要提升道德,要增加传统文化的营养。

2020年,我和几位朋友来到扬州市历史文化街区仁丰里,来到旧城五巷12号先生的故居。巷子还是过去的样子,只是因为卞老搬走了,房子换了新的主人,精神头也失去了。好在卞老儿时就喜爱的"文选井",已经容身于修缮后的"阮元家庙及宅第"的院落里,获得了读书人家那份应有的宁静。

绵延不绝的家族文化传承

卞孝萱有六个子女:长女卞毅、长子卞敏、次女卞琰、次子卞岐、幼子卞深及幼女卞华。长女卞毅为了减轻家庭负担,初中毕业后考入商校,但父母希望她考高中,然后升入大学。长子卞敏,少年时为了分担奶奶的辛劳,在弟妹们入小学后就开始教他们识字。幼女卞华说,印象最深的是初中毕业后可以分配工作,但父亲不同意,要她读高中,父亲觉得升学才

1970年代中期合影(后排从左起为卞深、卞岐、卞毅丈夫,前排左起为卞华、卞深妻李紫扬、卞琰、卞毅)

是最重要的事。

在学术传承方面，长子卞敏和父亲最为贴近。卞敏（1949—2019），江苏省扬州市人。1976年毕业于中山大学哲学系哲学专业，1981年辽宁大学哲学系研究生毕业，获哲学硕士学位。毕业后，分配至江苏省社会科学院哲学所从事科研工作，曾先后担任主持该所工作的副所长，《江海学刊》杂志社社长、主编，研究员。1999年3月，被江苏省人民政府授予"有突出贡献中青年专家"称号。

虽然卞敏的主业是哲学，但他受父亲影响，对文史也有研究。撰写哲学类书籍之余，他和父亲合作出版《刘禹锡评传》。在陈寅恪研究方面，出版社鉴于陈寅恪《柳如是别传》文字深奥，约请卞孝萱编通俗本。后来这本《柳如是新传》是由卞敏写，卞孝萱给予指导并于1997年为该书作序。2019年9月，在卞孝萱先生去世十周年之际，卞敏为父亲出版《冬青书屋藏名人书画选》，并写下了一篇纪念文章《怀念我们的父亲卞孝萱》。

次子卞岐，凤凰传媒资深编辑，在父亲《郑板桥全集》（齐鲁书社版）的基础上，编辑出版《郑板桥全集》（江苏凤凰版），对郑板桥的基础材料作了完善，他还为父亲编成《卞孝萱文集》（七卷本）。

最小的女婿武维春，是扬州师范学院中文系1977级的本科毕业生。至今，他还保留着一封岳父的来信。信中，卞孝萱先生不厌其烦地介绍了自己治学的经验："我的经验是，最好编一本资料书，在编书的基础上产生一批论文。举例来说，我回扬州后，用了几年工夫，编了一本《郑板桥研究资料》，书编好了，交给出版社的同时写了十篇文章，将在今年底、明年初陆续发表。但维春现在无资料，不可能走这条路，如果写小文章，鸡零狗碎，费力不小，意义不大。中华书局出版了《杜甫卷》《柳宗元卷》《白居易卷》，集中了大量资料，维春可设法在新、旧书店买。这是在没有资料情况下勉强可以做学问的一个办法。从这些资料中消化，能不能发现一些问题，写点文章？试试这些办法，无米之炊，巧妇难为，没有资料，写不出好文章。希望以后与你们面谈……"2018年，他因为知道岳父曾经关注过创作《扬州八怪歌》的作者凌霞，生前曾建议将凌霞的诗集《天隐堂集》收入《清代诗文集汇编》。为此，武维春在《天隐堂集》基础上找到了凌霞其他著作，编了一部《凌霞集》，并联系上了浙江古籍出版社，计划出版。他说，这也算是完成了岳父的一桩心愿。

卞孝萱给外孙女的回信

对于孙子孙女的教育，卞孝萱先生更加重视。1980年，将扬州的旧居变卖之后，他特意用其中的一万元设立了"家庭奖学金"，用来对第三代中认真读书的孩子给予一定奖励。

1992年，外孙女武珺写信向他报告自己得了"双百"的好成绩，他及时回信，在信中勉励外孙女"做一个对国家、对人民有贡献的专家"。2002年，武珺从扬州考上了南京师范大学文物博物馆专业，2006年毕业后进入南京市博物馆工作。非常有意思的是，前文提及的那块北宋名臣叶清臣所书的"卞公墓"墓碑，就在她工作的庭院内。2018年10月，她参与的研究报告《发挥博物馆社教功能服务老年群体精神文化需求研究》获得了"南京市第十四次哲学社会科学优秀成果奖"。

2009年9月，卞敏的儿子卞宁写下了一篇文章《文史大家卞孝萱去世 休止的80年自学长征》，在《新民周刊》上发表。文章从爷爷的一生展开，概括了其学术探索的历程与成就。卞宁认为，爷爷留下的不仅仅是学问，最重要的是爷爷一生的奋斗精神。

2019年11月，卞敏去世，卞宁在追悼会上追溯父亲的一生："父亲从扬州的弱冠少年、到下乡插队、南方读书、安徽做工、东北读研，以及落户南京的40年，是勤勉而精进的一生。如同爷爷一直工作到86岁，父亲也工作到71岁。但他们从未离去。父亲永远是耐得住寂寞、甘于清贫、醉心学术的父亲，直到生命戛然而止的前一刻。父亲永远充满活力、精力充沛，让我感觉到他还是一个五十岁的中年人。在父亲面前，妈妈唯一的身份是被照顾的爱人，我的唯一身份是受父亲蒙荫的儿子。对于工作、同事或者学生，他唯一的态度是较真、真诚、真心、全力以赴。他永远是去做照顾别人的那个人。我猜，这是他热爱的生活方式。很小的时候，我就翻出过父亲大学时代的笔记本，更不用说他40多年学术生涯已经被著作完善记录，各个时代的思想变化一一呈现。翻开不同时代父亲的著作，我随时和30岁、40岁、50岁、60岁、70岁的父亲对话，何其幸运，何其奢侈！"

金陵卞氏的其他后人

1962年，卞留念出生于南京一户普通的工人家庭。此前，他父亲从溧水来到南京城里工作。1969年，7岁时，他在南京琅琊路小学念书，因为是学校广播操的领操员和文艺骨干，还因为自己"手指细长，演奏弦乐的条件比较好，于是就被选中去了'小红花'学大提琴"，还练就了吹、拉、弹、唱、舞等其他方面的基本功。但后来，因为升学搬家等原因，中断了学琴。

1978年，时值高中读书的卞留念，看到自己那些曾经小红花的同学们纷纷考上艺校，决心暂时放下学业，专心学习二胡，为今后考上南京艺术学院做准备。他说，最

1980年卞留念在学校的照片

初父母肯定是强烈反对的，但他依旧每日花费8—10小时在练琴上。两年后，卞留念被南京艺术学院录取。大学读书时，他给自己定下了五个"五年计划"：完成学业、确定艺术方向、崭露头角、实现自己独立的音乐人生、成为集创作与演奏于一身"人类史上创作最丰的音乐家"。

于是，大学毕业后，他没有去由学校分配的某县剧团工作，而是打破常规直奔首都北京报考文艺团体，最终被东方歌舞团录取。在进入歌舞团之后，一个偶然的机会，他在仓库里发现了一把破损了的旧吉他，于是自己修好之后开始天天练习。

虽然身在北京，但他有着深深的家乡情结。2008年北京奥运会，作为音乐总监，卞留念把重新编曲的《茉莉花》确定为颁奖音乐，将家乡南京的"好一朵茉莉花"传向全世界。

2011年，卞留念被评为"南京十大文化名人"。也正是这一年的10月，中央电视台拍摄《古卞国探考》，他为《卞氏之歌》谱曲并配乐演唱。2014年，南京举办第二届夏季青年奥运会，他担任青奥会音乐总监。闭幕式上，卞留念拿着自己最心爱的二胡，在35米高空演奏，不仅成为整场晚会的一个亮点，而且将二胡这一民族乐器展现给全世界。

2020年元旦期间，高淳区砖墙镇凤卞村的年轻人卞伟伟"父债子偿"，将父亲生前所欠村民的21万元交到一百多户村民手中。

1993年，在卞伟伟6岁时，父亲向本村村民借款30万造船出门跑运输，憧憬着即将过上幸福的美好生活，可是事与愿违，他父亲在一次跑船途中遇难，留下孤儿寡母。突遭变故，母亲好几次哭晕过去。经法院判决，卞伟伟一家偿还了村民部分款项。村民们体恤他们孤儿寡母，不仅很照顾他们一家，而且都没再追究剩余债务，但当时年幼的卞伟伟却一直将此事铭记在心。

此后，母亲为了幼小的儿子，无论生活多困难，都咬牙坚持着，盼望儿子快快长大，好好做人。"寒门出孝子"，卞伟伟牢记母亲的教诲，刻苦学习，奋发图强，暗下决心依靠自身的努力偿还父亲的剩余债

卞元荣与卞伟伟合影

务。2019年末,卞伟伟在村里张贴"父债子偿"公告,决定于2020年元旦当日为父偿还债务。其实遵从法院判决,村民根本不指望其再还余下的债款了,而且因为在法院判决时原始借据都已经上交。卞伟伟却依据珍藏了多年的欠款账本与村民逐个核对,村民领款后签个字就行了。这样的义举感动了在场的每个人,于是,卞伟伟被村里人尊称为"诚信哥",并获得了2021年度诚实守信类别"江苏好人"称号。

2020年8月,当卞氏研究会会长卞元荣得知此事之后,请来江苏籍著名书法家沈仁道先生题词"居仁由义",并且赶来南京送到卞伟伟手中,以表彰这种光耀门庭的优良品质,给这份善举划下一个传统式样的完美句号。

三、融合进取：三山街伍家

　　20世纪的中华路152号，有一座探花第，是中国第一位回族探花伍长华的府邸。探花第有前后两座建筑。前探花第有两路，正三进和旁一进，花台种有柿子树、石榴树、黄杨树、桑树、冬青树，墙上爬满了爬山虎等常青植物，花台右侧还有蜡梅树；后探花第有三进，第二进是会客、起居处，第三进为二层楼。大堂内有一副对联："三百年世家无非积德，第一件好事还是读书。"上联是说自明初到伍长华在世时的三百年，伍氏家族助人积德繁衍至今；下联是指伍氏的家风，要求把读书的传统代代相传。

　　伍家是明清两代金陵回族世家，后裔族人繁多，人才辈出：清初有伊斯兰教学者伍遵契，清中叶有与林则徐一起在武昌禁烟的伍长华，清末民初有毕生从事教育的伍仲文。新中国成立后，伍氏家族中也出现了一些专

探花第旧影

砖雕门罩

家学者,他们都遵从"君子慎独,立德向善"的家训,矢志不移地追求自己的理想,报效祖国,贡献社会。

伍儒:来自中亚西亚的天文学家

伍儒,字德全,原籍西域撒马尔罕(今乌兹别克斯坦撒马尔罕)。字"德全",其义取自《庄子·刻意》:"平易恬淡则忧患不能入,邪气不能袭,故其德全而神不亏。"洪武二年(1369),伍儒因精通历算天文,奉诏来南京任职回回钦天监,授漏刻科博士,居天津街,在南京生活了51年。据《伍氏家谱》记载:"始祖德全公,讳儒,明洪武二年奉诏自西域迁居金陵城中天津街……"《(嘉庆)重刊江宁府志》载:"伍儒,字德生,乐施好善。洪武中赐籍金陵,精历学,诏授漏刻科博士,掌钦天监事。给官房一所,后舍为寺(清真寺)。"《金陵通志》载:"伍儒字德全,其先西洋人,精历术。明洪武中征儒授漏刻科博士,会占籍上元,赐宅古天津街,屡掌钦天监事,乐善好施,舍宅为回回寺,敕赐清真。"另据《钟南淮北区域志》谓,伍儒舍宅建造的清真寺就是郑和在明朝宣德年间奏请复建的著名净觉寺前身。

自伍儒起,伍家连续六世皆任职于钦天监,有"博士官六代"之美誉。至明神宗时,六世祖伍浩(少西)(1532—1590)任职礼部儒士,后转从商在南门开设"伍少西毡货店",经营与中亚民族有关的皮毛(毡货)生意。据记载,他的毡货店有"伍少西家"四字横匾,由同乡时任吏部左侍郎兼翰林院侍读学士顾起元所书。伍浩生八子,分立八堂:世泽、禧燕、延祉、深柳、有斐、惠迪、晖娱、燕

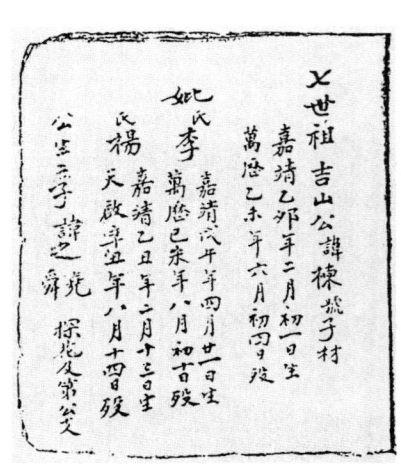

家谱书影

贻堂，宗支分衍，流散广阔，各立为业，遍布各地。经明末清初之巨变，因经商或宦游流寓常德府、肇庆府，以及清末辛亥之交流寓沪杭、江浙，各地皆有伍氏族人踪迹。南京嫡支"世泽堂"及"有斐堂"，世居三山街、铜作坊。

伍光瑜：著有《补园集》的慈善家

伍光瑜（1758—1830），字孚尹，号屏秋，摹刻《天发神谶碑》，辑有《六事箴言续录》（道光二年金陵黄起东刻本）一卷，著有《补园诗集》八卷（清道光十九年、二十四年序刻本）。道光年间参与主纂《道光上元县志》。祖父伍遵亮是清朝康熙年间人，字致远，金陵城内著名的古董珠宝鉴赏家和收藏家，《金陵通传》谓其"以替古春鉴藏称"。父亲伍士禄是第十一世，字守旃，为"太学生，以廉让称"。光瑜年仅三月时，父亲病逝，由嫡母杨氏、生母陈氏抚育成人。

嘉庆十一年（1806）补岁贡生，授候选训导，时年已四十九岁。后绝意进取，热心地方公益事业。嘉庆十九年（1814）大旱成灾，带头捐出五百金，并广为劝募，担负起救济任务，并说"事关灾黎生命，不可辞"。道光三年（1823），南京大水，在下关设拯溺船，取名"生生堂"。此外，出资赞助府县修学宫，疏浚河道。

他晚年时在伍氏老宅附近建了一处花园，取名"补园"。拥有一个庞大的家庭："子六，女三，孙十，孙女十九人。"在他的培养下，5个儿子均通过科举考试：嘉庆十八年（1813），三子伍长英考取国子监学，官至湖南常德府同知；嘉庆十九年（1814），次子伍长华殿试一甲第三名；道光二年（1822），长子伍长龄为岁贡生，举孝廉方正，以知县用；四子伍长松、五子伍长馨皆为举人。

乾隆五十九年（1794），桐城派大师姚鼐先生曾经给伍光瑜的母亲写祝寿词，赞扬其母有君子风范；二十年后，他在另外一篇祝词里这样写道："余始来江宁，见富盛之族绚赫一时者多矣！至今才二十年，而盛族衰替，十有六七，独乎尹一族多贤子，游吾门者官履相接。其家风之美，传数十年而日起日增，斯母教之助为可贵也……"可见家庭教育特别重要，而且家长的言传身教最为关键。伍光瑜自己也这样总结："吾之待人，亦不知能各当其分与否，但必出于诚而已"，而且"见善必为，为必有成，能事事也"。他曾经作诗《五十生日示子侄》："……已自甘心屏声息，缝人序齿常讳匿。奚事张皇夸五秩，显亲扬声须有日，铺张涂饰殊无识。君不见庭前老柏树参天直，同是先人亲手植，只见家人私叹息，未闻贵客来对殖，年年苍翠好颜色因为多做善事。"

伍光瑜经常与儿子保持书信往来，而且以诗寄托情怀。伍长华在外任职期间的一次腊八节，他写下了一首感人至深的诗《答长华津门寄呈腊八日》："岁除依旧治生忙，又把劳劳况味尝。堪笑老怀如伏骥，未能异地共烹羊。寒宵最忆团栾乐，暮景聊吟急就章。此日回肠不知数，家乡相对念他乡。领簿分稽趁暮天，光阴余暇入新年。桃花煮粥当无恙，盐荚求章幸不愆。乡思似添婚嫁累，家书频付置邮传。倚门望罢迎门笑，正是东来月上弦。"前半部分写的是相思之苦，后半部分情感因诗意的场景得到了升华。

当他得知孙子伍承钦成为生员，参加"入泮"仪式时，欣然题诗"好称儒业连三世，喜放孙支第一花"。伍家也终于完成了

《补园集》书影

由贾而士的转型。这些诗句经伍长华编纂、伍承钦校对，作为《补园集》刻本刊印出版。

探花伍长华：革新政务，武昌禁烟

伍长华（1779—1840），字实生，号云卿、愚泉，伍光瑜次子，伍儒第十四代孙。少受业同邑吴翼元，其人"磊落好义，品学兼优"。伍长华与长兄伍长龄都是桐城派大师姚鼐的门生。

嘉庆十八年（1813），通过江南乡试中举人。嘉庆十九年（1814）甲戌会试榜登一甲三名，后任职翰林院编修。此后的三年间，他曾四校京闱，还主持过一次浙江乡试，任过一届广东学政。

道光二年（1822）出任外官，历任广西右江道，广东、长芦盐运使，甘肃按察使，云南布政使。这些地区，多为边陲难于治理之地，或是瘴疠肆虐之域。他记住了母亲马太淑人的叮嘱："汝等居官当好善如汝父，无怠且无吝也。"每到任一处，不辞劳苦，置瘴气染病的危险于不顾，巡视所辖全境，振风气，严肃法纪。

在云南，伍长华任布政使，锐意革新盐政和铜务两大政务。云南有丰富的铜矿资源，但在生产与运输方面存在多种弊端。御史袁文祥指出，铜厂民工工资常常被拖欠，运铜官船在途中常常被沿途地方官勒索，甚至遭到匪徒的抢劫。为此，伍长华认真巡查辖区铜产地，体察各铜矿矿脉盛衰历史及现今产销运输状况，并撰著《云南铜法考》一书。他在云贵总督伊里布支持下，将运铜官船改由运员领银自行办船，直接抵达天津，严格规定沿途停靠地点、时间和抵京日期，使当时铜法、盐务得以改革，效果十分显著。

伍长华的一生，最值得提及的是鸦片战争前夕他与林则徐共事的一段时光。道光十七年（1837），林则徐接任湖广总督，辖湖北、湖南军政大务。道光十八年（1838），伍长华升为湖北巡抚，督府与抚院同在武昌办公。十月二十七日，林则徐和伍长华各率僚属一道来到武昌校场，共同查验湖北各地搜缴的鸦片烟枪1754杆，连同烟斗烟具，当众"槌碎焚毁"。又将从江夏和汉阳缴获的烟土烟膏共计16768两，"江夏获者先投江心，汉阳获者暂贮藩库"（1962年4月中华书局出版《林则徐集·日记》305页）。两人还在校场检阅兵丁，显示了湖广地区禁烟的力量和信心。因为伍长华昔日曾与林则徐同在翰林院供职，相处默契，又都具有改革思想，志同道合，常常一起共商湖北大政方针，着力整顿盐务，加强治理水患。两人曾共同会衔奏请朝廷缓、免除湖北各地受灾地区田赋钱粮，又共同发布禁烟告示，并发起"必以重治吸食为先"的禁烟运动。两湖禁烟"不特开馆兴贩之徒，闻风远窜，并吸食者，亦恐性命莫保，相率改图"。

同年十一月二十三日，林则徐接到道光皇帝宣召，北上晋京，不久被任命为钦差大臣，赴广东查禁鸦片。湖广禁烟比虎门销烟早9个月，为广东禁烟提供了实践经验，林则徐后来总结经验说：湖广禁烟时，采用火焚化法，即拌以桐油点火焚烧，但"焚过之后，必有残膏余沥渗入地中，积惯熬煎之人，竟能掘地取土，十得二、三，是流毒仍难尽绝。"因而后在虎门销烟时采取了更为科学可靠的方法。

林则徐离开武昌后，道光皇帝任命伍长华暂署湖广总督。伍长华在林则徐离去后，继续实行禁烟，封闭烟馆，惩戒烟客，对盐务、漕运进行革新，利用盐捐兴办书院，修筑汉阳沿江石堤。后来，朝廷任命周天爵为湖广总督，伍长华仍留任湖北巡抚。道光二十年（1840），周天爵因惩处大冶县令遭到反讦，朝廷交伍长华处理。不久，周天爵又因属下非法刑讯逼供而牵连获罪，革职戍边。伍长华与此案并无关系，却被以"审讯不力"革职。而混迹官场的周天爵竟然很快被起用为漕运总督，谋得难得的肥缺。伍长华却因没有后台、朋党，加之他不擅交际，"不干人以私，亦不喜人干以私"，竟归老家乡。

从此伍长华闭门隔绝于世，为父亲伍光瑜编纂诗集《补园集》。同时买田耕作，作祭祀之用，又买下城郊青龙山一垄义地，作为家族丧葬坟地。不久，伍长华便病逝于老宅。

伍长华子承钦（1802—1878），字式之，号退斋，著有《燹余杂咏》。道光十七年（1837）拔贡，十九年（1839）乡试中举。性刚毅，人不敢干以私。咸丰年间避难西北，主讲关内崇化书院。同治年间，回到故里，主持救生局（即祖父伍光瑜所创建的"生生堂"）事务。后被推选为山阳教谕，未赴。同时还作为采访人员参与编纂《同治上江两县志》。

伍元芝："金陵才子"，武备学堂总办

伍元芝（1865—1923），字兰荪，伍长华侄孙。据说他少年聪慧，读书过目不忘，有神童之誉。因无力延师读书，经人说项，就读于张氏家塾，成绩优异，为张氏族人所器重，遂以女许配。十四岁入庠。南京中国科举博物馆收藏有《尊经书院课艺（七刻）》一书，其中便收录了伍元芝的作文《管氏而知礼……乐其可知也》，书院山长薛时雨给予了"出色"的好评。

光绪十五年（1889）中举人。光绪十八年（1892），中进士三甲九十二名。因才

科举考试的"履历"

学好，留京候补，授庶吉士，数年后任翰林院检讨，人称之为"金陵才子"。后历任工部、兵部、户部候补主事、主事。伍元芝之女伍崇文，嫁给无锡江南望族的秦通理，秦氏家族也是明清时期的科举世家，为北宋著名词人秦观的后裔。

光绪二十四年（1898），清廷成立农工商总局，端方任局长，伍元芝被调任该局主事。次年，伍元芝被下放浙江，任杭州知府，杭州府辖一州八县：海宁州，钱塘、仁和、海宁、富阳、宁安、于潜、昌化、余杭等八

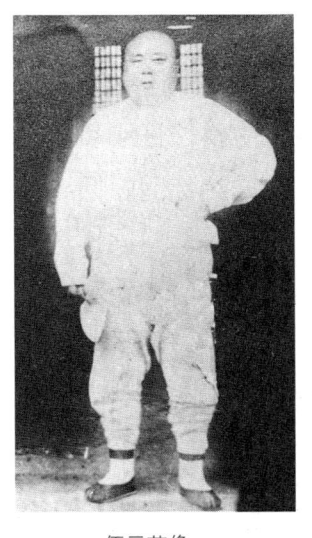

伍元芝像

县。巡抚刘树棠亦驻杭州境内；同时驻境内者还有布政司、交涉司、提学、盐区各司、粮储、巡警、劝业各道及将军、副都统、织造等机构和负责人。伍元芝在杭州府期间，政务和酬酢均较繁忙。

光绪二十七年（1901），清廷决定各省设立武备学堂，伍元芝被任命为第一任浙江省武备学堂总办。他曾撰写对联一副："十年教训，君子成军，溯数千载祖雨宗风，再造英雄于越地（十年教训是指越王勾践十年生聚、十年教训，富国强兵，终于灭吴国事）；九世复仇，春秋大义，愿尔多士修鳞养爪，毋忘寇盗满中原。"该对联悬在学校大厅内，针对当时中国濒临被宰割的局面，特别是强邻日本军国主义继沙俄之后对我东北三省虎视眈眈，极大地激发了学员的爱国主义、民族主义的热情。

1914年春，北洋政府国务院呈请设立清史馆，纂修《清史稿》，伍元芝担任文牍科长。

伍仲文：与鲁迅先生同行的教育家

伍仲文（1881—1955），伍长华的嫡曾孙，名崇学，字静虑，号仲文，"南社"社员，晚年居住在马路街34号。

1899年，伍仲文与鲁迅先生等人考入江南陆师学堂矿务铁路学堂，接受现代教育。1902年与鲁迅先生一起赴日留学。

1904年，伍仲文归国后与仇埰先生联名上书两江总督端方，陈述学制的重要性。宣统元年（1909），伍仲文任江南学务处参议。当时蒋长洛创办南京民间私立钟英高等小学堂（即"私立钟英中学"前身），但未获江宁地方官署发照许可。伍仲文任学务参议后，对该学堂予以支持，并参加该校董事会，合力办校。在南京时，伍仲文时常以地主之谊招待鲁迅"到南门贵人坊吃干丝"。不久，伍仲文调升北京学部部员。

1912年，经许寿裳、蔡元培推荐，鲁迅、伍仲文分任教育部社会司第二、第三科科员。1913年3月，伍仲文升任教育部视学（今称"督学"）。1915年，伍仲文任普通教育司司长，专司地方师范教育。他以"兴学育才师范"为先，注重引入近代化教育理念，主持编纂制订一整套统一的师范学堂课本，对其中理化教科书的编纂倾注了大量心血，倡导电化教育，利用幻灯、播音等手段辅助教学。他为人沉默寡言，只重耕耘，讷言守拙，始终兢兢业业于岗位职守。1916年及1920年，他两度从教育部转任浙江、江西教育厅长，此后却因为不愿与地方军阀、政客周旋，很快又回到教育部，过着清廉的京官生活。在此期间，伍仲文与近代著名实业家张謇一起大力宣扬和倡导"南通师范教育经验"，以实业助教育，以教育兴实业。1927年后，伍仲文曾出任南京市参议会参事。不久退出政坛，到上海土耳其公使馆任中文秘书。抗战期间，伍仲文蛰居上海，拒绝出任汪伪政府教育部长之职。

抗战胜利后，伍仲文回到南京，任南京通志馆副馆长。伍氏家族文献毁于太平天国战火中，伍仲文的祖父伍承钦曾告哲嗣子仪先生"必访得先人《补园诗钞》同授诸梓"。子仪先生不敢忘。伍仲文与其兄伍崇宜（字义伯，曾任江苏省立第八师范校长）"亦继志搜求"。抗战中，伍承钦诗稿《爇余杂咏》毁于兵火，所幸父亲伍子仪"手录《杂咏》副本，劫烬之余，尚犹完整"。"吾大父《爇余杂咏》幸犹在箧，求《补园诗钞》者数十年，恐不可得，今将先以行世。"此议得到通志馆馆长卢前的支持，并为《爇余杂咏》作序，伍仲文作跋，将其刊载于1948年14号《南京文献》。卢前在序文中写道："寒家与伍氏世为姻旧。前童子

伍仲文像

时，获侍文孙义伯仲文二丈。"说的是卢、伍两家之间的关系：卢前的父亲卢润广与伍仲文先生既是同门，又有亲谊。所以，卢前先生序文后的落款为"年家子卢前敬序"。

1950年，伍仲文应妹夫林伯渠之邀，又北上小住。次年3月13日作词《新春乐事黄莺儿》四首，回顾了自己的人生经历："一、勤苦忆童年。别金陵，去皖田。儿童竹马严亲恋。台杭初见，志学里旋，研求宝藏从时彦。把尘镯，一帆东渡，归赋革心篇。二、岁月恨难留。返乡邦，仅一秋。英才作育调新旧。燕京住久，念载已周。中山志续除尘垢。岁添筹，算来增愧，耕砚任优游。三、凄雨苦风中，冷梅香，小院东。朋侪邀宴情谊重。杯觞飞动，笑语俱同。陶然七二翁从众。省予躬，钓游乡乐，来岁盼重逢。四、萧散学儿童。好山表，对老翁。弦歌北谷渔樵送。鸡声三弄，爱彼众工。荷锄日出随劳动。趁春风，谷宜时播，奚待落花红。"

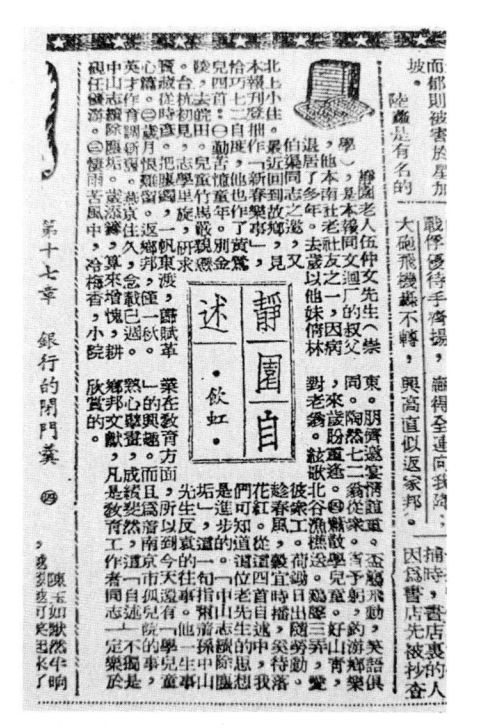

1951年3月13日《大报》作者卢前（笔名"饮虹"）的《静园自述》

1953年，江苏省文史馆成立，伍仲文被聘为第一批文史馆馆员。晚年的伍仲文经常撰写一些文史资料，其中有关鲁迅往事的文章多为各种刊物引用。

伍必毅：侵华日军南京大屠杀幸存者

伍必毅（1918—2006），侵华日军南京大屠杀幸存者。他的证言是

"1937年，我家住昇州路南侧的小彩霞街，我当时18岁。我和堂兄被日军强制拉车，我亲眼见堂兄被日军杀害"。当年登记的职业和住址，是"南京工商联的退休干部，当时家住昇州路小彩霞街"。

除了证言，他还留下了一部诗稿《忍斋剩稿》。由于家境贫寒，他自小在"慈幼院"度过一段时光。于是，留下了一首写于1946年的诗《忆读书之乐》。他在题记里这样写道："慈幼院为幼年寄食处。今潜兴来访，忆读书之乐。"可见，日子虽然艰苦，但他还是受到了比较好的基础教育。

晚年伍必毅像

1937年冬，南京沦陷，19岁的他见证了日军的暴行。1938年初春，"避倭轰炸，至浦口登东门外将台"，他在《偕金同云表兄在乌江堤畔》一诗中，写下了心中的愤慨："残破家山惟饮恨，凄凉客邸倍添愁"，也写出了"有志青云振翼声""敢使前贤畏后生"的豪情。当然，也客观地写下了自己心中的隐痛："为有高堂垂白发，故难投笔觅封侯"（《郑荣贵表兄画兰》）。1940年，他在《郑荣贵表兄画兰》里，写下了"两字存忠恕，传家守箴言"这样的诗句，回应了祖训"君子慎独，立德向善"的要求。1973年，55岁作《咏梅·卜算子》："春到迎春开，志为春未到，未曾领略真情趣，春又怎知道？春为百卉荣，百卉迎春笑，底是春光不照伊，只是伊孤傲？"

1978年，60岁退休，他写下了《六十书怀》："亲朋劝我理残照，竹报羞堪慰寂寞。"1985年，67岁参与编纂《南京简志》，抄录人口统计表等等。

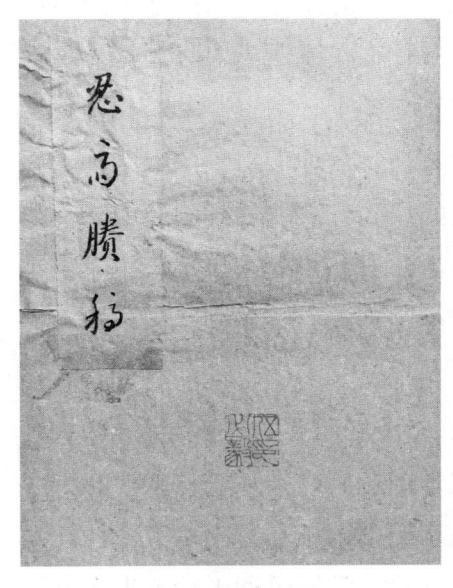

《忍斋剩稿》封面

伍贻业：整理家史，报效国家

笔者幼年时与伍必富合影

伍遵契（1598—1698），字子先，自小习学阿拉伯文、波斯文和突厥文，也曾习儒书，通过科举考试成为秀才，"幼列儒行"。翻译了我国第一部系统完整的波斯文作品《归真要道》，全书约12万字。

20世纪30年代，伍遵契的后人伍必富（1898—1971），经营板鸭生意。父亲不愿让儿子伍贻业（1936—）从商，而是竭尽全力让他读书。小学毕业后，父亲把他送到当时教学水平最好的育群中学。

在家门口，人们往往用一个称谓来指代某一家人，称呼某某是某某家的，比如人们用"伍探花家"来称呼伍家的孩子。于是，伍贻业知道自己祖先里有个探花，但这探花是谁，和自己有什么关系，当时只是茫然。后来，他从史书上读到伍长华协助林则徐在湖北禁烟，从资料上看到伍仲文和鲁迅一道留学日本，直到有远亲来探望自己，从他们提供的家谱知道自己的"辈分"，才明白自己属于一个古老的家族，有着悠久的历史。

父亲告诉他人生在世，赚钱固然重要，但有两样东西更加少不了，那就是好的人品和过硬的本领。1937年日军在南京大屠杀期间，他与家人于金陵大学难民所避难。

1954年，伍贻业考上南京大学历史系。1958年11月，他以优异的成绩分配到中国社会科学院近代史研究所。大学毕业后，师从李仲融（1903—1980）。李仲融是二十年代的老党员，南京图书馆馆长，南京大学西洋哲学教授，他与好友胡小石、陈方恪（寅恪五弟）常用星期天轮流做东，吃尽当时南京的酒家。伍作为弟子则服侍在侧。他们常是本星期预点下周菜肴，都是从宋、明及清人的笔记或食谱、食单找出的菜名，将厨师招来，告之选什么材料，用哪些佐料，如何烹制，动口不动手，真有些"君子远庖厨"。下周食后又将厨师找来复告之，这则菜火候大了小了，滋味淡了重了，配料粗了细了，用料多了少了，时间长了短了。

后来，由于家庭出身的原因，伍贻业在职业学校当一名代课老师。校长勉励他好好教学并说：现在是你影响别人，回过头来会影响你自己。后成为南京第三木器厂的一名油漆工。父亲临终前，给他的最后嘱托就是："孩子，你要走伍家的路。"

1976年，他在南京市第十八中学代课，后转正。1978年，党的十一届三中全会召开，42岁的伍贻业被调入南京大学历史系，走上母校讲台，讲授《古代汉语》《历史文献》和《少数民族与宗教》等课程。他经常说起三中全会的伟大意义，起说伟人邓小平"不仅使中国人民摆脱了贫困，国家走上了繁荣富强的现代化道路，也使我这样的知识分子获得新生，使我们得以报效祖国"。学生回忆当年听课的情景："伍先生在讲授司马迁《报任安书》时，便感同身受，将司马迁的满腔冤屈视如自己所受苦楚，几乎是字字血、声声泪。古汉语为公共课，当时两个班一百五六十人挤在学校'北平房'中。教室很简陋，课桌课椅均是石砌的，冬天坐在那儿让人感到冰凉。然而先生的课总是让我们热血激荡。他的声音在那足有三百平米的大室里回荡，强烈震撼着在座每一个学生的心灵。"

1985年，伍贻业调入南京大学海外教育学院。1987年，伍贻业和孟昭庚先生一道点校了南京最古老的地方志志书《建康实录》，并作为"南京大学古典文献研究所专刊"经上海古籍出版社出版。

1980年6月14日至30日，因为他有着儒学研究背景，又熟悉近代史料，陪同并指导美国在读博士林琪在北京访问了著名学者梁漱溟先生，先后共进行13次座谈并全程录音，还访问了哲学家张申府、经济学家千家驹等人。

伍贻业与梁漱溟先生合影

此后，以历史学为专业的他，在编纂《南京回族·伊斯兰教史稿》的同时，开始挖掘整理自己的家族历史。教学之余先后完成《清末禁烟又一人——伍长华》《回族教育家——伍仲文》《伍遵契小考》等论文。

1998年，伍贻业当选为全国政协第九届委员，提出"地方志立法"的提案。他认为，编修地方志是中华民族的优良传统。自西汉以来，地方志一直是朝廷和地方官员了解掌握政情、民情、地情的重要渠道，是传承中华文明的一个重要载体。"资治、存史、教化"，是古人对地方志精要的概括；"治天下者以史为鉴"，是古人治国安邦的经验之谈。但是，地方志事业的发展历程有着许多不尽人意的地方。要从根本上解决地方志工作的困难，保障地方志事业的健康发展，必须依靠法制，只有通过立法予以规范，才能从根本上保障。

随着世事变迁，不少伍家人去了外地，如北京的著名画家伍必端（1926—），中央美术学院教授，著名版画家，也是一名战地画家。在抗日战争、解放战争、抗美援朝中，他创作了许多优秀作品，其中版画《列宁与中国志愿战士》获得中国版画艺术最高奖——鲁迅奖。如上海的社会科学院世界经济研究所研究员伍贻康（1936—），是欧洲经济学研究专家。1961年7月复旦大学历史系研究生毕业，担任过复旦大学副教务长和上海市高教局常务副局长，还是中国世界经济学会副会长、中国欧洲学会副会长、中国欧盟研究会会长。主要研究方向为欧洲一体化，享受政府特殊津贴。

四、拥抱海洋：马府街郑家

马府街的北边，有一座中国最早建成的郑和纪念馆，这是郑和府邸遗址，也是南京现存的12个海上丝绸之路遗迹点之一。面对一株有着六百余年树龄的紫藤，很多人会有这样的疑问：马府街为什么不叫郑府街？郑和的后裔从何而来？今天郑和的后人在哪里？

《同治上江两县志》记载："马府街，郑和本姓马，家于此故名，有新安会馆。"清金鳌《金陵志地录》："马府街在栏杆桥。"又引《澹墨小纪》云："郑和本姓马，家于此，故名。"《南京市地名录》记载："马府街因明人郑和（原姓马）府第于此，故名。"学者李士厚（1909—1985）在文章《访南京郑和踪迹》指出：郑和本姓马，郑和被赐姓之后为了缅怀先祖，其府邸即以其原姓称"马府"，街名仍以"马府"命名。

六百余年树龄的紫藤

府邸遗址的考古发现

1951年，建设马府街小学时，曾发现一块刻有"江宁女子师范学堂"

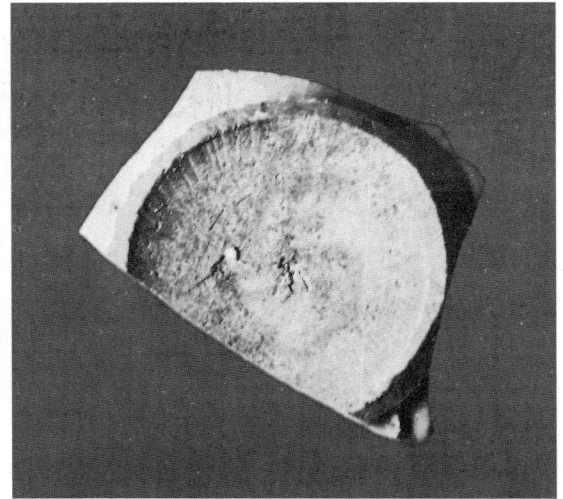

考古发现现场照片　　　　　　　碗底瓷片上的"马"字

的石碑。1982年,在马府街小学内发现新安会馆的石界桩,该桩由普通青石刻凿而成,长逾1米,上半段呈规整的长方形,正面有繁体字所刻"新安会馆界"五字。

1983年,在马府街附近的一条小河清淤时,南京博物院青花瓷鉴定专家张浦生在太平公园基建工地上采集到一片明代早期绘有"犀牛望月"图的青花瓷片,一只写有"马"字的碗底和一块火山爆发所形成的凝聚物黑曜石,由此证实了当年的太平公园便是郑和府邸旧址。

郑和府邸以马府街一带为中心范围:东到长白街,南到马府街甚至到达白下路,西至太平南路,北至太平巷。据传当年的郑和府邸曾有七十二间房子,院厢递进,整座府邸由大门、住室、车房、马厩、厨房、仓库以及后花园等组成。现在紧靠马府街的郑和公园(原太平公园)曾是郑和府邸的私家花园,旧称"马家花园"。

郑和:拥抱海洋的世界级文化名人

郑和(1371—1433),原名马三保,回族,云南昆阳人。因随明成祖起兵"靖难"有功,擢任内官监太监,赐名郑和。郑和的祖先源于西域,世居云南,世代王侯,祖、父两代又都曾千里迢迢泛海到麦加去朝圣,因此熟悉海外各国情况,而他们本身不畏艰险、富有探险精神的胆识,又对少年郑和产生了较深的影响。

郑和是一位探索未知、连接中外、拥抱海洋文化的世界级历史文化名人,南京更是明朝对外交往的窗口,各国的朝贡使节不绝于途。郑和下西洋期间,东南亚乃至东非三十多个国家和地区的使节云集于此。南京与郑和下西洋有着十分紧密的关系:"郑和下西洋"这一世界航海史上的壮举,其决策地和出发地,都是当时的都城南京。郑和担任过南京守备,自永乐初年直到宣德八年(1433)30年间,除了出海远航,基本上是在南京度过,南京成为郑和建功立业和长期居住的第二故乡。

他率领举世无双的庞大船队七次远下西洋,完成世界航海史上的壮举。永乐三年(1405)至宣德八年(1433),曾率领庞大船队(最多时有大小舰船二百五十余艘,官军二万七千八百余人),七次远航西洋,遍访亚非三十多个国家和地区,尽力推行明初"不穷兵,不疲民,而礼乐文明,赫昭异域"的对外开放政策,对促进中国与亚非各国的友好往来及经济文化交流,做出了重大贡献。

郑和在南京留下了很多遗迹。如天妃宫,是他第一次下西洋平安归来时建成,天妃宫内立有"御制弘仁普济天妃宫之碑",碑文由明成祖亲撰,记载郑和事迹和航海经历。此石碑是国内现存最大的郑和下西洋石刻。如静海寺,是朱棣为嘉奖他的航海功勋而敕建。作为大报恩寺后期建设的主持者,郑和历时十六年修筑了被人赞叹为"中国之大古董,永乐之大窑器"的大报恩寺塔,成为十五世纪南京闻名于世的地标性建筑。第七次下西洋前,他还重建了净觉寺。

郑自强与郑自海:开展家族"人口普查"

郑自强(1928—2008),在南京邮电系统工作40余年,曾创造出2年收发电报406万字无差错的纪录,编制了《电报局名簿》《电报码》两本实用手册,培养了一批业务骨干,为南京市邮电发展做出了突出贡献。1956年荣获"全国先进生产者"称号,在他的家里一直珍藏着一张当年参加毛泽东主席接见全国劳模的合影。2008年,临终前,他把自己平时整理好的手稿交给堂弟郑自海保管。

1961年,云南晋宁县为筹建月山郑和公园,县政府委派县一中刘继武校长外出收集郑和资料,山东大学郑鹤声教授和北京大学向达教授都提及南京有郑和后裔。后经南京市文化局和博物馆介绍,刘继武在中央商场找到了郑和十八世孙郑流洪。

1982年9月,通过云南省文史馆李士厚先生再次介绍,云南昆明钢铁公司郑和的十八世孙郑云良给郑流洪寄来一封信,随后找到了郑自强和堂弟郑自海。

1980年,重修郑和墓,家族里的老人现场辨认郑和墓的坟圹。前排左一南京市文管会王引、右二郑流洪、右一郑自海的父亲,后排左一郑自强、左二郑自海。

清《同治上江两县志》记载，牛首山"有太监郑和墓，永乐中命下西洋，宣德初复命，卒于古里，赐葬山麓"。1982年，郑和墓被确定为"南京市文物保护单位"并见于报端。

1983年5月，郑自强出席中国航海学会在九江召开的郑和学术讨论会、中国航海史学会年会，与云南郑和后裔郑云良、云南省文史馆李士厚先生见面。由此不但两地郑和后裔取得了联系，也让南京的郑和后裔了解到了家族的源流及考证过程：

1912年，在云南昆阳发现了一块珍贵的石碑，碑文为明永乐三年（1405）的《故马公墓志铭》。1936年，辛亥革命元老李鸿祥将军在主持编修云南玉溪县县志时，发现了一部《郑氏世系家谱》。这些碑刻及家谱证明，郑（马）和出生于云南昆阳州和代村的一个元朝"咸阳王"赛典赤·赡思丁家族。因赛典赤·赡思丁曾任云南省平章政事，执政有功，死后被元朝皇帝追封为"咸阳王"。洪武十五年（1382）明军征云南，马和之父在抵抗明军的战斗中阵亡（或自杀）。11岁的马和被明军掳获，阉割为太监后送入燕王府，成为燕王朱棣的随从。后因功劳卓著，深得燕王信赖，被赐姓"郑"。燕王称帝后，擢拔郑和为内官监太监，并委之以出使西洋的重任。由于郑和是太监，没有子女，便过继了兄长马文铭的一个儿子，取名郑赐。郑赐的后代有两支，一支在江苏南京，一支在云南玉溪。

在李士厚先生的鼓励下，1982年11月郑和后裔郑自海与堂兄郑自强开展了对南京家族的"人口普查"。

墓志铭拓片

1983年郑和后裔合影

1983年春节期间，在二十三中学（今钟英中学）校园里举办家族聚会，现场登记人员信息，记不全的回去补充资料，再约好去这些人家里现场确认信息。他俩利用下班后的业余时间，骑着自行车穿梭在大街小巷，一家一家地跑。由于郑自强曾经做过邮递员，对道路熟悉，跑得更多；郑自海则更多地负责制表整理、记录与统计。

郑自强、郑自海、郑自庆等人利用半年多时间的走访、函询，编写出一份《南京郑和后裔世系表》，收录自十五世至二十世544人。其中已去世154人，迁往苏州和常州110人，居住在南京280人。按职业划分，其中工程师10人、技术员6人、干部21人、教师23人、医务工作者9人、会计8人、商业工作者21人、军人7人、工人150人、其他25人。居住地分别在中华路、柳叶街、下浮桥、徐家巷、评事街、安品街、张府园、建邺路、大中桥及湖熟镇。

2004年，在调查郑和后裔的基础上，他们又重修了近20万字的《咸阳世家宗谱》。新编家谱名称沿用《咸阳世家宗谱》，书名由上海图书馆原馆长、书法家顾廷龙题写;家族字辈"大尚存忠孝,积厚流自宽,藩衍更万代,家道泰而昌",由江苏省人大常委会原副主任、江苏省郑和研究会理事长汪冰石题写;郑和祖训由原海军中将张序三题写,序言由中央民族学院林松教授撰写,精选赛典赤墓、马哈只墓、郑和墓照片,并附国内外郑和后裔照片,是目前研究郑和家世资料中最新、最全的一部。

郑勉之:冒险渡江投奔解放区,担当起记录历史的职责

郑勉之(1926—1999)原名郑自强。他自小在私塾读书,后就读于八府塘小学,很快显示出在作文方面所具备的天赋。小学毕业之后,进入南京钟英中学。初中二年级时,喜欢他的国文老师特地给他起了字号"勉之"。他觉得这两个字更有古意,随后便以此为名。

1937年南京沦陷,他随家人逃难六合,目睹了侵略者的暴行。1948年冬天,受进步学生影响,得知解放军在战场上节节胜利并已经控制长江以北地区。由于国民党军队对长江实行封锁,他没有向家里任何人透露,利用自己原来的记者身份,花费10块大洋,买了一个过江通行证,混过多处检查站,冒着生命危险偷渡过江,来到了解放区。

1948年入伍时照片　　1950年代工作时期照片

在盐城入伍，分配在苏南区党委广播电台工作。渡江战役胜利后，组织上将其送入苏南新闻专科学校学习，毕业后在无锡从事新闻和教育工作。他还积极动员其弟郑自成参军抗美援朝、保家卫国。尽管在"文革"期间遭受不白之冤，但他还是利用业余时间学习中医，并指导两个儿子学习知识。后来，长子郑江宏取得了医师职称，改革开放后又通过了国家考试，成为执业律师；次子胡鹰（随母姓），通过英语专业考试取得大专文凭，成为江苏省外贸公司驻外机构代表。

1979年，党的十一届三中全会后，郑勉之的冤案得以平反，并恢复了公职，分配在南京市少年宫工作。1981年4月，调动至江苏省民族宗教事务局工作。1983年起，他历任江苏省伊斯兰教协会办公室副主任、副秘书长、秘书长等职。

二十世纪八十年代初期，他作为郑和的南京后裔、江苏省郑和研究会理事，与从事郑和研究的云南学者李士厚先生建立了深厚的友谊，并与云南的郑和后裔积极交流，为修缮净觉寺和重建牛首山郑和墓提供了极有价值的建议。除了撰写《郑和家世考》《金陵咸阳世家马府郑氏家事》等论文外，他还在净觉寺举办了"郑和家史与伊斯兰教国家友好往来"的专题展览，获得了好评。他的一位小学同学蒋锡鸾，是金陵蒋氏在南京的后人。改革开放初期，蒋锡鸾从箱底里取出她父亲蒋国珩的遗作《金陵蒋氏家事》，交给了郑勉之。此后在上海，他结识了蒋国榜的女儿蒋群玉，得到了更多的资料。1993年，他终于写出了《近代富甲江南的回回家族——金陵蒋氏》一文，从江南经济生活的大背景出发，详细评述了蒋氏的"发家史"，以及在教育和慈善事业方面做出的贡献，还写出了蒋氏在家族风尚方面的文化传统，刊登在《回族研究》杂志。

工作期间，郑勉之连续两届被选举为南京市建邺区人大代表，并担任江苏省人民政治协商会议民族工作组副组长，积极参政议政。直至1994年10月，他68岁时才离休回家安度晚年。

郑自海：寻找遗失的家谱

郑自海（1948—），中国郑和研究会创会理事、江苏省郑和研究会副秘书长、南京郑和研究会秘书长。

他自小就听老人说：我们是"马府郑"，原来姓马，是皇帝赐姓郑的。我们先祖原住马府街，当时大门开门的声音就像"左边金鸡叫，右边凤凰声"，说明当时房屋构造的规模还不小呢。

1983年，郑自海走访八十多岁的姑妈郑玉珍，进一步了解马府街的情况。她说："当时马府街的房子有七十二间，我的曾祖父郑积森童年六岁以前住在马府街，太平天国战争爆发，郑积森和他母亲被掳进兵营，后来他母亲托人将郑积森交给一个安徽的渔民，在渔船上度过了十多年，战争平息后才回南京，被亲戚介绍入赘于杨氏，即现在我们居住的建邺路132号。"老人说：南京共有四本宗谱，但都相继随着抗日战争的战火以及"破四旧"而遗失。最后一份家谱是在1959年时，江苏省民族宗教事务委员会派人找到郑棣青，将其珍藏的《郑氏家谱》捐赠给北京民族文化宫。

1983年6月，郑自海与堂兄郑自强随同李士厚先生来到北京，终于找到了当年宗谱的一份抄件。李老先生执着的精神让郑自海终生难忘：为了节省费用住地下室，乘公共汽车，跑遍北京各大院校、图书馆、博物馆、展览馆一无所获。李教授当时患有尿频尿急症，也义无反顾辛苦奔波。

南京郑和家谱《抄郑氏家谱首序》记载：

"由明至大清数百年来，子孙蕃衍，皆学习经典，不忘农业，鲜有仕于朝者。故遥远世胄，无实可徵。迨经癸丑发逆之变，室家荡然无存，宗族闲散。……（迨）削平〔彼〕（后），得知根〔原〕（源）者，仅有一二。今恐岁序淹流，久而失传，遂……之典焉。是以为序。

"我族宗谱累代相传，源源可考。发逆之变，毁于兵。族长犹能忆及。早补修，免致代远年湮。我……爰立……年例会茶一次。

"搜集人按：郑氏家谱，吾回族马三宝，赐姓郑，名和，……据

李士厚与郑自海合影

说今之南京马府街，即昔时马三宝府第。"

此份抄件披露了郑和的祖源、郑和被赐姓的原因，以及郑和殁处、墓葬与南京马府街郑和府邸被烧等情况，其中记载郑氏后裔在太平天国前一直聚居于马府街。清咸丰三年（1853），太平军攻占南京，马氏族人星散，马府尽毁于战火，房屋荡然无存，唯余后花园，满目草莽，衰败不堪。后来，徽商在此地建起新安会馆，民国时期为江苏省立女子师范学堂。1951年，创办马府街小学。

1984年秋，在马府街与沙塘湾交汇处，在一家将要拆迁的茶炉店大水缸里，郑自海发现一块"新安会馆"的界碑半立于土中，后运送到郑和纪念馆筹备处保管。

1990年12月，在沈郑氏（十八世）家中，郑自海找到一块《咸阳世家宗谱》木刻封面，黑字蓝框，长56厘米、宽10厘米、厚1.2厘米，从右到左横刻"咸阳世家"四字，正中竖刻"宗谱"两字，每字约为1厘米。盖过水缸，是南京宗谱多种版面中的一种材质——檫木，该木材质坚韧，耐湿，不变形，是南京《咸阳世家宗谱》现存唯一的实物孤证。

郑宽涛：郑和纪念馆的志愿者

南京郑和纪念馆位于原郑和府邸花园的东南隅，是一处仿明代风格的建筑群，总面积约800平方米，由陈列馆主厅、长廊、院落及学术交流会议室组成。

在南京郑和纪念馆的义务讲解员中，我们经常能够看到一位志愿者的身影，他便是郑自海的儿子郑宽涛（1976—）。他童年时就随同父亲参加类似活动，对于郑和以及郑和纪念馆，有着说不完的话题。

他认为，"郑和精神"就是"开放、和平、科学、创新"。他说，南京郑和纪念馆是中国最早建成的郑和纪念馆。由交通部牵头，成立于1985年，是为了纪念郑和下西洋580周年。

他自小不多言多语，因为心想：如果说自己是太监的后代，不被人笑话吗。后来到了高中，天天泡在书里，他了解到梁启超先生在《新民丛报》上发表《祖国大航海家郑和传》，赞扬"有史以来，最光焰之时代"的郑和下西洋的辉煌业绩，想通过宣扬郑和下西洋的伟大壮举，惊醒国民意识，振兴中华民族；孙中山先生在《建国方略》第六卷中，高度评价郑和下西洋的壮举："乃郑和竟能于十四个月之中而造成六十四艘之大舶，载运二万八千人巡游南洋，示威海外，……至今南洋土人犹有怀想当年三

在纪念馆为观众讲解的郑宽涛

保之雄风遗烈者，可谓壮矣。然今之中国人，借科学之知识，外国之机器，而造成一艘三千吨之船，则以为难能，其视郑和之成绩为何如？"于是，他认识到郑和下西洋的壮举对中华民族精神是有价值的。特别是看到父亲在风里雨里，发自内心义务宣传郑和的举动，也就利用业余时间参加进来，协助南京郑和研究会组建起一支70多人的郑和海丝文化保护志愿者队伍。

2005年4月25日，经国务院批准，每年的7月11日被确立为"中国航海日"，作为国家的重要节日固定下来，同时也作为"世界海事日"在中国的实施日期。2020年7月，经过修葺布展，纪念馆重新开放，以翔实的图片史料，简明的文字介绍、实物展示，形象的声光场景，充分展示了郑和不平凡的一生和波澜壮阔的远航壮举。

2019年11月15日，国际郑和论坛在马六甲落幕，郑宽涛作为南京郑和研究会副秘书长和中国郑和研究会副秘书长赵志刚教授参与此次论坛，在马六甲郑和·朵云轩艺术馆馆长黄文庆及马六甲原警监苏其香的陪同下，开展了"寻找郑和船队遗迹"的探访。据介绍，此次探访包括位于阿莱鲁容的马六甲河河口、黄金海湾（Telok Mas）和五屿岛（Pulau Besar）等地。

在五屿岛沿岸，有多口古井和博物馆保留的文物。他们认为，郑和船队当年曾在此地停留，由于在海面停泊时间过长，船队需要淡水作饮用水，便靠该岛居民提供古井的淡水作重要补给来源。期间，他们把明朝的日用品留在当地，后被五屿岛博物馆所收藏。

值得留意的是，该博物馆除了展出明朝的文物外，还有唐、宋、清三个朝代的文物，从中可以推测出早在唐朝时期，五屿岛便扮演着补给码头和停泊地点的角色。展示板也将该岛称为"Pulau WuShu"，"五屿"一词在闽南语的发音为"wushu"，应是由闽南籍中国航海船员到了当地进行命名的，具体时间尚待考究，仅可断定命名时间不晚于南宋并沿用至今。他们推断，五屿岛和黄金海湾一带的海域是郑和船队大船的停泊地点和补给基地，众多航海员再利用小船往来于阿莱鲁容（马六甲河）河段及老城区（马六甲河）河段以作经商之用。他觉得，此次考察不仅掌握了更多郑和及其船队在马六甲遗迹的资讯，也有助于南京与新加坡两地为马六甲文化旅游带来更多的空间。2022年2月19日，在郑宽涛的建议下，南京郑和纪念馆与马来西亚马六甲的郑和文化馆、新加坡国际郑和学会举行了友好的共建签约仪式。

五、治学为本：花露冈顾家

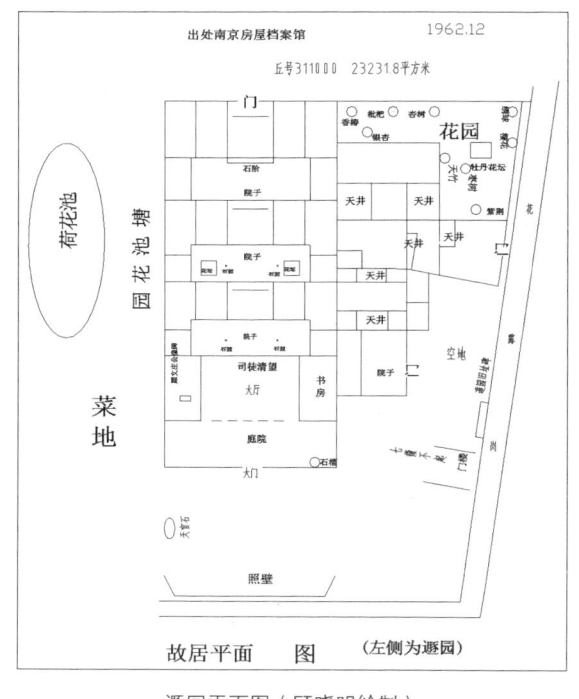

遂园平面图（顾晓明绘制）

　　曾经有一座明代的建筑和园林"遯园"，位于花露岗39号，是明代探花顾起元及其家族后人的栖息之地。"遯"通"遁"，"遁园"，即为"隐遁之园"，建造于万历四十年（1612）至天启四年（1624），费时12年之久。占地面积1.13万平方米，建筑面积2.32万平方米，故居主体建筑为三进四院，是南京地区典型的穿堂式院落。建造者顾起元（1565—1628），明代官员、金石家、书法家，字太初，号遁园居士。崇祯元年（1628）卒，葬于江宁云台山，谥文庄。在隐居遁园期间，顾起元写下了大量著作，如《懒真草堂集》《蛰庵日录》《客座赘语》等。其中《客座赘语》一书最为著名，此书不仅多有叙述南京掌故之说，更是明代南京社会生活的百科全书。可惜的是，1972年，这座历经400余年的明代旧居金陵雅园，因被南京一棉厂征用而拆除。

七十余年前的"历史实习课"

1950年11月，南京博物院年轻的学者宋伯胤在文章《遯园遗址考察记》里写道："曾昭燏院长兴趣盎然地带着我们几个才投身到博物馆工作的青年，去踏看顾起元的旧居。"

当年接待他们的是顾氏十四世孙顾少轩。他们看到，大门的门额上有着"七征不起"四个大字，一副对联写着："残碑一片，老屋数椽。"门楼左侧墙嵌有"明顾文庄公遯园旧址"石碑。碑下镌有六行铭文："铭曰：表宣视德，诏我后人，保全此石，勿使沉沦。"从大门进去，迎面是一堵隔墙。隔墙前一块长方形的石头横卧在杂草丛中，顾少轩告诉我们，它就是"天官石"，因为老百姓都叫顾起元"顾天官"。在门楼与隔墙间的南端，有一座影壁孑然而立。正对影壁的，是一座砖砌的二道门，里面便是纵长形状的住宅。前部有一个天井，后面是一个长形院落。两翼原有厢房。厅堂是一座向南的硬山建筑，三间七架。中间是一座敞开的大厅，作为祖堂或客堂之用。其后是三间内厅。厅内的梁柱，直接铆合，不用斗拱。柱础石作，不加雕饰。檐口悬一匾额，刻"司徒清望"四字，旁题"顾起贞立"。起贞是顾起元堂弟，尝"就学于公，兄弟之间，循循善诱，友爱依依，一时伯仲竞爽，蜚声艺苑""人多称羡"。

他们还看到了十卷本的《顾氏家谱》。顾少轩说这是他们家族的"至宝"。南京沦陷前，他们带着这部书，溯江而上，寄居在山城重庆。半壁江山，遍地烽火，他们忍受着离乱、失业和饥寒交迫的痛苦，终于把家谱完整无缺地带回他们的故家。

宋伯胤最后写道："在花露岗七小时的工作结束了，我们带着既满意又失望的心情离开时，曾院长站在马车旁叮咛我们说：'回去翻翻县志，看看古人是怎样写顾起元和遯园的。我们考古工作者的历史任务是要用自己亲自看到的实物遗存来佐证文献。'"他还写道：文物博物馆工作的最终目的是"把历史的内容还给历史""对我们来说，这无异是一堂历史实习课"。

1936年顾良栋长女顾知颖在庭院里　　　　　　保存下来的木格窗

  当年宋伯胤所看到的《遯园记》石碑，在拆迁之前，经顾良楫打电话给南京博物院得以幸存，成为国家二级文物。此碑刻的拓片，连同一些零星的木格窗等，至今被顾起元的后人们收藏着。

  今天，虽然这些景物早已不存，但从顾起元留下的诗篇可一窥其境，如《小石山》云："平移三尺峰，远载一拳石。非同愚谷徙，聊异平泉癖。"《快雪堂》云："虚堂负阳构，北望凤凰台。……徙倚堂下坐，寄眺心悠哉。……我心快对此，酌以流霞杯。旷若游昆仑，神楼恣徘徊。岁寒厉高节，长揖兔园才。"《月鳞馆》云："素鳞飞斜月，昔贤有佳句。何意茅檐北，挺此三珠树。古根互屈蟠，繁花竞敷布。坐想春风吹，瑶枝曳空素……"《花径》云："开径苦不长，逶迤自成曲。鼙鼙当广涂，植楥乃相属。高梧青欲流，杉松翠如沃。"

  此外，在遯园附近，顾起元的三兄弟也筑有园林。如顾起元二弟顾起凤的"羽王园"，因其字羽王而得名。在骁骑仓前街，园中有池树荷芰，高阁缥缈，俯瞰城东西内外如画，也是城西登临胜处。"欲隐何须更买山，但教心迹远人寰。亭前花竹深无路，高倚栏杆看鸟还"。

三弟顾起栩的"周南园"，园中花木数株，修竹数十，小屋数椽，清风寡月，园主病逝较早，未免有"绿坡修竹影离离"之感。四弟顾起贞的"太复园"，地势平旷，规模与遁园相仿，但更整洁美丽。

顾起元：退隐治学的乡贤

顾起元的曾祖父顾方竹（生卒年不详）要求子孙勤苦自立，否则会饥寒迫身；还告诫子孙即使饥寒迫身，亦不可为偷盗之事。顾起元的父亲顾国辅（1538—1594），字惟德，号毅庵。明隆庆四年（1570）乡试中举，万历二年（1574）中进士，除刑部主事，张居正当国，国辅操履清洁无所中伤，迁郎中。出补襄阳知府，擢浙江副使，万历罢归，复起知宝庆府，卒于任。工诗。事亲极孝，服食俭朴。家居新桥附近。性坦率，待乡人以德。与张少桥、陈达夫、朱虎岩交游唱和。著有《雨花编》《尔雅堂诗说》。

顾起元像

顾起元自幼受到父亲的言传身教，耳濡目染家训门风，少时便有大志，13岁前生活在南京，14岁后便开始在北方一带游历。在名流前辈的指引下，顾起元的学业与诗文创作等都得到了很大的提高。万历二十二年（1594），顾国辅卒于宝庆知府任，起元闻讣后，当即从家由水路入楚，由夏至秋，奉其父灵柩由襄阳返吴，极度伤感，作《舟中哭先君六首》等。父亲曾辑《尔雅堂家藏诗说》，顾起元续。

他还受到母亲王氏的教诲。顾起元追忆："其乳吾姊与不肖兄弟，衣履率自其手出，未尝鬻诸市""府君常奉外无所取，终两任，母未尝以金珠罗绮之物私市于外也"。在母亲的培育下，顾起元高中探花。二弟顾起凤进士出身，性孝友，事兄如父，善公断；四弟顾起贞，为当朝户部员外郎，奉命巡淮河漕运积弊。

万历二十三年（1595），顾起元31岁，以乡邦名流身份协助徐大任修《万历江宁志》，司职"人物类"，书修成后获得很好评价。《续修四库提要》称："此志作者，皆为一时名手，山川则属之盛文学敏耕，人物则属之顾文庄起元，而新野李公登实总其成，故体严而事广，文简而义该，各表志前列小序，皆彬雅可诵，可以为良志矣。"

万历二十五年（1597），乡试第十二名。次年34岁，参加会试第一人，殿试获"一甲第三人"，即探花，随后授翰林编修一职。万历三十三年（1605），由翰林院编修改迁为南京国子监司业。这一年他40岁，写下《四十初度》一诗，感叹自己"著述不富，闻见不广，青史无名"，甚感问心有愧，下决心著书立说。

万历三十八年（1610），升任南京国子监司业。万历四十三年（1615）六月，为国子监祭酒。万历四十七年（1619）冬，任南京吏部右侍郎。天启二年（1622）冬，任吏部右侍郎兼翰林侍读学士，协理詹事府，并充纂修《实录》副总裁。因一些政治主张得不到重视和采纳，他多次要求告老还乡。57岁时才获准辞官还乡，将自己在花盝岗的宅邸命名为"遯园"。"遯"通"遁"，"遯园"即为"隐遁之园"。用他自己的话来说，就是"舍仕趣隐"。所谓"趣隐"，绝不是超然物外。他"身居夷惠（按：指伯夷、柳下惠而言）之间，心在羲皇以上"，积极关心"地方利弊"，注意对家乡南京的研究。天启年中，官府为魏忠贤建生祠，派人到顾起元处"来乞文辞"，顾起元"辞以手疾"，不愿撰写。另一方面，他对贫困潦倒的不仕文人十分同情，尽力相助，"接引后进，孜孜不倦"。不畏权贵、不慕荣利、安于清贫的政治态度始终未变，折射出他的高贵品质。

万历四十五年（1617），顾起元的著作《客座赘语》成书。他在《自序》里这样写道:"余顷年多愁多病,客之常在座者,熟余生平好访求桑梓间故事,则争语往迹近闻以相娱。间出一二惊奇诞怪者,以助欢笑。至可以裨益地方,与夫考订载籍者亦往往有之。予愁置于耳,不忍遽忘于心,时命侍者笔诸赫蹄,然什不能一二也。既成帙,因命之曰:《客座赘语》。"

所以说,《客座赘语》所记载的是亲历之事、耳闻之事,并引征他书。顾起元少年随其父宦游,进士及第后又先后任职于京师、南京,晚年隐居,与之往来的皆是朝廷官员、文人儒士,故书中许多内容皆是其亲历之事。耳闻之事,访求桑梓得来,为顾氏岳父等家人为其言、友人为其言。引征他书,一般采取原文直录、原文删减、原文增繁等几种。书中多处内容为顾起元以地方文献及金石资料考证史事之记录,如《王谢居址》条,考证王、谢故居;《徐十郎茶肆》条,考证茶肆在宋时已有;《三藏塔》条考辨大报恩寺三藏塔;《两谢公墩》条等等。

此书被香港城市大学中文及历史学系主任李孝悌称为"明代笔记上乘之作",是"南京记事中的里程碑"。认为该书是一部地方文化的奇书,对晚明南京城市日常生活作了全景式的呈现。"奇",说的是书中的信息

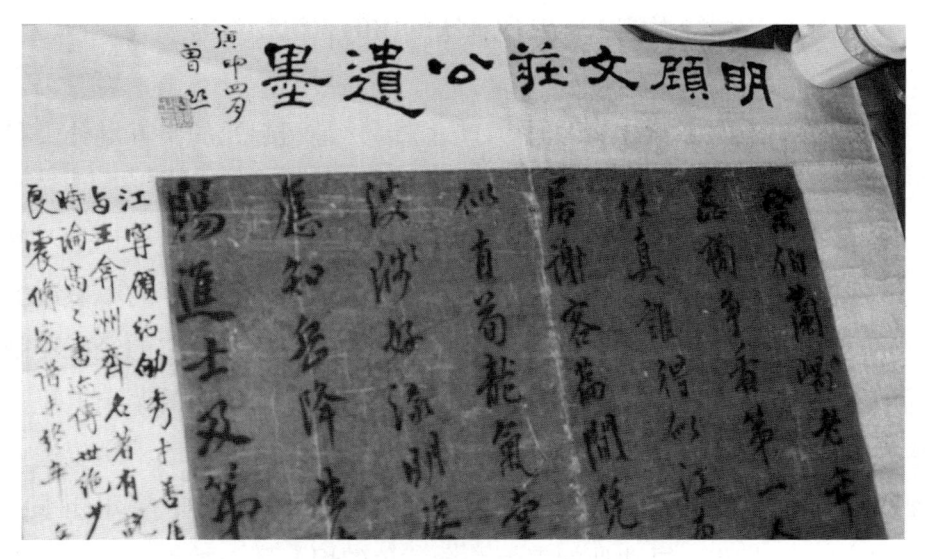

经后人辗转保护下来的顾起元遗墨

来源，奇在资料的收集方式：一方面，除来自与人对话的"客谈"外，还有就是通过对城市生活进行的田野考察，从而内容丰富多彩。再者，更多的是大量的文献搜集、典籍考证。从花木鸟兽、怪石园林、戏曲歌谣、书画文物，古今礼俗、神怪传奇、外来事物，此书最大的特色是描述得绘声绘色。看似冷静，实质是充满关爱的视角，表现于对民生疾苦、制度兴革的关注与批判社会问题和奢靡之风。

顾起元的诗词、绘画、书法、金石，都有极厚的功底和艺术性。至今，顾氏家族后人还珍藏着一幅《明顾文庄公遗墨》，是顾起元给明代同乡朱之蕃状元的六十大寿中堂（绢本）：《宗伯兰嵎老年丈六十初度敬赋小诗八章奉祝并求览改》。遗墨长253cm、宽88cm；内心长235cm、宽64cm，上端有"庚申四月曾熙"六个大字。左侧有庚申四月十八（1920年）胡小石请老师清道人题的跋。右侧有民国二十一年（1932）夏历癸酉二月，贽园老人仇继恒在此卷题的跋，时年七十有五。跋中所提及的顾绍劢，即十四世孙顾良震，字绍劢，是晚清秀才，是胡小石先生的老师，曾任南京钟英中学教务主任。

顾知微院士：发现大庆油田的古生物学家

顾知微（1918—2011），出生于花露冈，是顾起元的十五世孙。我国著名地层古生物学家，中国科学院院士。

他自小父母双亡，家庭贫寒，从小由外祖母抚养，最初认识的一些字就是外祖母教的。五岁那年，在大伯父顾良治设于老家大厅的私塾读书，念《百家姓》《三字经》等启蒙读物。小学也是依靠堂叔父的经济资助才读完。但遯园的美景，让他难以忘怀："常在盛开油菜花的菜园里玩，也爬到树上采摘桃子、桑葚等果实。我还经常爬上附近的城墙，眺望远方的村野云树，感到特别开心。老家地处城郊的田园环境之中，一年四季，无论是黄黄的油菜花、绿油油的麦浪、金黄色的田，还是皑皑白雪，我都非常喜欢，大自然的四时美景，往往令我陶醉。老家的美好环境，在日久天长中给了我热爱自然的熏陶，对我后来投身地球科学研究是很有影响的。"

顾知微回忆起作为同乡的建筑史学家卢绳，曾经来考察遴园。

1947年顾知微与同事在家门口合影（第二排左一为顾知微）

他还记得，这座明代建筑前后有四进，大门后的天井栽有两棵石榴树，第一进五开间，正厅高悬一块镌刻"司徒清望"四字的大匾，每年清明、冬至二节都在大厅里行祭祖仪式。记忆中多由曾经中过秀才的三伯顾良杰读祭文，主要是宣讲祖辈业绩，以激励后人勤学上进。年幼的他总排在最后一二排，因此印象很深。二进天井里栽有梧桐树，还有两个小花坛。三进天井中有两个大花坛，种有芍药、丁香、月季等花木，四季花香不断。他写道："生活的艰难和亲情的可贵，在我年幼的心灵中留下了深深的印记，也一直激励我努力学习，要以优异的成绩回报亲人们的期望。"

1931年，因成绩优异，顾知微被保送进入江苏省立南京中学。1936年夏，因参加抗日示威游行被捕，南京中学被迫解散，顾知微转入江苏省立镇江中学，次年毕业。1937年，怀着"理工救国"的理想，考入湖南大学矿冶系，就读一年。1938年，考入西南联合大学地学系地质学专业。当时尽管处在战时，条件十分困难，但西南联大名师云集，教学认真；师生们爱国敬业，思想活跃；学术空气民主，接触进步思想，这些都对他的成长和进步有重要影响，为他人生的发展打下了宝贵基础。1942年，以优异成绩毕业并获理学学士学位，9月进入云南省地质调查所工作。1944年，赴重庆前经济部中央地质调查所工作，任技佐、技士，开始主要进行石油和工程地质调查，后调到古生物地层研究室。

新中国成立后，百业待兴，地质矿产普查勘探事业急需发展。面对国民经济建设的需要，1950年夏，顾知微毅然放下已有成就的三叠纪地层古生物研究，奔赴豫西宜洛煤田做地质普测。1951年5月，中国科学院成立古生物研究所，原中央地质调查所的古生物地层研究人员归入该所。顾知微经地质部借调，赴华北地质局负责冀南峰峰煤田和内蒙古石拐子煤田的地质普查，并被聘为工程师，任队长。从1950年到1955年，他鉴定编制了松辽平原白垩纪双壳类图版19幅及其地层分布表和说明，写出地层序列划分意见的报告，为指导石油地质勘探和大庆油田的开发做出了贡献。

20世纪80年代初结合中国经济建设和能源需要，顾知微对黑龙江省东部完达山区、鸡西含煤盆地中生代地层和古生物进行考察与研究，对含有海相中生代地层和化石的龙爪沟群等进行深入研究，这对中国乃至东亚地区中生代地层的时代划分对比和矿产资源勘查有重要意义。1982年，顾知微的两项成果《大庆油田发现过程中的地球科学工作》和《中国若干门类化石·中国的瓣鳃类化石》分别荣获国家自然科学一、二等奖，时年64岁。

晚年，在老伴的催促下，顾知微拿起笔回顾往事。他写道："老屋被拆除，这一明朝后期的建筑没有保存下来，但我还经常会想念我的老家。直到如今，我还想挂着拐杖回到花露岗，去看看我那难忘的老家的影子。"顾笃志、顾晓明等子侄来工人医院看望他，当得知族人申请碑刻还原旧址、打报告保护顾起元墓地时，要求他们拟稿看后签字递交，并谦虚地告诉他们说："我不是名人"。2008年清明前后，《南京晨报》刊登了一则消息：《中科院院士为顾氏祖坟申"文保"》。

2001年春，顾知微与夫人在家中工作

顾氏家族后人的愿望

顾家十四世孙顾少侯,迎娶磨盘街郦家的女儿郦承贞。1949年以前,郦承贞的母亲从杭州回来,由顾少侯夫妇照顾。郦承贞的哥哥郦承铨(1904—1967),字衡叔,号愿堂,又称无愿居士。幼年丧父,与母寡居,与堂兄郦承宪一同受业于王伯沆先生门下,在小学、史学、诗文等方面打下了坚实的基础。后又向柳诒徵先生受史学、吴梅先生学词章,与胡翔冬、胡小石时相过从,和王焕镳、唐圭璋、束世澂、任讷、蒙文通、台静农、朱家济、卢前、吴白匋、任铭善等结为好友。郦承铨的夫人甘汝艾,出自甘家。郦承铨长子郦家驹(1923—2012),曾任中国社会科学院历史研究所辽金元史研究室主任,历史研究所学术委员会学术委员,历史研究所副所长,中国宋史研究会副会长。1980年代转向方志事业,任方志出版社社长、中国社会科学院历史研究所研究员、中国地方志指导小组成员兼秘书长、中国地方志协会副会长,是《秦淮区志》的特约顾问。

顾良栋(1906—1976),钟英中学毕业,后考取(北洋时期)北京军医大学,毕业后在警察医院工作。南京即将解放时,他组织员工保护医

顾良栋医师证书

在浙江参加治血吸虫病医疗队时的照片
(前排左二为顾良栋)

院，被大家推举为与人民解放军联系的负责人。后医院被接收，改造为人民公安医院，他被任命为代院长。长子顾知铎（1938—），1956年从江苏晓庄师范毕业支援苏北教育，历任淮阴市六所村小学教导主任、校长。1983年获全国儿童少年工委会园丁荣誉纪念章。他的儿子顾春明，在天津港远洋公司任大型远洋货轮船长。

顾知礼（1915—2001），湖南省水利厅高级工程师，省水利学会副理事长。获得水利部"从事水利工作60周年荣誉纪念章"。曾在南京市第一小学、南京中学读书，1933年考入国立中央大学土木系，1937年毕业后任国家经委公路处工程师、水利部视察工程师，辗转于陕西、四川、云南、贵州等省。1949年8月，任湖南省农业厅水利处副总工程师。此后一直在省水利局、省水利（水电）厅担任副总工程师，负责全省水利、水电方面及中小型水库、水利工程的技术指导工作。1973年9月，任大江口水库工程总工，召开大江口初步设计技术会审会议。

1955年顾知礼全家照

1990年退休，享受教授级高级工程师待遇。

1972年拆迁后，顾家人大多选择在祖宅附近落脚，如花露岗6号、花露南岗22号、花露岗26号及鸣羊街附近。2008年6月，第十六代孙顾晓明（1950—），退休后从父亲的遗物里了解到自己的家史，由此致力于研究祖先顾

顾晓明向顾知微报告申报文保进展

起元的生平历史，为恢复遯园而奔波。他认为，遯园是典型的明末文人园林，与凤凰台、瓦官寺、胡家花园、杏花村、万竹园齐名，同在一地区，共同构筑了一道亮丽的城市景观；顾起元无论人品还是治学精神，都值得后人学习。他希望政府在改造修复胡家花园等景点时，能够考虑到在遯园遗址处建个亭榭，甚至将《遯园记》碑放置回遗址处，让世人知道这里曾经是遯园所在地，使其成为南京一处纪念历史文化名人顾起元先生的园地。

2009年4月，"顾起元故居旧址"作为历史文化遗存（非物质文化遗产）列入南京大学建筑学院保护与复兴可行性研究方案（《鸣羊街以西地区保护与复兴可行性研究（中期讨论稿）》）。

2011年，顾晓明陪同市、区两级文物考古人员考察江宁区横溪街道曾庄村顾家山墓群现场。2012年6月，顾起元家族墓被列入第四批南京市文物保护单位名单。在此期间，顾家的外孙女方淑英，南京市第一医院退休的内科主任，提供了《遯园记》碑上的顾起元自画像拓片。

建设单位及有关部门接待顾氏族人座谈会现场照片

2016年，在南京的族人一起向门西的建设单位和市区文物部门提议筹建顾起元纪念馆。他们说，在先辈的身上，看到不同时代不同人物的理想和追求，如顾知微院士的科技强国之梦、顾知铎校长的教育脱贫努力，以及当下顾春明参与"一带一路"建设的远洋航行。建设单位给他们的回复是："将结合门西整体规划，选择一处合适的位置、按适当的规模纪念顾起元先生，或建纪念馆（堂），或集中展示门西相关文化资源，包括顾起元、阮籍等名人，门西街巷名的缘起，遯园、万竹园等江南园林及相关古诗词、民谣等。"

六、睁眼看世界：万竹园邓家

在门西的西南方向，愚园（俗称胡家花园）曾经有一座近邻，那就是金陵邓氏的"万竹园"。据说万竹园占地面积超过20万平方米，仅竹林就占地约15万平方米。清何绍基在诗《金陵杂述》中描述了这样的景象："万竹园中万鹭鸶，翩然飞向海天涯"，连同园内筑有藏书楼"青藜阁"、轩榭、朱楼、正厢三楹"青嶰堂"、左厢三楹堂、土山等人文景观，是当时南京城内一道靓丽的风景。可惜的是，历经太平天国运动、抗日战争时期战火，以及后来20世纪50年代末的城市建设，使得万竹园无法延续至今。好在还有5块宗祠石刻，被邓氏后人镶嵌在居所的墙壁里，成为万竹园存在的凭据。

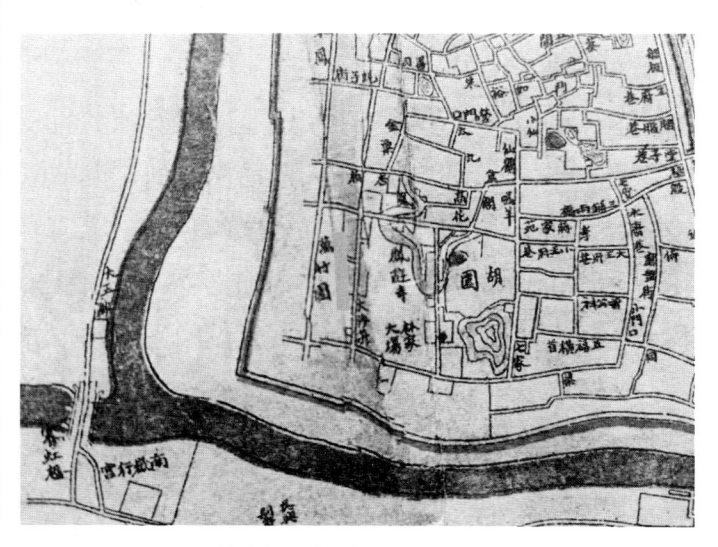

后人珍藏的邓邦述手写对联

清末门西地图上的"万竹园"

王孝煃《里乘备识》记载："邓氏世居西城西南角万竹园，其远祖邓肃，宋时主管江州太平观，见《宋史》列传，始卜居洞庭山，著有《栟榈集》，采入《四库全书》。邓道常，明洪武时诸生，奉敕徙凤阳，移居临淮，复移寿州。清顺治间邓旭以丁亥进士仕陕西洮岷道，又由寿州迁江宁，卜居于城西，至邓廷桢父子遂官总督，迄今三四百年，代有传人。"

邓旭：修志以明志

邓旭（1609—1682），字符昭，号九日，又号林屋，顺治四年（1647）进士。官至甘肃洮珉道按察副使，翰林院检讨。邓旭在金陵筑万竹园，建青藜阁，藏书万卷，好壮游。有《林屋诗集》9卷，由其五世孙邓廷桢重刻。其后人邓邦述写诗《过万竹园旧居》："秘阁青藜列万签，古香喷纸透疏帘"，表达出对先人藏书的向往。

康熙七年（1668），《康熙江宁府志》（陈开虞本）成书。邓旭在序言中自谦地说"旭，乡人也，非其职事而乐观其盛"，实际上他是编纂该书的召集人和主纂。他与白梦鼎、白梦鼐兄弟及张怡一同愉快地修志。邓旭在序中写道："修志有三难，……一则官府之传舍也，非无志于风雅，即夺气于钱谷。"意指地方政府临时组织的修纂者，或者根本无心于保存地方文化与古迹，即使有心修志，又往往受制于现实的财政困难。二是"文献之无征"。三是体裁沿革或失之冗繁，或失之挂漏。他认为志与史应当相互呼应转换，修志当留意本朝掌故，凡有益吏治匡助行政者，皆当志之。

邓廷桢："深林种竹见高节"

邓廷桢（1776—1846），字维周，晚号吉祥老人，又号刚木老人。是一位勇于担当的忠臣名将，抗英禁烟的民族英雄。

邓廷桢像

他自幼爱读经史、诗词,喜书法。师从姚鼐。清乾隆五十六年(1791)秀才,嘉庆五年(1800)乡试中举第四名。次年会试中进士,殿试二甲,翰林改庶吉士,授编修职。后历任宁波、延安、西安知府,湖北按察使、江西布政使、安徽巡抚。到安徽后,正遇水灾,亲自赈恤百姓,兴修水利,解除百姓痛苦,又上疏请求废除一些不合理的刑律。道光十五年(1835)迁两广总督,时鸦片走私严重,加强沿海巡逻缉私。翌年,英国因向中国输烟不成,发动战争,邓廷桢立即迎战。道光十九年(1839)在两广总督任上,与林则徐协力整顿海防,查禁鸦片走私。同年,调闽浙总督,大力加强防务,严禁鸦片。次年六月,英国舰队攻打厦门,率军击退英军舰队。因受投降派诬害,与林则徐同被革职。二十二年(1842)流放新疆伊犁。后被起用,以三品顶戴任甘肃布政使,以二品衔擢陕西巡抚、署陕甘总督,平息边疆战乱。病故于任上,归葬于南京麒麟门邓家山麓。著有《山嶰筼文集》《诗双声叠韵谱》《双砚斋诗钞》《双砚斋词话》《双砚斋笔记》等。

同窗好友及幕僚梅曾亮为其撰写《墓志铭》,很好地概括了邓廷桢的性格与爱好:"公机神高朗,外容异量,而制行内严,遇事不求奇功,而深虑宿祸。自侍从历封疆四十年,虽屡起屡踬,上亦谅其素而终任之,亦自无得失意见于颜状,有及见公年少者,皆曰如诸生时。遇学人、文士,荐宠讲论不倦,于诗及古音韵学,所得尤深。"

在外任职时,邓廷桢曾经写下两首诗。《忆万竹园》:"吾家万竿竹,籊籊绕清池。红日不到处,绿云无尽时。林深藏远堞,径曲隔疏篱。自哂经年别,宽闲让鹭鸶",回忆了故园的美好景象;《万竹园》:"鸥波亭子傍云根,绕屋参差翠有痕。却忆春风春雨里,锦绷个个长儿孙",

期盼家族人丁兴旺、儿孙有成。

在邓廷桢的影响下，邓氏后人都自觉发奋读书，每代均出进士：其子邓尔恒，道光十三年（1833）进士；其孙邓嘉纯，光绪六年（1880）进士；其曾孙邓邦述，光绪二十五年（1899）进士。

邓廷桢有子五：尔恒、尔颐、尔咸、尔晋、尔巽，女二（名不详）。

长子邓尔恒（1821—1861），选庶吉士，授编修。后任命为湖南辰州府知府。邓廷桢病逝后，改授云南曲靖知府。在任曲靖期间，因政绩卓异，公正廉洁，先后被提升为云南按察使、布政使。咸丰二年（1852），在任云南曲靖知府时，因重修《南宁县志》，发现一块豆腐上印着字，随即带人来到作坊，找到了一块碑。此碑全称为"晋故振威将军建宁太守爨府君之墓"（简称《爨宝子碑》），立于东晋时期（公元405年），共400个字，记述了爨部首领爨宝子的生平。从字体上看属于由隶书向楷书过渡，体现出晋人求新求异的审美心理。阮元称它为"滇中第一石"，康有为誉为"已冠古今"，被视为书法作品中的奇珍异宝，是全国重点文物保护单位。碑左下方刻有邓尔恒的跋，记录了碑的出土及移置经过。咸丰十一年（1861），邓尔恒被提升为贵州巡抚，还未上任就被调任陕西巡抚。正当他准备奔赴父亲曾经担任的职位时，却意外地在途中遇害身亡。

孙邓嘉缜（1845—1915），字季垂，尔咸子，优贡生。光绪元年（1875）中举人，签发贵州，历署贵筑、毕节等县知县，贞丰州知州。在黔八年，政平讼理。福建巡抚知其有吏才，调赴台湾，补嘉义知县，后改官山西。甲午战争后入湖北巡抚于荫霖幕，二十六年（1900）调补襄阳知府，简放安徽徽州知府。经盛京将军赵尔巽奏调东北，补奉天、锦州知府，后升任巡警道。宣统元年（1909）裁缺后家居。

孙邓嘉缉（生卒年不详），字熙之，尔晋子，同治十二年（1873）优贡，官候选训导。曾与六位同道结成"石城七子诗社"，号称"石城七子"，潜心诗歌创作、研究，形成了"南京诗派"独有的清新风格，一改"同光体"复古僻拗的风气，对南京诗坛产生了很大影响。著作曾辑入

《石城七子诗钞》，后辑为《扁善斋集》五卷，《文存》三卷、《诗存》二卷，光绪二十七年（1901）刻。同治年间在徐州云龙书院讲学，与冯煦同为主要讲师。

邓、胡两家既为近邻，又是挚友，他们互通往来，留下了许多脍炙人口的诗文。如光绪四年（1878）邓嘉缉作《愚园记》，成为一篇最好的愚园导游词。光绪十八年（1892）五月，邓嘉缉为胡光国《白下愚园集》作序，称自己与他"有昆季之好""稔其始末"，故为其作序。他这样写道：通过阅读这一文集，可以了解愚园主人的生平事迹，感受其冲天豪情，可以感慨其创业的艰辛，还可以体会其遵从孝道的拳拳之心。

邓邦述："绕屋栽梅发古香"

邓廷桢曾孙邓邦述（1868—1939），字正，号孝先，近代诗人、藏书家。邓邦述的父亲邓嘉缜，光绪元年（1875）举人，历官襄阳、锦州、奉天知府，光绪三十三年（1907）升署巡警道（正四品）。邓嘉缜有子五：邦述、邦造、邦迥（幼慧、早殇）、邦道、邦遹，女六，其中四女嫁桐城方苞后人方仲棐，有子方思度。

邓邦述晚年像

邓邦述17岁时，随父亲入黔，在省城读书。光绪二十五年（1899）中进士，授翰林院编修。主考官有赞语："意精、语卓、次顺、三畅、诗稳""博综旁甄，纬以通识，异于细碎涂附者，解经宗冲远，颇有家法"（《邓邦述科考卷》）。光绪二十七年（1901）入湖北巡抚端方幕后，更深受端方的影响，喜收藏。光绪三十一年（1905）任考察政治大臣二等参赞官，随端方出访西欧十国。通过考察，邓邦述在抄本《澳门新闻纸》题记中写道："海通以后，外人进步日猛，吾国则退步亦日甚，可胜叹哉。"光绪三十三年（1907）任吉林民政使，时藏书达4万卷，多为珍本，其中1000余卷为宋刻本。辛亥革命后，居北京、天津。民国建立，先后任牛庄、芜关湖监督。1921年，移居苏州。

1922年，江南贡院的标志性建筑明远楼等遗存，被南京

《金陵贡院遗迹碑记》碑额题字

士绅甘鋐、仇继恒等人保护下来。为了告别科举时代，由邓邦述篆额，陈澹然撰文，仇继恒书丹，三位翰林共同完成了一件划时代的碑刻作品《金陵贡院遗迹碑记》，记载了贡院由盛至衰的历史，也留下一代人"数百年文战之场，一旦尽归商战，君子于此可以观世变"的"今昔之慨"。碑额上题写的是邓邦述最为擅长的"玉箸篆"，笔道圆润温厚，形如玉箸，是小篆书法艺术中最为完美的书体之一。

1924年，邓邦述前来金陵万竹园旧址凭吊，徘徊于往日的故居前。1926年，他辞官居苏州专事著述。1927年夏，邓邦述定居苏州侍其巷38号，建起著名的"群碧楼"，此楼就是他的藏书楼。邓邦述非常注意收集和整理家族文献。藏书楼中就有他于宣统元年（1909）从书商处高价购入的先祖邓肃的抄本《栟榈先生文集》；还有民国初年他收藏的《澳门新闻纸》，一个重要原因就在于"与余家有关耳"，载有曾祖父邓廷桢的事迹。在《邓嘉缜行述》里，他记录了父亲的教诲："府君尝诫不孝等曰：士患不自立。"

后因生活穷困，经蔡元培介绍，他将大部分藏书卖给当时的中央研究院，以还巨债，并改"群碧楼"为"寒瘦山房"。抗战期间，苏州沦陷，江苏省伪省会设在苏州。被尊为"苏州十老"之一的邓邦述带领一家避难于邓尉山中。江苏伪省长派说客上门，企图请其出山，为伪政府服务。在

弄清对方来意后，邓邦述勃然大怒，拍案而起，怒斥他数典忘祖、卖国求荣，并将其赶出家门。1939年，邓邦述病逝于苏州。

邓邦述妻赵婉（赵烈文四女，赵烈文是曾国藩最重要和最亲近的幕僚，也是一位著名藏书家），他们育有子七、女八。长女适京师大学堂"译学馆"毕业生桐城钟凤年（钟云甫）。

邓邦述子邓偁（1924—2006），十五岁时父亲去世，高中毕业后挑起家庭重担，在无锡兴业银行做学徒。新中国成立后，被任命为中国人民银行苏州分行会计科副科长。先后筹建中国人民保险公司苏州公司及江苏省保险干部学校。其子先掞（浩），儿时经常听母亲讲述先人、民族英雄邓廷桢忧国忧民、抵御外侮的事迹。母亲常告诫他，学习的最终目的是做一个正气之人，成为一个对国家、对社会有用的人才。1978年，他考入浙江大学材料科学与工程系。因为名字中的"掞"是个生僻字，使用不方便，改为"浩"字。母亲说："浩"，浩然正气，这个名字好！1982年，邓廷桢墓被列为江苏省文物保护单位。2000年，邓浩曾陪同父亲邓偁来此拜谒。他还整理出《邓氏家谱》和相关家史资料。他说，虽然万竹园已经不复存在，但它是邓氏后人永远的"精神家园"。

邓之诚：有骨气的历史学家

邓之诚（1887—1960），历史学家，30岁时应北京大学校长蔡元培之聘，任北大历史系教授并兼国史馆纂辑。邓之诚一直把自己看成是南京人，所以他署名有"江宁邓之诚""钟山邓之诚"。

1941年太平洋战争起，燕京大学被日军封闭。执教于燕京大学的邓之诚洁身自好，秉持民族大义，因拒绝为日军建立燕京研究院而被囚禁了一百多天。获释后，他将在囚时写下的诗作105首，集成组诗《闭关吟》。虽然生活窘迫，但是邓之诚不忘"清白做人"的家训，始终拒绝为日伪工作。退休之后，他在家著述。1956年，出版了《中华二千年史》，全书5卷9册，逾二百万言，皇皇巨制，是独具特色的史学经典。邓之诚称，他撰写此书的目的，就是要揭示中华民族治乱兴衰的原因，高扬群策群力自强不息、缔造民族业绩的团结进取精神。邓之诚从事教育五十年，除了历史研究之外，还培养了一大批的文史工作者。

他的幼子邓瑞（1931—2010），任教于南京大学历史系。1998年，在《南京高师学报》发表文章《鸦片战争与邓廷桢》。退休后，他认真阅读了父亲邓之诚先生二十六年间的日记，将其中的文史札记、师友交往等内容进行整理，在《中国典籍与文化》杂志上连载了近10年。2010年8月，邓瑞将整理好的书稿交到出版社，两个月后不幸去世。2016年9月，江苏人民出版社出版了邓瑞整理的文集《邓之诚文史札记》，展示了邓之诚先生的学术思想、学术成果，记录一个时代的侧影。该书的责任编辑王剑说："父子两代人，都能将所做事情做到善始善终，不留遗憾，实在令人感叹不已。"

如今，整理邓之诚著作的重任落在了邓之诚的孙子、邓珂之子邓雷身上。2010年四叔邓瑞去世之后，邓雷决定整理祖父的日记。他说：札记

邓之诚像　　　　　　　邓瑞像

只是爷爷日记里的一部分，主要是记载学术上的内容。我还想把爷爷的日记、手稿，包括收藏的照片，尽量整理出来发表。札记约有80万字，日记约有240万字。书名暂定《邓之诚日记》。他相信，那里面一定有一个"更真实、更完整"的邓之诚先生。

邓佐：保护邓氏宗祠碑刻

1950年，因筹建南京第一棉毛纺织厂，邓廷桢五世孙邓佐（1914—1986）带着一家人迁至不远处的学智坊10号。在清理废墟时，工人发现了一些碑刻。邓佐闻讯赶到，将碑刻收购回来。为了防止丢失和损坏，他在客厅里砌上一堵墙，将5块碑石镶入墙南，并抹上石灰加以保护。1995年初夏，区文物部门杨献文先生曾前往巡查，手拓并整理碑文，撰写文章在文史刊物《秦淮夜谈》上发表。

该碑文记载了邓廷桢对禁烟的主张："（道光）十五年（1835），授两广总督。时方议鸦片烟禁，公奏议以为，法行于豪贵，则小民易从；令严于中土，则夷（外）货自绌。"还记载了邓廷桢及其家人的一些信息："……二十六年（1846）三月二十日薨于位，年七十二，其年十月三日归葬上元县灵山下。配张夫人，继配何夫人，侧室吴恭人祔。子尔恒，编修，官辰州府知府；尔颐，云南赵州知州；尔咸，国学生；尔晋，府学生；尔巽尚幼；二女，十二孙，而尔颐为弟廷梁后。公机神高朗，外容异量而制行内严，遇事不求奇功而深虑宿祸。"经对比文献与碑文，邓浩发现碑刻的内容正是梅曾亮先生所撰写的《陕西巡抚邓公墓志铭》。

1997年7月1日，在南京静海寺，由邓廷桢的六世孙邓源和林则徐六世孙林纲敲响了香港回归的钟声。同时，新闻媒体也报道邓廷桢的后人珍藏了从家族宗

邓佐像

1997年6月30日的新闻报道

祠里保护下来的5块碑刻。由此,邓源以及邓瑞,与邓佐的女儿邓洁、邓勤玲取得了联系。

邓光正、邓莹父女:"走向世界"的践行者

邓廷桢第六代孙邓光正(1926—2020),退休于南京上新河中学,是从事教育事业38年的中学高级教师。1949年,他毕业于安徽大学。年少时父母离世,他挑起家庭重担,不仅自己勤俭朴实,亦有乐于帮助穷人的同情心,尤其对贫困农村来的学生问寒问暖、送衣送粮、克己助人、热情助学。尽管自己家庭并不富裕,要照顾妻儿、姐弟,负担很重,不得不节衣缩食。曾经有一位家庭贫困的老乡,因患白内障导致双目几近失明,他看在眼里急在心里,尽管自己不富裕,仍出资为老乡做摘除白内障手术,使他重见光明,此举被乡亲们一时传为佳话。

邓光正的长女邓莹,是改革开放后的第一批外贸工作者。1998年,国家政策鼓励自主经营,她成立了自己的企业,继续从事五金件的进出口贸易。她将众多中国本土企业生产的产品推向了世界,受到欧美、中东、东南亚市场的欢迎。她知道,企业的声誉亦代表着祖国的声誉。2003年,

公司出口到西班牙的一批锁具，数量多达三个40尺集装箱，货值20多万美金。到货后，客户检验出锁在开启时存在卡壳的质量问题，希望公司派人去国外修理。在了解情况后，她坚持让顾客将商品全部退回中国返修，无论损失多大，也要保质保量交到客户手中。她认为，信誉是企业的第一生命，更不能丢了国家的"脸面"。经过几个月的辛苦努力，产品全部合格再度出口，受到了西班牙客户的称赞。

回忆起二十世纪八十年代，邓莹说："当年我们因公出国，虽然没见过什么世面，但我们接受过严格的礼仪训练，深深知道在国外，自己的行为举止就是代表了祖国的形象。如今，中国人到国外旅游，更要时时处处管好自己，待人接物注重文明修养，把泱泱大国的风采气韵传播到世界的每个地方。"她还说，作为外贸工作者，见证了改革开放以来，中国在世界经贸方面实力增强的全过程。她为祖国今天取得的成就由衷地感到自豪，她认为这也就是邓廷桢当年渴望实现的伟大梦想。

1995年，邓莹陪同69岁的父亲邓光正去欧洲参观。父亲在日记里以《勤劳认真的人》为题写道："当地出租司机、营业员等都认真负责，和善有礼貌，一丝不苟，动作熟练，效率很高，没有看到马马虎虎，随随便便，有问不答懒洋洋的样子。"还写到"欧洲人很喜欢中国古董，中国城到处都有，中国的文化在世界已经占有重要一席"。

2015年，正值邓光正夫妇90大寿，邓莹和子女们给老人印制了一本纪念册，在寿宴上还举办了反映他们生平的书画与摄影展

邓莹在介绍父母寿宴上布置的展览

览，邓邦述先生的书法作品"深林种竹见高节，绕屋栽梅发古香"，被放在显著位置。邓光正老人的学生也从全国各地纷纷赶来，为他祝寿。一位学生的贺词是："困难相助仁义重，千里南归念师恩。丹心一生济天下，白首九旬世上尊。"

在教育子女方面，邓莹牢记"清白做人，认真做事"的家训，时时以身作则，让她的两个孩子在耳濡目染之间加以体会。女儿毕业于英国牛津大学，取得硕士学位；儿子毕业于英国诺丁汉大学，取得硕士学位。他们现在也承接了她的事业，从事着进出口贸易业务。

随着百年后宗氏社会的结束，虽说血缘关系越来越难以牢固地维系人与人的交往，但家族文化传承的印记还在，与此伴随的乡愁还在。南京的邓氏家族与苏州的邓氏后人，相互的联系与交流仍然在继续着。

七、四世翰林：棉鞋营赵家

在城东大中桥西侧，有一条巷子名为"棉鞋营"，据说是因为明代在此设立制作棉鞋的工坊而得名。然而，就是这不起眼的小巷，自清代光绪年间到新中国成立初期，曾经有一座朱漆厚门前后七进带花园的赵公馆。最盛时，赵公馆北至复成桥，南至大中桥，几乎占据整条棉鞋营。有趣的是，当年李鸿章的相府在五福街，距赵公馆也只有一两百米，两家人经常走动。府内挂有一幅赵畇画像，就是由李鸿章专门请人画好送给岳父赵畇的。大厅正中悬挂一横匾，上书"培远堂"，由赵畇之子赵继元亲笔题写。院内有庭台水榭、花园假山，由赵继元命名为"静观草堂"。赵继元和他的祖父状元赵文楷、父亲赵畇，以及他的长子赵曾重都是翰林。像这样直系四代翰林的家族，在中国历史上并不多见。

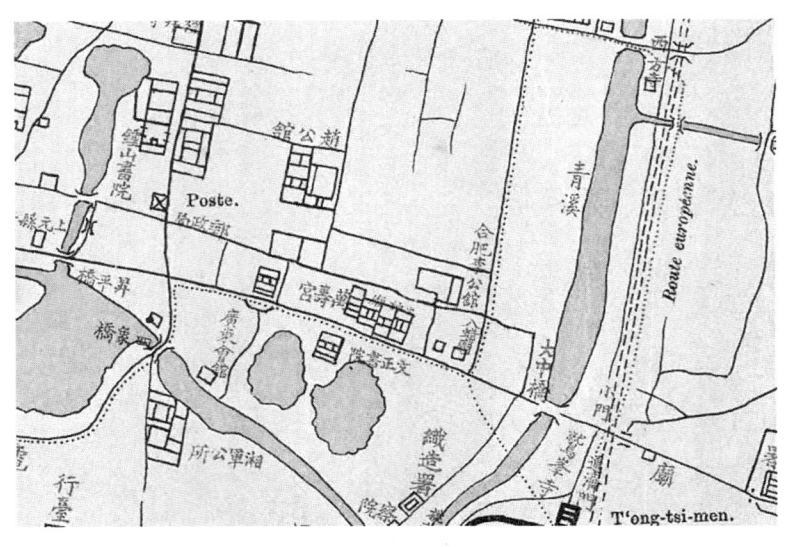

清末南京地图上标注有"赵公馆"

1898年的南京地图《江宁府城图》，明确标记有"赵公馆"，而且"合肥李公馆"便位于它的西侧。从赵继元开始，这里住过四代人。他们一直秉承赵文楷留下的家训"静以修身，俭以养德，交不忘旧，言不崇华"。因为修身，所以勤俭；因为养德，所以质朴；因为重情，所以不忘故旧。2014年5月，赵文楷的状元卷曾经在南京中国科举博物馆展出，笔者曾经与其后人一道寻访了赵公馆的遗址。

状元赵文楷：出使琉球，不辱使命

赵文楷（1760—1808），字逸书，号介山。嘉庆丙辰科状元。著有《石柏山房诗赋》《中山见闻录》《楚游草》《槎上存稿》《独秀草堂古今文》等。

南宋淳祐十年（1250），赵氏先祖迁居安庆太湖之北山龙湾。他六岁时曾作诗《咏百舌》："桃花红未了，百舌闹春晓。能作百般声，枝头压

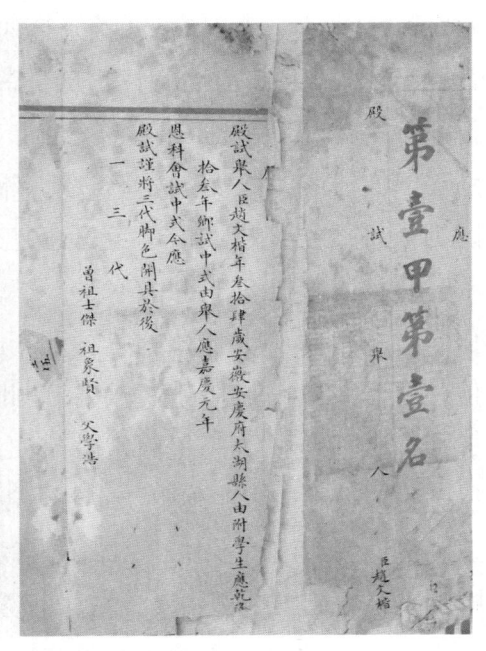

赵文楷像　　　　　　赵文楷状元卷（局部）

众鸟。"七岁，又作《咏荷花》："一叶复一叶，千枝更万枝。昨宵沾雨露，开遍凤凰池。"十二岁时，他的父亲因病去世。家境的艰难，促使赵文楷刻苦奋进。乾隆五十二年（1787），他来到南京江南贡院参加乡试，考取了举人。

嘉庆元年（1796），赵文楷36岁考中进士，并成为状元，授翰林院修撰、实录馆纂修、文渊阁校理，后任山西雁平兵备道。

嘉庆四年（1799）八月十九日，经殿议，朝廷选定他为大清正使，赐上卿鳞蟒服、白玉带，领圣旨前往琉球国。正当赵文楷为册封事准备行程，太湖家中来信，得知家母潘老夫人病重，为尽孝道，乃向皇帝请假回乡省亲。

嘉庆五年（1800）五月初七，赵文楷使团一行在福州举行祭礼后，开船直航琉球。舟出五虎门，忽遇东海风云骤变，雷雨交加，惊险殊甚。后历时五昼夜，十一日抵达琉球。中山国王尚温率官员和百姓在那霸港迎接使团。七月二十四日，举行隆重的册封加冕大礼：日出三竿，"瑞泉""刻漏"两座王宫大门开启，仪仗队整齐排列，鼓乐齐鸣，庄严威武。赵文楷身着正一品鳞蟒礼服，登台宣读嘉庆皇帝的册封诏书，并代表皇帝赐给中山国新国王王冠、锦袍、玉带。接着宣布对宰相及司法官员的任命，对诸王妃分别赐予各种精美礼品。大礼告成，琉球举国上下一片欢腾。

因为久别故土，赵文楷不免思念起久别的亲人。他惦念着生病的母亲，"时时梦依母膝下，梦中色笑宛然"。为了缓解乡愁，他曾经"衣麒麟蟒服，西向拜母"。遗憾的是，那个时候的他还不知道母亲已经病逝了。他还写下一首《中山七夕》诗："此夕复何夕？佳期成古今。女牛光皎皎，风露夜沉沉。为问银河水，何如沧海深。闺中有少妇，相望泪沾巾。"一日，夜不能眠，他赋诗一首《夜起》："寒藤古木作秋声，坐拥孤衾正二更；大海波涛乡梦断，殊方气候客心惊！楼头月落鸺鹠语，檐角风多蛤蚧鸣；自起推窗望牛女，浓云薄雾不分明。（壁间蛤蚧，终夜不住作声）"三个月之后，因为要为母亲庆祝七十大寿，他必须回国。临别时，中山王撰《赵母潘太夫人寿序》并到驿馆送别。没想到的是，他刚登岸便得知母亲已于此前的三月病逝故里。

回到家乡后，他坚持戴孝三年，并组织族人修宗谱。在《太湖赵氏宗谱》的序言中，他回忆起父亲临终前的愿望，写道："九族之谊，亲尽则情尽，夫人之情故无尽者也。不知其亲，则视之如途人耳。观于谱，而知吾族之数百人者，其始则一人之身也，将油然生爱敬之心。爱敬之心生，则生必庆，死必吊。患难必相赒恤，疾病必相扶持，是盖古人亲亲之道。"

赵文楷有四子，孟然、耕、畯、畇。咸丰七年（1857），赵畯、赵畇将尚未散失的亡父遗作，编排缮录，整理出一册《石柏山房诗存》，刊刻出版。

赵畇：李鸿章的岳父，隐退后的"教授"

赵畇（1808—1877），字芸谱，号岵存，晚号遂园、遂翁，幼孤，为文楷之遗腹子。他是赵文楷之子，也是李鸿章的岳父，著有《遂翁自订年谱》一卷、《遂园诗抄》六卷。诗集之所以为"不名集"，他在序中写道："不欲妄附著作家（名）也。"此外，他所编纂的《筹办夷务始末》，是我国较早的外交典籍。赵畇有子继元、继佶、继椿。

嘉庆十三年（1808），父亲突然去世，又遭受分家的变故，生活更加清贫。好在父亲的故旧得知后纷纷解囊相助，才使境况有所好转。为了使家学得以延续，母亲王夫人不惜变卖家产，延聘当地名儒授诸子读书。道光五年（1825），18岁的他中举人。道光二十一年（1841年），考中进士，选翰林院庶吉士。此后，被任命为上书房行走，教授皇子读书。

咸丰三年（1853），太平军席卷东南，占领南京。赵畇与李鸿章同时回到安徽帮办团练，共同抵御太平天国起义军，二人由此相识。咸丰六年（1856），出任广东惠潮嘉道。咸丰八年（1858），他将父亲的旧作编辑刻印成《石柏山房遗集》。同治元年（1862），其母病逝长沙，与赵文楷合葬。

同治二年（1863）十二月，赵畇将次女赵继莲嫁给丧妻之后的李鸿章。同治三年（1864），辞官归里，主讲于安庆敬敷书院，奖掖后进。同治四年（1865），妻子韦氏、长媳、次媳相继去世。同治七年（1868），赵畇六十大寿，李鸿章以女婿的身份作诗吟联，赠匾庆贺，"愿奏长生乐，岁岁享天伦"。

同治八年（1869），62岁时，赵畇带领族人续修中断了七十年的家谱，他担任主修，赵继元担任纂修。在序言中，他告诉儿子赵继元，赵家之所以"科名盛事""学问文章，操券而获"，是因为"我祖宗忠厚相传，积德累仁""并能笃念亲睦，属望肫切，以至此也"。距今百余年，今赵氏人家还完整地保留了这套家谱。咸丰十年（1860），赵继元将父亲参加科举考试时的诗稿带往京城，刊印为《遂园试律诗钞》。

赵继元：静观"千年未有之大变局"

赵继元（1828—1897），字梓芳，号养斋。出生于安徽太湖，16岁入县学。咸丰九年（1859）32岁中举，同治七年（1868）中进士，选翰林院庶吉士。同治十二年（1873）分发江苏，先后供职于两江总督下的营务处、筹防局、两江军需总局，并在江宁（今南京）棉鞋营筑室定居。光绪七年（1881），赵继元仿效安庆赵氏老宅，修建了规模恢宏的赵公馆。据《秦淮区志》记载，他在贡院东街还建有一处"赵河厅"，以后变为酒肆，是薛时雨所题写的古音调四声皆有，秦淮河畔最为著名的匾额——"停艇听笛"之处。

赵继元像

他的妻子王梦兰,字畹芬,出嫁前就喜爱吟诗。嫁给赵继元之后,二人以唱和为乐。诗稿里,赵继元记述了在江南贡院参加科举考试的景象与心情:"金陵甫定事大比,风檐况复当严冬。矮屋如舟仅容膝,夜半风雨将毋同。冲寒战士大不易,远念群从忧心忡。人生苦乐须饱历,何事恶绪萦心胸。故国梅花倘早发,暗香破萼浮簾栊……"在《涛儿生日寿以诗》一诗里,夸奖儿子"渐能笑语解人意,望尔聪明读我书",同时希望他"长大壮门间(门庭)"。在《冬暮述怀》一诗中,他写到二千年来人才辈出"争新思",感叹"泥古"会使得"两眸有障心无功"。从最末一句"积卷手披百忧释,门外雪花深一尺",可以领略"静观草堂"的内在含义。

在《秋菊》一诗里,赵继元既描绘了静观草堂的秋天景致:"秋花销歇胜篱东,老圃新添寂寞容",通过赞美菊花的品格"冰雪纵教坚傲骨,繁华偏不落秋风",借此抒发了自己晚年"珍重寒香能耐冷,古来晚节此心同"的志趣。妻子王梦兰写有《瓶梅》一诗,把梅花品格写得清丽脱俗,可以与赵继元的《秋菊》媲美:"几枝疏影小窗横,香韵天然绝俗氛。桃李漫夸颜色好,清高到底不如君。铜瓶纸帐耐清寒,一种孤标画最难。寄语诗人好调护,将残还作未开看。"后经女婿李经羲(李鸿章之弟李鹤章第三子)及李经羲之子李国筠(亦为继元孙女婿)收集,她的诗稿由国筠手书付梓《三十六鸳鸯舫存稿》。

赵继元的长子赵曾重,字伯远,号蘅浦。光绪六年(1880)庚辰科二甲进士,选庶吉士,散馆授编修,是赵家的第四代翰林,著有《味琴仙馆诗》。赵曾重的孙子赵荣琛(1916—1996),是著名的京剧表演艺术家、京剧四大名旦之一程砚秋的嫡传弟子。抗战结束之后,他曾经与甘浏合演《珠痕记》,获得观众好评。1955年至1957年,在南京任市京剧团团长。后调往北京,但每次来南京演出,总能引起金陵戏迷的狂热。有几次来宁,赵荣琛住在棉鞋营赵公馆,门外常常聚着崇拜他的戏迷票友。他在回忆录《粉墨生涯六十年》里写道:"(我们)绵延至今的家风,那就是潜心苦读，以诗书济世；淡泊名利，以廉正传家的书香门第儒雅之风。"

次子赵曾裕，即赵朴初先生的祖父，光绪二年（1876）中举人。赵朴初父亲赵恩彤就读于省高等学堂，师从著名学者严复，并因成绩优异，被任命为湖北省候补知事。赵朴初当年每次到南京，必到棉鞋营赵公馆。据说在新中国成立之前的一日中午，赵朴初因公干路过南京，来到棉鞋营探望伯父赵恩钰夫妇。当时，赵恩钰的太太正在午休，一向尊重长辈的赵朴初就毕恭毕敬地侍立在一旁，直到伯母醒来。

三子赵曾藩，出生于南京，20余岁就中举人，曾担任江西瑞安县知县、安徽芜湖米捐局局长、粤海关监督等职。民国七年（1918），赵曾藩将赵继元的诗集刊名为《静观草堂遗稿》，请著名文人金坛冯煦为之作序并刊刻。冯煦在序中评价其作品曰："诗质而不野，丽而不纤，出入于眉山、剑南间，而能自摅。其性真之所蕴于世运陵迟，民生凋劫，尤慷乎言之。文亦如其诗，虽吉光片羽，其必传于后，无疑也。"

遵循"笃念亲睦"的家训，赵曾藩对家乡侄子的学业十分关心并多有资助。至今，赵家后人珍藏着赵曾藩给侄子赵恩钰的一封亲笔信，信中勉

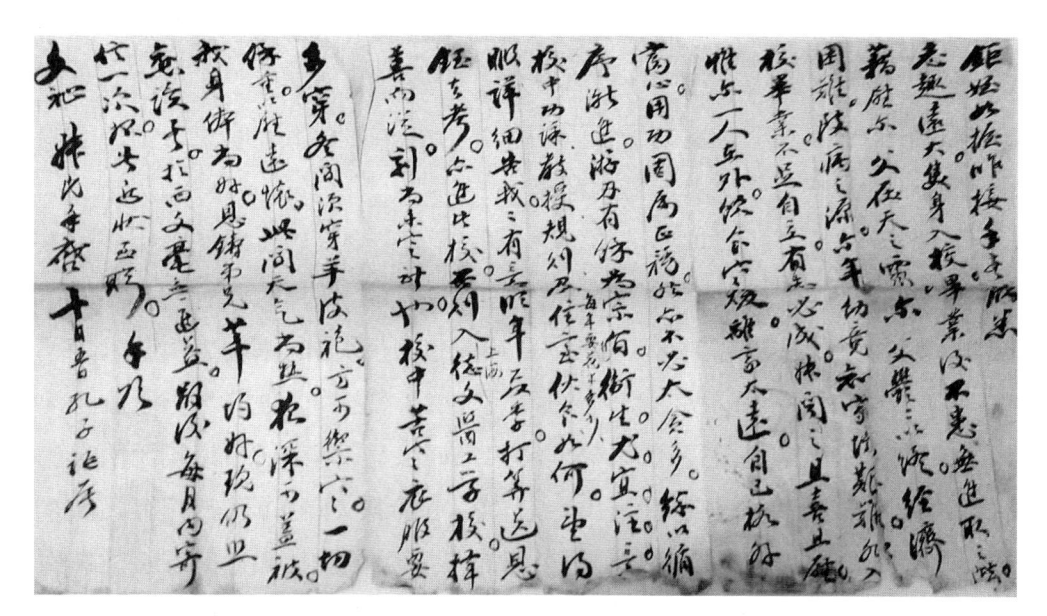

赵曾藩给侄子的亲笔信

励他努力学习,以"慰藉尔父在天之灵"。赵恩钜(1902—1965),号任士,赵曾槐三子。赵恩钜幼时与堂兄弟等共读于家庭私塾,除读四书五经唐诗宋词外,还读博物、修身、音乐、日语、英语等课程。1915年,年仅13岁的赵恩钜以优异成绩考取北京清华学校(现今清华大学)。赵恩钜毕业后考入美国密西根大学。1928年8月,他毕业后回国,受聘复旦大学担任教授。1957年,任四川师范学院外语系教授。赵恩钜为人忠厚质朴,处事不阿,廉洁奉公,克勤克俭,勤奋好学,诲人不倦,继承了赵氏家风。

赵恩钰父子:状元之后,为国出力

赵曾藩次子赵恩钰(1903—1992),字式如,乐观豁达,自重自强。早年就读于上海圣约翰大学,后在国防部兵工署供职。当时南京赵家经济相对较为宽裕,安庆那边侄辈凡是学业上进的,均能得到他的资助。

1937年,赵恩钰随国民政府西迁至陪都重庆。1945年抗战胜利后,他辞去公职,偕家小回到南京棉鞋营。

1950年,作为商界代表,赵恩钰被选为南京市政治协商会议筹备委员会委员,为刚刚成立的人民政府献计献策,同时也积极参加街道、居委会的各项工作,先后创办了汽车修理厂、包装厂等,为街坊四邻热情服务。1953年,赵宅收归国有,举家迁入马路街40号居住。人多屋小,虽拥挤不堪,但他们宅心仁厚,善待邻里,时常以诗书教诲,倒也其乐融融。

赵恩钰长子赵荣渊(1925—2009),1946年毕业于重庆中央工业专科学校,致力于电力建设事业,足迹遍布祖国大江南北,是贵州电力建设的

赵恩钰像

1945年全家福，后排左起分别赵荣沛、赵恩钰、赵荣清及赵荣源，前排左起为赵荣渝、赵荣汴、赵荣澎及云婉宜（怀抱着的是赵荣溪）

1973年全家福（前排左起赵贵明、云婉宜、赵俊、赵速、赵式如、骆云，后排左起赵荣满、赵荣洵、赵荣渝、赵荣溪、蒋介能）

开拓者和奠基人。新中国成立初期，百废待举，电力建设乃重中之重，赵荣渊为云南开远、喷水洞，重庆九龙坡，河北下花园及西安贵阳、遵义、都匀等众多电厂的建设做出了杰出贡献。由于精湛的专业技术和令人钦佩的敬业精神，赵荣渊多次担任贵州电力建设单位主任工程师、总工程师等职务，并于1988年1月当选为贵州省第七届人大常委会委员。

赵恩钰的六子赵荣溪（1943—），遵从父亲教诲："再困难，读书是第一位。"初中毕业后，他为了减轻家里的负担，报考南京化学工业公司化工学校。毕业后分配到磷肥厂锦纶车间当操作工。那时，他的爱好是写作与下棋。1978年年底，酷爱读书学有所成的他调入南化一中。业余时间参加南京化学公司写作组，在《新华日报》发表一篇通讯稿，随后完成多篇短篇小说。1988年，他以两位平日喜欢一起下棋的老工人为主人公，创作了一篇题目为《残局》的短篇纪实小说，讴歌了其中一位棋友因抢救设备而牺牲，从而留下一盘没有下完的"残局"的英雄事迹。该作品在当年《青春》杂志社举办的"全国首届微型纪实文学青春奖"评选获得二等奖。

1981年，因为需要开设法律常识课，他一边工作一边自学，参加南京大学法律系举办的法律进修班。1985年国家创办高等教育自学考试，他报考了法律专业。

1987年，他受到同事吴宗庆的影响，一起调研撰写专题文章，建议利用五年的时间，用"绿化武器"来防止和减轻空气污染："把抗毒性强的树木，配置在毒烟侵蚀的第一线；把吸毒量大的树种配置在第二线，以构成合理的林型结构。空气污染将得到一定程度上的改善。"1989年，他成为南京市作家协会会员。

1988年，经过三年的时间，通过14门专业课程的考试，他获得了法律专业毕业证书。对于律师职业的向往，源于中学时代故事片《风暴》及《历史的教训》，他被施洋大律师为"二七大罢工"工人辩护，季米特洛夫驳斥"国会纵火案"指控的慷慨激昂场面所感动，一度萌生做中国的"季米特洛夫"、当大律师的梦想。继而通过律师资格考试，从南化一中调到公司机关筹建公司法律事务室，任南化集团公司法律事务室主任。1993年，他的论文《成套设备引进合同的几个法律条款之探讨》被评为年度化工部经济法规优秀论文。

2007年10月，他率领南京赵氏寻根省亲团奔赴安徽太湖，与宗亲共商续修家谱等事宜。因感受到族人传承家风、遵循家训的精神风貌，他赋诗一首："近乡情怯泪沾襟，梦里几回到花亭，寺前河水源一脉，绵绵不绝惠金陵。"

与孙子在江边嬉戏　　　　　　　　与两个儿子弹琴自娱

他给大儿子起名为赵天,"天"是工人的"工"下面加上一个"人",因为当时赵荣溪作为一名工人,首先想到的是做好一个人。2020年3月,面对不断升级的"新冠"疫情,他在家中将自己许多年前发表的文章归集起来,编排刊印成一部文集《敝帚集》。儿子赵天读罢,在后记里这样写道:晚辈再读之时,不仅仅看到的是那时那事,更能感受到上一辈们在时代中的不辍,哲思于践行。赵家绵延数百年人丁兴旺,忠厚笃行,无外乎耕读二字。"耕",躬耕于当下;"读",思、学、省也。

八、才情为上：膺福街卢家

在城南中华门城堡东侧、秦淮河即将调转方向之处，曾经有一条街巷名为膺福街，107—109号门牌的后面便是一座古宅。早在清朝乾隆年间的1760年至1765年，卢树德、卢树玉兄弟两人从润州（今镇江丹徒）来到南京，定居于此，以贩布为生。古宅共七进，第二进为大厅，民国初年有政府褒奖卢峻公之妻梁太夫人的匾额"志洁行芳"。第六进的门楣嵌有一块"继圃"二字的砖雕，相传是翰林卢釜（云谷）读书处，里面有一个花园，种植着石榴、木瓜、天竹等，并配有假山，族人幼时大多在此嬉戏。1931年，为了在中华门城堡东西两侧开辟城门通汽车，卢氏古宅的西侧被拆除一部分。1995年该地块又被拆迁，古宅从此灭失。

民国时期航拍图（卢氏古宅尚存）

卢树德（1745—1766）早逝，卢树玉（1752—1819）创业有成。自卢树玉次子卢光纶（1790—1854）开始，历经数代人的不懈努力，逐渐发展成为南京的名门望族。《润州开沙卢氏六修宗谱》记载，堂名为"儒宗堂"，取尊儒、崇儒、诗书传家之意。

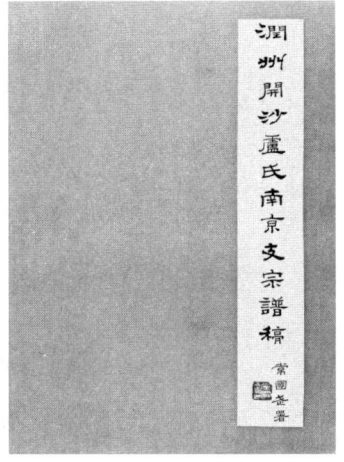

上海图书馆藏《润州开沙卢氏宗谱》封内照片

2008年完成的南京卢氏支谱

  《宗谱》里载有《家规禁约十六则》，分别对"守坟茔""谨祠宇""遵祖训""顺父母""敬长上"等做出了规定。如"凡吾宗子孙，上者，教之务读诗书。使之处则为师儒，出则为卿相。次之，资质愚蠢，亦须学礼义，识廉耻，务稼穑，守勤俭，庶不至坠我门户！"由于出身书香世家，族内学人众多。如著名学者、教授、词曲学家、诗人卢前，他的曾祖父卢崟为云南学政；他的四弟卢绳，著名古建筑学家，创建天津大学建筑系；他的长子卢侃，生物物理学家；堂弟卢震京，图书馆学家，曾任南大教授，编著的《图书学大辞典》被公认为中国第一本图书馆专业的工具书；堂弟卢正纲之子卢咏椿，国家一级作家，江苏音乐文学会副主席；堂姐卢正瑶之女叶菊华，是重建夫子庙风光带的规划师和建筑专家；堂兄卢东琦之子卢其广，水稻及食用菌专家，二十世纪八十年代培育出高产多抗中籼水稻良种"金陵57"。

卢崟：云南学政，书院主讲

  卢崟（1834—1893），字云谷，号伯銮，卢树玉孙。同治十年

（1871）中进士，二甲第二名，后任翰林院编修。受聘山东东平编纂《东平州志》，兼任龙山书院主讲。光绪五年（1879）任云南学政，后主讲南京尊经书院，著有《石寿山房集》。

陈作霖先生在《卢编修传》写道："光绪五年（1879），拜督学云南之命。云南俗杂蛮夷，应试者率多鄙犷，乃饬教官，督兴月课。禁武考拾箭枝。任满三年，得人为盛，旋乞养归。主讲尊经书院，君未第时肄业地也。……十年之间，即嗣是席，同辈荣之。"陈作霖之子陈诒绂在《江苏通志仕迹传》收录有短文《卢鉴》。清末诗人、再续"具并文社"社长朱钟萱写有《卢太史云谷先生小传》。

最为详尽的，自然是卢鉴之子卢金策（1855—1908）所作的《先严行述》，叙述卢鉴作为学生，早年先后在钟山、尊经、惜阴三书院苦读，为李小湖、周缦云、薛慰农三位"山长"（校长）所欣赏；1885年作为主讲回到尊经、惜阴书院，"每阅卷，或终夜不寐，勤勤焉惟恐自失"，深得学生和同行赞扬。

卢鉴与愚园主人胡恩燮、胡光国父子交往甚密。他为胡恩燮的名篇《患难一家言》作序，一方面回顾了自己与园主人"不同而同，同而不同"的人生经历，如"全家陷危城中，余独跳身免，出门惘惘，不知东西"，到逃离家乡后，经历战乱，"而皖而浙而沪而苏，枪林炮雨中求生活"，却毅然决然"出万死不顾一生""一身肩其责，万事劳其形"；同时也陈述了回乡后自己"跧伏里门，僭居讲席，遗经独抱"，体现了卢氏祖训所要求的"以清白纯正为本"的做人原则。在胡光国的《白下愚园集》里，卢鉴写下了对园林盛景的赞叹："忽从宦辙风尘日，得睹名园水石秋。裙屐遗踪前代感，楼台好景几生修。康娱况洁兰陔养，绿野平泉那足俦。"1888年，莫愁湖曾公阁落成后，他写就洋洋洒洒千言的《莫愁湖新修曾公阁记》，曾一直镌刻在墙壁上，成为莫愁湖中的一处胜景。

卢前："江南才子"，地方文献专家

2002年，央视"春晚"的上海分会场，著名表演艺术家孙道临、秦怡及张瑞芳在黄浦江上演唱了一首二十世纪的经典歌曲《本事》："记得当时年纪小，我爱谈天你爱笑，有一回并肩坐在桃树下，风在林梢鸟在叫，我们不知怎样困觉了，梦里花儿落多少。"这首歌，由"中国现代音乐之父"黄自谱曲，被选入民国时期的中学音乐课本，在大江南北广为传唱。歌词的作者就是素有"江南才子"之称的卢前，创作时年仅18岁。

前排：卢震京、卢前、卢正维，第二排：润庠、润席怀抱正纬、刘博渊、润度怀抱正纲、润广抱正绩，第三排：润唐、润庶、润庭

卢前（1905—1951），原名正绅，字冀野，号饮虹，自号小疏，别号饮虹簃主人，著名诗人、学者和教授。

祖父卢金策是卢崟之子，做过太仓州学政、宿州萧县教谕，在卢前3岁时去世。卢前的嗣曾祖母梁氏老太太（润广是其嗣孙），婚后不久丈夫卢竣就在太平天国起义时期阵亡。她含辛茹苦地将嗣孙（卢前的父亲卢润广）带大。直到1926年卢前21岁时，她以82岁的高龄去世，姻侄夏仁溥写有《节母梁淑人传》一文。卢前娶同邑秀峰佘君长女佘之慧，有7个儿女：卢仔、卢侃、卢位、卢偶、卢倞、卢佶、卢佺。

卢前的父亲卢润广（1880—1926），字仲荪，号益卿，江宁附贡生，师范学校毕业，娶"廉园"孙克卿长女孙玉章，生有正绅、正维、正绩、

正绳四子及一女正珥。近代学者、词人、教育家、收藏家叶恭绰先生，曾经撰写《卢君益卿墓志铭》，记载润广先生早年受教于陈作霖，师范学校毕业后主讲津逮学堂，曾经被选拔与鲁迅、伍仲文一道赴日本留学，但因为嗣祖母年事已高而放弃，"自是在乡里任教育事十余年，成材甚众"。民国金陵女子大学著名教授张通之（1875—1948），在《庠校怀旧录》回忆润广先生："在校读书时孜孜不倦。出办津逮学校，亦井井有条。乡前辈过其校参观，见一旧式之书院，而布置合宜，教授得要，咸称赞不已，而谓云谷先生之有后也。"

1910年，卢前5岁时去私塾读书，学习《论语》《尔雅》《诗经》。父亲亲自教授他《孟子》。1919年，他14岁时大家族分居。1926年1月17日，卢前父亲出差青浦时中风去世，年仅46岁。21岁的卢前开始承担起家庭生活重担，也为此奔波各地，先后或同时在各学校兼职教课。1926年卢前从东南大学毕业，在金陵大学任教。年仅22岁的他曾在《东方杂志》发表《太谷学派之沿革及其思想》一文，由此"太谷学派"一词被学术界所认可并沿用。1933年，卢前将曾祖卢崟的文章编纂为《石寿山房集》四卷。

卢前善于写作，写过《我们的母亲》一文，记述母亲按照"容让公义"的家风料理家务，从来没有因为家里的事情劳烦过父亲。卢前由此体会到"大家庭的维系就是义气，讲义气，然后才能和睦，能和睦就可以互助"。在母亲60岁生日那天，卢前写了一套北曲《春晖篇》献给母亲，还引用了她平时的唠叨话："但能吃亏福不小……"引得母亲开怀大笑。他还写过《我的女儿们》（曾刊登于1946年底及次年年初《中央日报》的妇女周刊）一文，记录了一些非常有趣的事情：长女卢仔"在祖母熏陶之下""在学校中，老师问她什么，她的回答必是'我祖母说，如何如何，因此那些小朋友都叫她做'祖母'，因为她言必称祖母的缘故"。第二个女儿卢位，抗战后由小学升入中学，"她有她的特长，似乎她对于家很能操作，她似乎对于音乐兴趣浓厚些，我很注意她这一点，可

前面左一程柳南（卢前妹夫）、卢前母亲、卢前，后排左起孟野、东野、星野

以随时鼓励她，引她向这一方面注意。……我曾有过这样的志愿，就是在子女中能选拔一个学习音乐的。她之被我选中是意中事"。第三个小女儿卢惊，在抗战后两年出生，是一个"四川娃子"。"三岁时，随家里又迁到北碚，去年回到南京，她已算是八岁了。一嘴的四川话，没有两月功夫，已改换成道地的南京话了。她总觉得她是为众人所爱的，瞎七瞎八的她爱'插嘴'了。"

抗战期间，卢前将词集《中兴鼓吹》赠送给前线将士，鼓舞抗战士气："如此乾坤，当慷慨、悲歌以死。君不见、胡尘满目，残山剩水。万里投荒关塞黑，几家子弟挥戈起。问江淮，若是个男儿，无余子。且按剑，从新誓。岂肯洒，英雄泪。纵天真亡我，死而已矣。叱咤风云惊四海，凭君一洗弥天耻……"

抗战胜利后的第二年，卢前全家回到了故乡南京，暂时借住在颜料坊夏家，1947年2月17日才搬到刚刚收回来的大板巷34号（后改为26号）老宅。

卢前曾记录下第一次回到南京老家的情景："在小雨中回到城南，进了门"，与老人见面，却不曾想清末江南陆师学堂出身的"五祖父"已经离世，留下"七十的寡妻、中年的寡女"。面对劫后的"文物荡然"，"见到了老邻居陶秀夫，他也是七十的人了，现在已成了折臂翁。他告诉我，敌军入城的情形，这条街是如何烧光的。一字一泪，我听得真忍耐不住了"。当然，也写下了自己的心愿："早日成立一个南京书库""专收

1948年照片，前排自左：卢惊、佘之慧、卢佺、卢前、卢佶、卢俭（东野长女）
后排：卢位、卢伃、卢侃、卢偶

南京乡贤的著作，以及有关南京掌故的书籍，征存文献，是我辈之责，不应辞让"。

1946年11月，成立南京通志馆，卢前任馆长，伍仲文任副馆长。通志馆位于夫子庙学宫东侧，由"青云楼"改名为"徵献楼"。该楼始建于明万历十四年（1586），是用来供奉历代督学和学使的祠宇。原为三层，后因防人依楼窥视毗邻的贡院考试而改为二层。在这里，他主持编印《南京文献》，把散落各处的南京人的诗文集保存下来。自1947年元月至1949年2月，每月出版1期，共刊行26期，约255万字（1991年由出版社影印再版成8册），其中既有《正德江宁县志》《万历上元县志》《至正金陵新志》等名篇，也收录了"老邻居"，即自己弟弟卢绳的私塾先生陶秀夫所撰写的《日寇祸京始末记》。

1948年底，卢前在其长子卢侃（中共"地下党"党员）影响下，决定留在大陆。1949年，他的次子卢偶，17岁的南京大学学生，成为全校应征空军入选的五人之一。在此后的生活里，卢前充满了作为一个父亲的幸福感，生活的细节也都流淌于他的笔端。有一天，幼女卢俍加入少先队，胸前佩戴了一朵红花。他在文章《一朵红花》里写道："这时，我心里正艳羡我下一代的这许多小人物们！在我像她这样小的时候，抄着手在袖子里，面前摊着经书，有时临着帖；偷眼望一望老夫子，同窗们彼此话都不敢说一句，跟她们完全是两个世界。"

1950年，卧病在床的卢前在文章《睡》里写到，正在医学院就读的大儿子卢侃"看到我便说：'爹爹，睡睡罢''睡睡罢！'"但睡意显然敌不过"诗兴"，那些古人歌颂睡眠的诗句（裴度的、王安石的、陆游的），又飘然写进他的文章里。30年后，语言的魔力成为卢侃的遗传"基因"。作为生物物理学家的卢侃，在完成专著《混沌动力学》一书的翻译之后，又为普通读者翻译起美国畅销科普书《混沌》。他用诗的语言，将译著命名为《混沌学传奇》。"传奇"一词，能够让读者领悟生与死界限的不确定性，相信在医学的干预之下，健康可以得到"回归"。

卢绳：著名古建筑学家

卢绳（1918—1977），字星野，古建筑学家，建筑教育家。娶山东曲阜孔令灿之女孔德坪。生一子僎，生四女佾、偼、休、俄。

1925年，7岁时入陶秀夫先生私塾，先后就读于马道街小学、江苏省立南京中学。

1942年，毕业于中央大学建筑工程系，在李庄中国营造学社任研究助理，兼中央博物院建筑史编纂会助理编纂。追随梁思成、刘敦桢继续研究中国古建筑，协助梁思成先生编著《中国建筑史》。在此期间，他还创作了很多诗篇。如1943年元月所作《呈梁、刘二师》："桃符新雯一年迟，羽檄军书共曩时；西极流民怀故国，中原父老望王师。一成兴夏由来事，三户

卢绳像

亡秦未足奇；会见楼船东出峡，收京指日预为期。间关万里此栖迟，志学尼山忆旧时；李镇烟霞亲益友，程门风雪近贤师。法循体用兼名物，道取中庸摒异奇；坚信持恒倘可必，移山填海定能期。"

1964年卢绳（站立者）在天津大学建筑系教师会议上

1949年任北京大学建筑系讲师，兼唐山铁道学院建筑系讲师。1951年，在北京大学及唐山北方交通大学任副教授，同时兼任中央美术学院雕塑系副教授。后来全国院系调整，成立天津大学，他调任建筑工程系建筑历史教研室主任。

1958年参加编撰《中国建筑简史》，1959年受邀参加由刘敦桢主编的《中国古代建筑史》编撰工作，1976年应邀参加中国科学院自然科学史研究所《中国古代建筑技术史》的编写工作，著有《河北省近百年建筑史》。

二十世纪七十年代，他回家乡探亲，写下《采桑子（南京雨花台谒烈士陵园）》："神州风雨悲长夜，望尽朝阳，待到朝阳，一片花开处处香。南岗凝碧堆千尺，大地重光，日月重光，松柏曾经几度霜。"这些诗词，记录了他辛勤考察所留下的步履留痕。因为他坚信这些点缀在国土上的建筑群标志着祖国的文明。女儿卢岚回忆自己读书时，父亲经常利用假期带学生外出测绘古建筑，每次回来都会把手绘图贴在墙上，耐心结合沿途拍摄的照片和赋诗讲解给他们听，使他们从小就受到建筑艺术的熏陶。

在卢绳夫妇的养育下，子女们都很成才。儿子卢僎，是天津南开中学一级教师。长女伶，支援边疆建设，曾任新疆维吾尔自治区工商联经联部部长。次女倓，天津大学建筑设计院高级工程师。三女休（后改名为岚），天津大学教授，中国人类工效学学会副理事长，中国劳动保障学会理事。四女俄，天津理工大学毕业，曾在加拿大某钢铁企业工作。

卢咏椿：明城墙下走出的歌词大家

卢咏椿（1942—2020），出生于浙江省文成县。中国音乐家协会会员，江苏音乐文学学会副主席，南京音乐文学学会名誉主席，曾任江苏省艺术系列高级职称评委。从事歌词创作50年，发表词作近千首，被谱曲的词作有数百首之多，获得全国及省以上创作奖60多次，近十首作词的歌曲入选大、中、小学教材。

卢咏椿晚年像

祖父卢谟，江南高等实业学堂矿本科毕业。历任省立第七师范上海仓圣明智大学教员，北京矿务代办所技师，后任河南新安煤矿公司副矿师、淮南煤矿工程师。父亲卢正纲（后改名振刚），字振常，民国时期财政部淞江盐警学校毕业，曾任两浙盐务管理局温州盐场职员。1952年，携妻儿回到南京。卢咏椿的外祖父，光绪年间进士、浙江泰顺县知事。卢咏椿的妻子俞芳，是小学高级教师。他们生有一子卢凯风（名字出自《诗经·邶风·凯风》），一女卢欣。他对子女不但有爱心、细心，更有耐心，他不允许孩子熬夜做功课，宁可第二天给老师写说明条。他从不过分严厉批评孩子，妻子总是笑着说，他把孩子"给惯得没样"。

1958年，还是高中一年级学生的卢咏椿，就在《南京日报》发表了诗篇《开荒》。1961年高中毕业，分配到六角井小学当老师。1964年4月的一天，他路过今天中华中学对面的一个缝纫（织补）店，听到广播里播放了一首歌曲："翻过小山岗，走过青草坪，烈士墓前来了红领巾……"他心里一阵激动，因为这是他作词的歌曲《踏着烈士的脚印前进》。从此，他觉得写歌词也有前途。

1973年，经秦淮区文化馆朱平馆长的努力，他幸运地调入文化馆从事专业创作。随即应南京小红花艺术团邀请，写下了一首最为经久不衰的歌曲，就是《雷锋叔叔望着我们笑》。这首歌词把雷锋精神在孩子们心田产生的影响，给写鲜活了，写生动了。特别是"这些好事是谁做，问谁谁都把头摇""雷锋叔叔望着我们笑"……给歌者和听众都带来了心领神会的喜悦感，反映出整个时代的道德水准和时代风尚。

1978年，卢咏椿那年36岁，南京艺术学院要招收研究生，通知他报名。当年的馆领导因为惜才，把此事告诉了市文化局的分管领导，市局要把他调到市局剧目工作室，并要求把考研报名表撤回来。对此，他考虑再三，最终决定要求去市歌舞团，一来觉得自己不适合做行政工作，二来希望能够有更多的时间进行创作。经南京市歌舞团作曲兼指挥庄汉先生推荐，他如愿以偿，从而有了更大的空间发挥自己的才干。

二十世纪八十年代，卢咏椿进入歌词创作旺盛期。在《这就是我的祖国》里，他这样写道："这里的风儿多情又柔和，飘着花香，飘着笑语，飘着不落的欢歌"，写下了他对美好社会生活的认知和向往。后来，这首词除了获得中国音协艺术歌曲优秀创作奖，还与中央电视台青年歌手大赛结缘，该歌曲由歌手演唱并获得美声专业组第一名，从而唱遍全国。1980年，他用歌词来赞美家乡南京。当年著名女高音歌唱家向如玉演唱了由他作词、庄汉作曲的《玄武湖之春》，江苏人民广播电台把它作为"每周一歌"并教唱，每天早晚两次播出，倾倒了多少听众，此歌后来不断被听众点播，成为江苏电台向全国推广交换的曲目。

叶菊华：秦淮风光带的总设计师

叶菊华（1936—），教授级高工，国家一级建筑师。东南大学建筑系毕业，曾任南京市园林局局长，后任南京市建委总工程师。母亲卢正瑶（1902—1979），从事幼师教育工作。父亲叶章和（1901—1961），金陵大学文学院毕业，毕业

叶菊华像

后留校任教，后在钟英中学和市第一女子中学教书。

1959年，叶菊华自南京工学院（今东南大学）毕业，在刘敦桢先生主持的中国建筑理论与历史研究室南京分室工作，此后赴浙江金华等地通过现场测绘，绘制了大量的古民居建筑平面与剖面图。1962年，参加调查苏州古典园林。1964年12月，因中国建筑理论与历史研究室撤销，调入市勘测设计院。1965年4月，借调至南京工学院，作为刘敦桢先生的助手参与瞻园一期整修及二期规划设计工作。1974年回到原单位，因为努力工作，在市勘测设计院工作期间她每年都被评为先进个人。1979年，调入市园林设计研究所，当年获得全国三八红旗手及市劳模称号。

1981年，叶菊华被任命为南京市园林设计研究所副所长。1982年，秦淮区政府委托她复建夫子庙前广场的聚星亭。作为复建的依据，竟然只是一张五厘米见方的照片：前方站了一排"文革"中的下放干部，背景是原先的聚星亭。她从人与建筑的比例关系入手，先是分析亭子的原有尺寸，再从筒瓦的拢数分析屋面的大小，从而判断该六角重檐亭的上下柱距是3.6米，完成了设计。1983年启动施工时，人们发现了埋在地面下的基础，其柱距与她断定的完全一致。建成后当地的老人说新亭子与原亭一模一样。

1985年5月，成立夫子庙规划设计审查三人小组，成员由市规划局分管副局长、秦淮区区长及叶菊华组成。从1984年的第一次市长现场办公会到1993年，共计召开十次市长现场办公会，她就参与了八次。1985年3月她任市建委总工，5月由张耀华市长委派到夫子庙负责规划设计把关。1987年，叶菊华规划秦淮河景观，并撰文《浓墨重彩绘秦淮——秦淮风光带规划设计构想》。同年，叶菊华按照当年刘敦桢先生的设计蓝图，将瞻园二期工程付诸实践。2009年5月1日，在叶菊华的主持下，瞻园三期工程竣工。2013年11月，叶菊华作为亲历者，撰写专著《刘敦桢·瞻园》，记录了刘敦桢先生修复和扩建瞻园的过程，以及具体的研究、设计、建造方法，留下了宝贵的资料，而丝毫没有叙述自己的贡献。

卢佶夫妇："续修家谱是最好的纪念"

1997年，远在美国的卢前外孙何建和其他后人，在洛杉矶重新出版《冀野选集》，卢前的儿子卢佶（1942—）在书末写了一篇后记。2002年，刚刚退休的卢佶与妻子一道，开始通过抄录、求购、借阅、复印的方式，搜集整理父亲的著作。2002年以后，他们先后多次在

2007年卢佶夫妇在上海图书馆找到卢氏家谱

南京图书馆、上海图书馆、第二历史档案馆等查寻资料。例如2005年5月，他们夫妻二人来到北京国家图书馆，在阅览桌前埋首工作了二十多天，并专程赴东北师大图书馆访问，在其特藏室的"丛碧轩"里，观摩收藏在九个古朴的玻璃橱柜里的书册，那些都是父亲生前时常翻阅和摩挲的。

卢佶的堂兄，南京大学大气科学系教授卢其尧，曾上门找到卢佶，希望能够续修卢氏族谱。正好此前，卢佶在整理父亲著作时，发现其中许多文章谈到家族往事，但提到的一些家族成员究竟是些什么人、他们之间究竟是什么样的关系，却是不清楚的。而且，当时正巧有一位远在加拿大的表姐孙耀楣，也通过一位表弟叶宁找到卢佶，希望他能够为编纂孙氏家谱提供卢前所写的一些资料。这些事促使卢佶夫妇开始考虑、尝试续编南京卢氏家谱。

2007年春，他们为此专程赴上海图书馆，发现和借阅了《润州开沙卢氏六修宗谱》。自此在兄弟姐妹和家族中亲友的支持和帮助下，在《六修宗谱》的模式基础上，开始了《润州开沙卢氏南京支七修宗谱》的编写工作。卢佶和堂兄卢其尧等人商定，觉得编一部南京支的《润州开沙卢氏宗谱》比较现实。经卢其尧、卢佶等人努力，由卢佶妻子张延容女士辛劳录

入电脑加以编排，经过半年多时间，终于在2008年末完成这部家谱。此家谱的文献部分、年表、世系表等式样，均与《六修宗谱》保持一致。

此次与上一轮修谱，从时间上看已相距近90年。因为时代大不相同，卢佶认为应该有些变化，考虑到亲戚中持有不同观点，于是就编了两个版本：一个只是想了解家族来龙去脉的，把所有女儿系的子女，也放进去，字体稍有区别，好处是家族人员的信息更加完整。第二种是和过去家谱做法基本一致，女儿系的子女不放进去。此次续修，没有开过家族大会，也没有投票表决。他在"编后语"写道："任何人拿到这本资料后，如觉不称意，也可按自己的意愿，很容易地进行各种修改和补充……"他觉得，因为电脑的普及，随时可以修订。就像古人，有哪一家添丁，也会随时记录上去。直到今天，他也会作点补充，比如添加一些梳理出来的家规家训等信息。

卢佶认为此次编谱也有不足，还存在一些缺憾，那就是对家族中一些杰出人士的资料及老照片的收集远远不够。

2014年，卢佶继续整理和考证有关卢前的生平和传记，如卢前与嗣曾祖母梁氏生卒时间、在东南大学的入学和毕业时间，卢前何时参加"新南社"及其活动等等。正如清雍正七年（1729）十四世孙赐勋在《续修家谱序》中写道的"前人有志未遂，望后人遂之。有事未成，望后人成之。前人望后人之心更深于自，望为子孙者不可不努力也"，他期待日后有人能够做得更好。

九、方志大家：安品街陈家

安品街20号，有一座建于清代的秦淮区不可移动文物。原有四进，现存三进，砖木结构，南北向院落，占地面积500平方米，建筑面积230平方米。它的主人陈作霖先生在《可园记》里写道："是园也，在人视之，鲜不以为陋者。而予上奉亲欢，旁招弟妹，诸雏跳踯，婆娑其间。觉梓泽平泉，虽极华靡，不若予园之有真趣也。"读书人的自信、自足溢于言表。园中曾有楹室三间，题额为"征文考献之室"。

金陵陈氏家族，自明末清初由河南颍川迁居南京，世代清贫，但始终高度重视子弟教育，以诗书传家，以读书治学为安身立命之本，是以经学、文学、史学而名的文化世家。自迁入南京之后，便有三位进士、多位举人。在1905年废科举兴办现代教育之后，陈氏子弟皆发奋读书，进入大

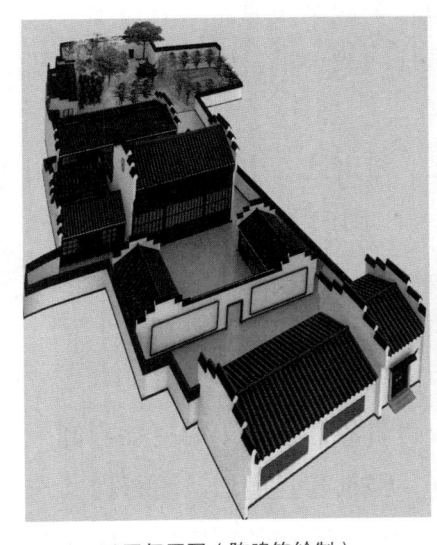

可园复原图（陈鸣钧绘制）　　　　　　可园平面图（陈颐绘制）

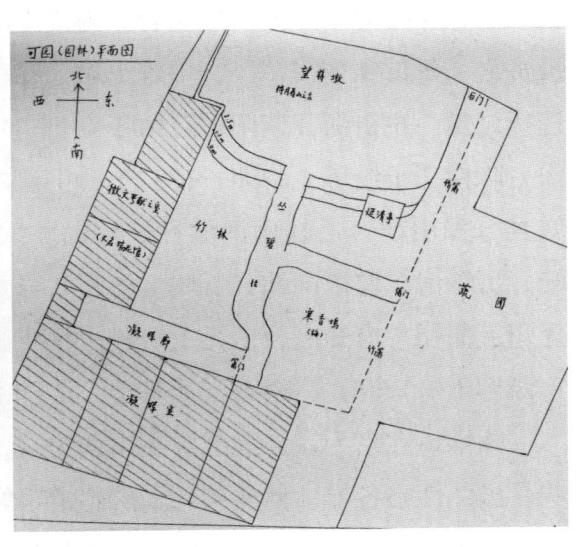

学深造。如陈祖同1923年毕业于北京大学中国文学系，陈祖深1925年毕业于东南大学中国文学系，陈祖荫1936年毕业于上海同济大学医学院（1948年入美国纽约州立大学医学院进修）。新中国成立之后，更多的陈氏子弟从大学毕业后为祖国的建设做出贡献。改革开放后，更有不少后人赴国外留学，获得博士、硕士学位。

陈维垣与陈维屏：兄弟同榜进士

嘉庆二十四年（1819），陈维垣、陈维屏兄弟的名字同时登上进士榜，因此被称为"兄弟同榜进士"。这是因为父亲陈授为他们树立了榜样。陈授，字石渠，号松崖，江宁县学生，"训子最严，篝灯课读，无间寒暑，即受室后犹不能免夏楚也"。陈授还与甘福、伍光瑜等人倡导兴办救生局、恤嫠会、洒扫会等机构，为南京构建近代化城市公共服务体系开了先河。

陈授次子维垣（1793—1825），字丰之，号星台。幼敏惠，童子试以《水仙花赋》受知于邑侯钱恕堂先生。甘熙《白下琐言》记载，陈维垣"家贫，悖行力学，恂恂然儒者。为诸生时，学使王勿庵、汤敦甫诸先生极赏之，每试辄列前茅"。中进士后，在京任内阁中书，并应座师、浙江巡抚之邀，主讲浙江紫阳书院两年。

陈授三子维屏（1794—1857），字建之，号剑芝。中进士后钦点即用知县分发山西。历任山西榆社、浮山、太平、阳曲等县知县，潞安府同知，历署河东监掣同知，忻州、解州、绛州、平定各直隶州知州，潞安、泽州、蒲州等府知府，道光壬辰科山西乡试同考官，咸丰辛亥科监试官，广西柳州府知府，广西石江兵备道，诰授中宪大夫。

陈维垣在京为官，陈维屏在山西为官，哥哥的性格比弟弟更加稳健一些，虽然性格各异，但兄弟二人的感情很好，经常相互通信。哥哥在《与剑芝弟书》里写道："文七兄来，询悉吾弟一切。据云官声甚好，惟缺分清苦，一时难以调动。因历俸未满三年。此亦成例使然。吾弟于审案诸事既渐知阅历，民情虽刁健仍当平心化之，推心待之，断不可任性使气。非惟易滋物议，亦恐难慊己之心也。总之做官者心地要慈祥，办事亦须采听人言，断以己见，不听人言而激忿，更不因人言而迷惑。所谓精明浑厚俱不可少。尤贵有涵容之量，忍耐之见，使人有余地以处，自不致激成事端耳。前信已写就，因闻文七兄言，率口数行以当韦弦之佩。"

道光五年（1825），弟弟陈维屏在山西榆社任县令，因得罪上司，恐有不测之祸。于是哥哥陈维垣急着找人解困，因为是三伏天，中暑了，后在秋天生病，去世时年仅32岁。这就是他们后人念念不忘经常说起的："哥哥救了弟弟的命。"

陈维垣之子陈元恒（1818—1892），为同治六年（1867）举人，曾任东台训导。晚年仿年谱体例，著有《稀龄撮记》。临终前，他将收集到的地方文献交给长子陈作霖，嘱咐道："吾老矣，汝其排比成编焉。"光绪元年（1875）陈作霖考中举人，光绪十六年（1890）陈元恒次子陈作仪考中进士。于是，陈家被乡里赞誉为"福德之门"。

方志大家"陈氏父子"

在南京史志界，只要提到清末民初的"陈氏父子"，人们便知道指的是陈作霖与陈诒绂，而且他们有着前后承接共同促进的特征。

陈作霖（1837—1920），字雨生，晚号可园，人称可园先生。他既是近代南京著名地方史志学家，编纂著述《金陵通纪》《金陵通传》《金陵琐志五种》等地方史志传世之作；同时还是一位文学家，著有《可园文存》《可园诗存》《可园词存》等著作。

陈作霖像

陈作霖4岁时就接受儒学启蒙教育，因读书过目不忘，被长辈誉为

"秀才种子"。13岁时，随父入斗门桥私塾读书，并在父亲的带领下参加文士间的交往活动，遍踏南京风景名胜，这也使得他"一生性好游"。他在词《画堂春》里写道："三间茅屋倚山斜，编成短短篱笆。不因春水引渔槎。也种桃花。麦穗秀时雏雉，草丛深处鸣蛙。晚晴贪看水边霞。忘却还家。"

咸丰三年（1853），太平军攻占南京，陈氏举家出逃，在漂泊不定中，陈作霖仍研读群书不辍。同治三年（1864），全家方返回南京。陈作霖先是肄业于钟山书院，翌年又肄业于惜阴书院，之后应叶晋卿之聘，任其子家庭教师，得以"恣意涉猎"叶宅中藏书。同治七年（1868），31岁时随汪士铎学习古文，参与由汪士铎主持的金陵官书局校勘刊刻经史书籍工作。同治十三年（1874），上元知县、江宁知县于金沙井开志局，修《上江两县志》，聘汪士铎为总纂，同时延请陈作霖分纂两县志中的《兵制》《大事记》及名宦、孝悌、乡贤、忠义等传。

光绪元年（1875）六月十三日，陈作霖全家从斗门桥回到重建后的安品街宅第，并将"宅后有隙地数亩，强名之曰'可园'。土阜坡陀，筑亭其上；诸山苍翠，近接檐楹。种竹莳花，以悦晨夕；蔬肥笋脆，甘旨足供"。也就是这一年的秋天，陈作霖考中乡试第八名举人。尽管此后他三次赴北京应礼部进士会试，均榜上无名，但有了这安定怡人的住所，他也就"园居奉亲，无复进取志矣"，一心致力于方志和文教。此后的15年，他在可园完成了两部传世之作《金陵通纪》和《金陵通传》、三部精彩纷呈的金陵小志，参与编纂了属于官书的府志与县志，还培养出了不少名士高徒。

对于南京的历史，他贡献了两部传世之作，一部志地，一部志人，可谓"双璧生辉"。志地之书《金陵通纪》完成于光绪三年（1877）。全书突出南京地方特点，详细记载了自先秦下迄清代的舆地沿革、典章制度及重大事件。汪士铎在该书序言中称赞其为"不浮誉，不隐恶"之作。光绪四年（1878）至光绪二十六年（1900），撰写志人之书《金陵通传》，汇集三千余位金陵著名人物，上自春秋，下止清末光绪二十六年，绵延二千余年历史（1910年传入欧洲享誉海外，当代著名历史学家谭其骧将该书推为清代地方志中善作之一。后又有《金陵通传补遗》四卷）。

光绪六年（1880），江宁知府蒋启勋续修《江宁府志》，聘汪士铎为总纂，陈作霖受聘入局，分纂人物类《先正传》《孝友传》《仕绩传》及《军制考》等。

光绪九年（1883），也就是在《金陵通传》初稿完成后的第二年，他以自己居住的可园为起点，开始撰写一系列小志：《运渎桥道小志》《凤麓小志》《东城志略》，概述了南京城中、西南隅和东城三地区的基本面貌。《运渎桥道小志》以水为经，以桥为纬，记父老之旧闻，乡贤之嘉言懿行，与里巷、街衢、桥梁、祠宇、园林之变易，人情风俗之今昔异宜。光绪十二年（1886），撰写《凤麓小志》时，老人就馆于凤凰台山麓李宅，每当春秋佳日，常携学生及儿子"陟跻冈阜，搜胜探奇，就父老以咨询，感古今之兴废，归即翻阅故籍，证以见闻，件系条分"，十余年后，重加整理，成为四卷。该书"稽古通今之间，尤重通今"，其纪事之作五，尤具史料价值。《凤麓小志》成书后，他又撰《东城志略》，记门东山水街道，皆考察源流，辑录佚闻，兼及人物遗事，并以双行小字补充事实，成为讲述南京地志的一部要籍。光绪三十四年（1908），陈作霖撰成《金陵物产风土志》，他还将孙文川所撰《金陵六朝古寺志》遗稿加以重新考订，刊印成《南朝佛寺志》。以上这两部书与《运渎桥道小志》《凤麓小志》《东城志略》合为《金陵琐志五种》。

自光绪十年（1884）至光绪十四年（1888），他的表弟夏仁溥、夏仁沂及夏仁虎陆续来受业。卢前的父亲卢益卿，也是可园先生的学生。光绪三十四年（1908），陈作霖卸任上元县学堂堂长后，清廷为奖掖其忠勤辛劳，授其文林郎三品封典、迤封通议大夫、拣选候补知县的虚衔。

陈作霖在编纂地方文献之余，又兼及经史诗文的学术事业，创作了大量诗文作品，有《可园文存》十六卷、《可园诗存》二十八卷、《可园词存》四卷行世。《可园诗存》中诗作多有其一生阅历，按年编排，可以当作年谱来看。《可园文存》所收诸文，体兼骈散，文有论史、纪事、论辩之作。

1911年，陈作霖先生的眼睛忽然失明，但他依然通过口授儿辈笔录，完成《瞽说》二卷。经过一年多的治疗，神奇地恢复了视力，他又一口气再著《寿藻堂外稿》二卷、《文集》二卷、《诗集》六卷、《历代遗民传》四卷及《可园诗话》八卷。

1920年，陈作霖去世，先葬于清凉山古林庵，后迁葬于迈皋桥，再迁于永寿陵园，其墓址现为南京市重点文物保护单位。近代诗文名家陈三立作《江宁陈先生墓志铭》，盛称他"醇德劬学，岿然系东南之望"。又谓："乱后人士，考道问业，依以为宗。"卒后，"于是咸欷歔奔走相告曰：'吾乡耆旧尽矣'"。

陈作霖长子陈诒绂（1873—1937），先后在南京任中学堂、师范学堂教习接近三十年。1918年陈作霖任江苏省通志馆总纂，陈诒绂任分纂，他一生继承父志，致力于乡邦文献的著述。1919年编纂完成《续通传》四卷，以补《金陵通传》之遗缺。又完成《钟南淮北区域志》《石城山志》，与其父所著的《运渎桥道小志》《凤麓小志》《东城志略》相配合，组成一套关于南京城市的小志丛书，其地理范围覆盖了南京老城区全境。他还著有《金陵艺文志》及《金陵园墅志》。

陈作霖的长孙陈祖同（1897—1955），字绳其，1923年毕业于北京大学中国文学系，后长期任教于南京钟英中学，记录整理了陈作霖的资料《可园备忘录》。1937年，抗日战争爆发，陈诒绂和儿子陈祖同随同钟英中学迁往安徽歙县棠樾村。没想到就在逗留棠樾村一个月后，陈诒绂突然病重去世。

值得一提的是，陈作霖之女（亦即陈诒绂之妹），嫁给了卢前的外叔祖孙启椿。孙启椿和卢前的父亲卢益卿，都曾经受教于陈作霖先生。卢前幼时，曾随父亲拜访过可园先生，因此陈祖同与卢前的交往自然密切。在卢前的诗集《南雍集》里，就有一首诗《雨后过可园读绳其近作》："小窗一夜雨，簾翁修篁翠；披衣坐回廊，静数馀滴坠。故人萦梦魂，一晤尚能致；三复袖中书，琼琚何限意。战伐年复年，相见殊非易；相携沽美酒，谋共千日醉。"

陈作仪：以画存史的退休官员

陈作仪（1856—1934），字凤生，晚号凤叟，人称"逸园先生"，光绪十四年（1888）考中举人，光绪十六年（1890）中进士，曾任湖南新宁、安化及芷江等地知县。

陈作仪解官回乡，1910年在朝天宫外乌榜村筑"逸园"，"归田后始以自娱"，采用一图一记方式记述个人生平事略，撰写了一部《凤叟八十年经历图记》。在书中，他记录了父亲对自己学业的勉励：十八岁，与陈作霖兄等人游玄武湖"作小诗四章"，

陈作仪像

"吾父阅之，曰：初生小犊不畏虎，可喜也"；二十岁，"自知学术未深，遂日坐书斋，不敢玩忽"。还记载了与夫人一起在南京城及周边出游、栽种菊花、"晴窗作画"等等"极家庭之乐事"的退休生活。也说起兄长对他的影响："以品行导我，以文辞勉我，以诚恳戒我。课余之暇，灵谷晓露，鸡鸣晚曦，莫愁荷色，台城柳丝。左右扶持，相视而笑。"

1934年，陈作仪八十大寿，女婿孙为霆为其庆贺，自费刊印此书并写了跋。该书图文并茂，且极富纪实性，既是年谱又可一瞥城市的演进。夏仁虎为之作序，夏仁沂为陈作仪立传，他们二位自称其"表弟"。1937年日军侵华占领南京，"逸园"毁于战火。

陈作仪的女婿孙为霆先生（1903—1966）字雨廷，号巴山樵父。教育学、文学、史学等领域的专家、散曲作家、陕西师范大学教授。1964年，陕西师范大学编印出版他的曲作集《壶春乐府》。

孙为霆早年任淮安中学校长，曾与卢前、郦承宪、郦承铨等人成立襄社。1937年12月，孙为霆在汉口办理招生登记、员生收容工作。1940年接任国立第二中学校长一职。1946年秋，孙为霆、商衍鎏和家人一同回到南京。1949年至1952年，任上海震旦大学中文系教授。1953年，赴陕西师范大学任历史系教授。孙为霆长子孙善康（中国农科院棉花研究所专家），娶商衍鎏女商倩若为妻，生育二女孙钟及孙瑢；次子孙善联和三子孙善德都从事教育工作；长女孙蕙芳（新中国成立初期在贵州参军，后病逝）；次女孙川（原名孙蕙芷，中央人民广播电台戏剧节目主持人）；四子孙善禹（我国著名建筑结构工程师）因母为陈作仪独生女，遵循传统和陈作仪夫妇意愿，过继陈家随母姓，更名为陈禹，生育一子陈彤、一女陈红。

陈祖荫：参加抗美援朝的鼓楼医院首任院长

陈维屏在兄长陈维垣去世之后，按照其嘱托"做官者心地要慈祥""精明浑厚俱不可少""涵容之量，忍耐之见"，兢兢业业，克己奉献，直到咸丰七年（1857）逝世。妻王氏，留有子陈元孚、女一（名字不详）。此后，陈维屏这一支，从陈元孚到陈作肃再到陈诒庆，三代单传。陈诒庆（生卒年不详），字兰孙，在山西任巡检，有子四陈祖培、陈祖荫、陈祖群（1938年日寇轰炸重庆中身

1970年春节陈祖培全家福（第一排左起李尤龙、王绍彤、陈祖培、王绍纯；第二排左起：陈鸣甫、王刚）

陈祖荫像　　　　　　　　陈祖荫（前排左一）带队出发前留影

亡）、陈祖炎，女三陈祖芬、陈祖兑、陈祖贞。

　　陈祖荫长兄陈祖培（1903—1982），字养田，曾在亚细亚火油公司任职。由于家庭清贫，陈祖培中学毕业后就辍学求职，通过函授自学外语，先后考取了邮局和亚细亚石油公司，挑起了抚养弟妹的重担。1951年4月，陈祖培购置的宁海路48-1号西式建筑（"退园"），现已经成为名人故居对外开放。

　　陈祖荫（1911—1958），新中国建立前夕留美归国的顶级胸外科专家，新中国第一代心脏外科一级教授，事迹载入《南京卫生人物志》。1936年毕业于上海同济大学医学院，曾在上海医学院任病理助教、上海市立医院外科任住院医师。1938年来鼓楼医院任外科住院医师、主治医师。1945年晋升为外科主任医师。1948年9月赴美国纽约大学医学院胸腔外科进修。1949年9月回国。

　　1950年秋，陈祖荫被全院职工推选出任院长兼外科主任。朝鲜战争爆发后，陈祖荫响应祖国号召，报名参加抗美援朝医疗队，担任第六手术队队长，连续两期，在前线救治伤员，被记大功一次、小功二次。1953年，他被任命为南京市卫生局局长，兼任鼓楼医院院长。1955年4月，任江苏省卫生厅副厅长、南京市卫生局局长兼南京鼓楼医院院长。1955年，成功进行了国内第二例二尖瓣狭窄分离手术，填补了省内空白。1958年上半年，开展先天性心脏病法乐式四联症的手术治疗。令人惋惜的是，1958年8月，先生47岁在参加会议时突发心肌梗死英年早逝。妻郑德馨（1916—2019），子陈忆元，女陈华元、陈彬元、陈襄元。2021年6月1日，鼓楼医院为陈祖荫先生举办诞辰110周年纪念仪式并将其雕像安放在医院庭院之中。

陈颐：完成父亲遗愿续修家谱

陈作霖先生的五世孙、陈鸣钟长子陈颐（1952—），江苏省社会科学院研究员，社会学研究所所长。

陈颐的父亲陈鸣钟（1923—1992），中国第二历史档案馆研究馆员，民国史专家，《民国档案》常务副主编。抗战期间，家族避难重庆，陈鸣钟就读于朝阳学院（1949年改为中国政法大学）法律系。1983年，他撰写的《南京近代学者陈作霖》和《可园老人（陈作霖）著作目录》，发表于南京师范学院图书馆及中文系资料室该年编印的《文教资料简报》。1991年6月，陈鸣钟将《陈氏试卷》刊刻本无偿捐献给中国第一历史档案馆。该书辑录了家族第五世陈维垣、陈维屏，第六世陈元恒，第七世陈作霖、

后排右一为陈祖同，前排右一为陈颐

陈鸣钟夫妇与部分子女合影，后排右二为陈颐

陈作仪、第八世陈诒绂、陈诒禄、陈诒庆参加清代乡试、会试的试卷总计31篇，其中乡试卷19篇，会试卷12篇。《中国档案》杂志、《档案工作》杂志对此进行报道。

陈鸣钟留有遗书，嘱咐妻子"藏线装书，除曾祖父所著者，余均整理后送金陵图书馆。曾祖父、祖父稿本存你处，俟颐儿回来后悉由颐儿收藏"。他要求后辈不能忘记陈氏一族是"书香门第"，是"学术世家"。陈颐为了让后辈更好更方便地了解家史，决心利用退休后的闲暇时光，完成父亲的遗愿，发起并主持陈氏家谱的续修工作，得到了族人的支持与帮助。2016年11月，陈颐和妻子赴国家图书馆古籍部查阅了全国唯一一部的《金陵陈氏谱略》抄本。

《金陵陈氏谱略》由陈作霖编纂，记载内容起自迁宁始祖陈栋先生，迄于清末。此后陈作仪和侄子陈诒绂一起进行了续修，下限截止于1924年。陈颐认为，"世系表"是家谱之主要功能，为家族成员从世代与支系纵横两个方位提供寻根溯源之依据。但家谱还有一个更为重要的作用，那就是使家族成员了解家谱中历代重要人物的生平、事迹、思想、品德等相关信息，从而更好地了解家族发展的历史及其变迁，达到缅怀先人、激励后世之根本目的。于是，增加了"家族概述"和"家史资料"两个单元。通过"家族概述"，他概括介绍世系繁衍、居住变迁、家族传统、社会贡献、家风美德等方面，把陈氏家族作为一个整体加以介绍。在"家史资料"中，收录了一些家族重要成员的传记、著作、诗文及亲属对家族成员的回忆纪念和研究文章。陈颐的想法是，通过这两个单元，不仅提供了一些人物和事件的细节，还能有效避免一批宝贵资料的流失，使得后人对家族有更全面的了解。他认为，续修家谱是对陈作霖先生最好的纪念。通过近三年的努力，《金陵陈氏家谱（2017）》终于完成。

陈红：从海外来宁寻亲

家人合影（左一孙为霆，中间夏琴友，右一陈怡淑，后排陈禹）

2018年4月，陈作仪的重孙女陈红从海外经北京来到南京寻亲，见到了久别的南京家人，感到格外亲切，也格外开心，终于完成了祖父的嘱托。她的父亲陈禹（原名孙善禹），是孙为霆最小的儿子。他从小随父亲、母亲陈怡淑以及外祖母夏琴友一起生活。1953年，他13岁，在夏琴友老人的要求之下，继嗣给陈家，并在所居住的派出所改户籍更名。

4月17日，笔者陪同陈红和他的表哥冯超探访了可园旧址。作为陈作霖故居的安品街20号，虽然已经确立为秦淮区不可移动文物，可比起过去，不但不完整，而且有些破败。不过比起毁于1937年日军侵华战争的陈作仪先生的"逸园"，总算是幸运的了。

随后，我们一起参观了位于甘雨巷28号的"南京可园文史馆"。该文史馆成立于2014年10月，由秦淮区朝天宫街道办事处负责人张振荣发起并会同市、区有关部门建成。在这样一个对外开放的公共空间里，呈现了"可园"的历史面貌，陈列了可园老人的人生历程，介绍了他对南京这个古老城市的文化贡献。朝天宫街道市民文体中心站长翟春红，为我们演唱了纪念可园老人的歌曲。在他的歌词里，既点到了可园老人为金陵文献贡献的两部巨作"二通"，又高度概括出先生作为方志人"不浮誉，不隐恶"的性格特征，还指出了可园老人作为一位诗人、词人以其作品所起的"润化天下"的作用。

此次寻亲还源于陈红北京的姑姑孙川的那本画册《家春秋——伴我如画入梦》。孙川，原名孙蕙芷，是孙为霆的小女儿，从部队转业后，在中央人民广播电台当一名戏曲直播主持人，此后她一直努力工作，直到退休后还被返聘。孙川把这本画册称为家族"纪念册"，因为里面设置了一个专栏"家人书画——我家五代亲人的书画与照片"。其中收录陈作仪夫人夏琴友

街道文体中心站长翟春红演唱纪念可园老人的歌曲

的绘画作品，有菊花、兰花、梅花，当然还有亭台楼阁前的仕女。画册记载：夏琴友幼读诗书、擅吹箫，自学花鸟山水画。当孙川得知2017年4月，陈作仪的绘画集《金陵四十八景》在南京博物馆公开展出，她希望陈红能够代表他们，在家乡看到先人的亲笔绘画和笔迹。

2019年，陈红把在南京所拍摄到的陈作仪画作，添补进了孙川重新刊印的纪念册。在新版的《说明》里，孙川这样写道："年轻人于海内外成长，为他们相互知情，了解血脉根源，特编此书，并将家居（扬州素园）、家人、家学、家史也一并载入，以续家风。"

十、由商至文：三条营蒋家

在门东三条营历史街区，有一座江苏省级文物保护单位"蒋寿山故居"。该故居位于三条营18、20号，南至三条营，东至双塘园，西至陶家巷，北至剪子巷以南，占地面积约1170平方米，建筑面积约1340平方米。《南京文物志》（1997年版）记载："该组建筑原为蒋寿山住宅。"蒋寿山（生卒年不详），名长城，字寿山。光绪三年（1877），因蒋氏修桥铺路、施舍民粥和扶危济贫的善举，官府封蒋宅为"积善堂"，并将蒋宅门前的巷子改名为"积善里"，以作表彰。

自迁入南京，蒋家历经锦、文、恒、春、长、国、锡、有八代。如果以蒋春华、蒋春源兄弟为第一代，第二代有晚清教育事业的先驱蒋长洛（南京钟英中学的创始人）、近代实业家和慈善家蒋长泰，第三代有参与

蒋寿山故居东侧外墙旧影　　　　　修复后的故居大门

编撰出版《金陵丛书》的出版家、学者和诗人蒋国榜，第四代有获得国家自然科学一等奖的中科院院士蒋锡夔及书画家蒋群玉，第五代有中科院院士蒋有绪（即蒋寿山的重孙）。

"蒋百万"：由"商"至"文"

老南京人都知道有个"蒋百万"，因为传说得了太平天国的金库而得名为"蒋驴子"。但实情是，蒋寿山的父辈两兄弟蒋春华与蒋春源通过勤奋创业，获得了财富的持续增长。

金陵蒋氏原籍安徽含山县运漕古镇，自清嘉庆十三年（1808）沿古代"漕运"水道迁居南京，以小商贩为业。蒋寿山的父亲蒋春华（1827—1897），字翰臣，与弟蒋春源共同经商，稍有资财后，便集股自织自运南京机坊特产素缎，取商号名"春生鉴"，因工艺精细、品名优良而行销于黔、滇、川、湘、鄂、赣等省。光绪二十年（1894），蒋氏兄弟以汉口为枢纽，各大埠均设分号开设商肆。扩大经营、积累资金后，又专营盐业和典当业，"又值江南兵燹之后，庐舍荡然，疫疠横行，衣食住行医疗迫切需要，先声夺人，多财善贾，经年累月，盈余自丰"（蒋国玕《金陵蒋氏家史》）。

光绪二十一年（1895），蒋春华与蒋春源两兄弟分别居住在太平路和三条营。蒋春源次子蒋嘉淦（生卒年不详），字瑞生，是安品街陈作霖的门生，光绪十九年（1893）中举，后分发浙江候补，曾署理浙江处州（今丽水市），辛亥革命后从事实业，成为苏州苏纶苏经丝厂、南通大生纱厂、芜湖裕中纱厂及上海招商局交通银行股东。光绪二十三年（1897），蒋翰臣在七十岁生日有意避开前来祝寿的人群，赴日本考察回来嘱托后人，收缩诸行业，将资金投入新兴的上海房地产业，奠定了蒋氏跃入国际性都市的基础。

在崇文重教方面，清同治五年（1866），蒋家在雨花路171号创办

"南郊义学",占地2689平方米,后演变为雨花路小学。1904年,蒋翰臣三子蒋长洺(？—1911),字森书,创办了南京最为知名的百年老校钟英中学。因钟山又名蒋山,"蒋"字与其姓同,故将学校命名为"钟英"。二十世纪三十年代,日本帝国主义欲亡我中华,学生群情激奋,纷纷要求赴抗日前线,因此当时社会上有"要当兵,进钟英"的美誉。该校英才辈出,曾走出"两弹"元勋任新民、国学大师钱穆,培养出吴良镛、陈清如等十名院士。同时,蒋家也有报效国家的传统,如蒋国粹(1907—1937),1927年毕业于金陵中学,1937年投笔从戎,参加陆军辎重兵汽车一团,任见习排长。在为淞沪激战的前沿阵地运送弹药时,不幸遭敌机轰炸,为国捐躯。

蒋国榜:"情之所钟,正在我辈"

蒋国榜(1893—1970),字苏庵,工诗文,喜好书画、金石、碑帖等。著文曾自称"凤台乡人",师从众多国学大师,晚年又集哲学、诗歌、书法于一身,编纂出版《金陵丛书》《清道人遗集》等书籍,是国学泰斗马一浮的学生和至交。他幼时在家塾读书,后分别师从冯煦(梦华)、李详(审言)、李瑞清(梅庵)、曾熙、马一浮等先生,编著《简斋集》34卷、《清道人遗集》及《蒿庵随笔》(冯煦)、《学制斋骈文集》(李详)、《苍虬阁诗集》(陈曾寿)等。继承了蒋家"忠厚正直,乐善好施,赈灾济贫,不慕名利,不求闻达"的遗风。

父亲蒋长恩(？—1896),字厚民,清末举人,曾补"官学弟子"。光绪十二年(1886)探花冯煦曾撰《蒋厚民传》(文史大家卞孝萱先生收藏)。母亲马氏夫人,漳州知府的女儿。婚后其父就读于"城南某寺",家中生活虽优裕,却宁愿在"寺"里过"寒素"日子,即便"有子女后,其母不恋富贵,只愿夫妻双双隐居田园课子以竟日"。

1889年,父亲赴京赶考,不幸染疾身亡,以"安本分学吃亏"六字遗弘一法师题写的"蒋氏家训"

孤,当年国榜仅4岁,弟国平3岁。1909年,弟国平英年早逝,16岁的国榜与蒙师李绍楠为其编订诗稿《平叔诗存》,其中有两首《愚园》:"我本常游客,流连每不忘。名园自烟水,人世有沧桑。古树藏深绿,落花闻暗香。萧条春已尽,独立向苍茫。""主人不知处,到门惟鸟声。园荒多鼠窜,地僻少人行。庭草无人绿,苍苔着意生。劝君须尽兴,登眺有高城。"

1913年,20岁的国榜,受冯煦嘱托,继翁长森之后编纂《金陵丛书》4册。同年,请父亲好友弘一法师题写"蒋氏家训":安本分学吃亏。

1914年,江苏安徽大旱及涝灾,国榜母亲捐银几千两。她还和三弟蒋长洛捐数万两白银兴建抗灾库房义仓,以备灾年之用。经江宁自治局允准,蒋国榜为母亲建成一座石牌坊,并撰写碑文《母氏节孝坊后记》:"吾母马氏,家于蜀,外王父前漳州知府珍。幼习礼仪,端默识大体。外王父得母晚,珍爱甚,教之必诸舅。既卒官,母哀毁逾成人。从外王母转寓江夏,舅氏就舍读,母执卷壁后,暗诵如程。舅氏既卒业,母亦尽通所授书。年二十,归吾父厚民府君,恭俭仁笃,得王父母欢。处娣姒,数十年未尝几微间于词色。三党称之,家故饶于资。吾父寄读城南,刻苦乃如寒素,远飨盘飧,醯酱芍药或不具,母慰勉之。吾父间以所业视,母时规其阙,吾父业益进。尝谓君父当富贵非所愿,俟世间法竟,当偕隐课诸子耳,遗子以经不以金也。吾父疾笃,母刲臂和药以进,刲再三,创甚。吾父卒不起。国榜甫四岁,弟国平三岁,躬躬在抱,微母不生,乃强起抚之。而吾母之惨戚坚苦,盖始矣。自是不逾阈,不御华饰,抚国榜兄弟不假保姆手。年稍长,能就学,黎明促之起,夜篝灯坐国榜兄弟于侧,温燖所授，书必倍讽乃已，无间寒暑。"（节选）并曾请老师李瑞清为此牌坊题联"一代礼宗光典荣，廿年冰雪长芝兰"。

1917年6月，为其母颐养天年，蒋国榜在西湖购得廉泉先生（1868—1931）的"小万柳堂"。廉泉先生酷爱诗词书画，曾四渡东游日本，结交社会贤达及有志之士，赞助反清活动。他的夫人吴芝瑛是清末才女，秋瑾挚友。她与徐自华协同安葬鉴湖女侠，建悲秋阁、风雨亭，印秋瑾遗著。廉氏夫妇为各地忠义之士排忧解危，不惜变卖家产。国榜在赠诗《赋尘南湖道长》里写道："南湖昨以湖居割爱，欣志一诗，便拟稍加补葺，为南湖留一纪念，专设一榻，藉答高谊。因念湖山，叠为管领，得闲便是主人，觉今日之云岚署券，反为多事，知不免为达人呵也。"廉泉回应道："汝我交情一取一舍，不同俗子……。南湖别墅只求得贤主人为湖山生色，不复当年卜筑之苦心，不计较价值之多寡……，只为当今之世，尚有主持风雅如吾苏盦也。"

1920年9月，李瑞清病逝。蒋国榜撰写《临川李文洁公传略》云："群以公遗爱在江宁，挽葬牛首。曾公（熙）严寒犯冰雪为公卜兆。既葬，复于牛首雪梅岭罗汉泉旁筑梅花庵以祀公，其高谊不减戴南枝之葬徐俟斋也。"他还将李审言五十六岁前所撰骈文用活字本印为两卷，题名《学制斋骈文》，冯煦、缪荃孙、沈曾植都为之作序。

1921年，蒋国榜的原配夫人仉氏（1894—1921）去世，五日得悼亡诗百篇，且一诗一注释，刊印成《饮恨集》，李详题词："情之所钟，正在我辈。"诗中既有感伤，如"春二月携妇归祝外祖母寿，今独归，老人呜咽不胜""形影身无片刻离，一朝长逝断归期。铁衾入夜浑无寐，讯尔离魂知未知"。更多的是缅怀，如回顾妻子的音容笑貌："妇不轻言笑，触笑则笑不可仰"；孝顺："母发旧疴予侍病午夜，倦依黎明视妇目未交睫"；勤劳："镇日相看洒扫勤，劝稍休谓动即习之矣，事事自偿还自了，未看带水与拖泥"；贤惠："余心宽不如妇，每有指摘心辄甘服""性成偏隘重幽忧，小语轻盈恼即休，明镜闺中知已失，几回心折忆低头";守约:"偶与侪辈出必见告归宁,如期返还不以风雨阻也";能干:"妇颇娴操舟,予固不习,每倚为重,后亦不复往湖上矣"等等,不胜枚举。

1925年,为了家庭的完整和子女教育,续娶冯乌孝(1897—1983)为妻。她字奕慈,是浙江省女子师范学校第一届毕业考试第一名毕业生,后留校任教师达7年。国榜称赞她:"诚知继母不易为,亦不信继母不可为,试拚此身为君抚诸雏,毁誉不计矣。"她继承蒋家"遗子以经不以金"的家风,教育子女"积财千万,无过读书",督促他们自强自立,成为对国家对社会有用的人。

1927年,蒋国榜一直记得父亲曾借居北京高庙读书迎考的经历。当他得知父亲生前好友金世和将客居北京,遂央其代访。金氏感其诚,于二月初三寻至北京南城晋太高庙,通过住持月潭和尚回忆,明确蒋父曾住在晋太高庙南轩,并撰文、摄影函寄给蒋国榜。1928年,蒋国榜请求同乡邓邦述作《宣南访旧图卷》,描绘金世和寻访蒋父厚民在京寓所一事。

邓邦述所作《宣南访旧图卷》

1930年,为庆贺母亲的七十岁生日,蒋国榜邀请萧俊贤先生作《兰陔寿母图》。陈三立在题跋中写道:"人子之养莫大于养志,养志莫大于修身。"

1937年"八一三"事变,蒋国榜率家人及亲友缝制棉衣棉被支援前线。1950年5月31日,蒋国榜邀请国学大师、全国政协特邀委员、浙江省文史馆馆长马一浮来到蒋庄居住。1954年，蒋国榜陪同马一浮先生在蒋庄接待了时任华东军区司令员兼上海市长的陈毅先生。

1957年春，周恩来总理同苏联元帅伏罗希洛夫游览蒋庄，蒋国榜陪同马一浮先生一同合影。周总理与蒋国榜聊家常，特别提到前一年访问欧洲，见到了蒋国榜在波兰留学（造船建筑）的女儿蒋冠玉，在火车站还接受了她的献花。周总理亲切地说："我见到你女儿，她很好，请放心。"1958年，受当时在北京工作的儿子蒋锡夔之邀，蒋国榜在秋天寻访了父亲赴京考试的读书住宿之处晋太高庙，作诗百首并以"宣南"为诗集《宣南纪游百一》之名，完成自己的一个心愿。

他一生多拜名师，同样也让自己的子女从小拜名师。要求子女从小就要打好国学基础，而不是一开始就"写字""画画"。1937年，蒋国榜让女儿蒋群玉（1925—2013）和她的弟弟一起拜李健先生为师，学古书诗文。李健（1881—1956），江西临川人，字仲乾，号鹤然居士，书法家，是蒋国榜的同门，他们共同的老师是清末民初著名的书法家李瑞清先生。蒋国榜酷爱读书，女儿蒋燕玉回忆：他不仅收集旧版的古籍书，还有中国近代作家苏曼殊、茅盾、巴金的书籍，包括一些西方经典文学名著，如但丁的《神曲》，希腊的《奥德赛》《伊索寓言》，林琴南翻译的《巴黎茶花女遗事》《黑奴吁天录》《块肉余生记》，以及罗曼·罗兰、大仲马、左拉、托尔斯泰、屠格涅夫、普希金等的作品。清理晒书是每年常规的一道风景。

1980年，蒋国榜夫人冯乌孝偕子女，遵照他的遗愿把蒋庄捐给国家。1990年12月，蒋庄被辟为"马一浮纪念馆"并对外开放。1992年7月，女儿蒋群玉在查证大量文献的基础上，将各家庭成员的名单逐一核准记入"金陵蒋氏世系谱"，从而完成了对家史的修订，并命名为《金陵蒋氏家乘》。

蒋锡夔院士：归国奉献，一生追求"真、善、美"

蒋锡夔（1926—2017），我国著名有机化学家。他称自己是"老南京"，在家里说家乡话。他的父亲用传统的道德观念来教育蒋锡夔，他名字中的"夔"字，是父亲所起，出自《书经·舜典》："帝曰：夔，命汝典乐，教胄子"，是希望他长大后事业有成。

1996年，蒋锡夔在《中国科学院院士自述》一文里这样写道：父亲是一个了不起的诗人，能够用文字来描绘人世间令人惊叹的美。他觉得自己没有父亲对文学的天分，但他会经常阅读和欣赏家中父亲收藏的书画或文学作品。

他回忆道：上小学，"我小时候特别喜欢幻想、爱玩、爱看书，在上海工部局新闸路小学四年级时，《小学生文库》中的小说我都看了，特别喜欢的有《三国》《岳飞传》《西游记》《水浒传》等"。初中时，经常受到父亲传统文化方面的熏陶。有一次，父亲买了一个茶杯，让他以《仙人杯记》为题写一篇作文，他挖空心思用文言作文一篇，希望给父亲一个意外惊喜。父亲读后也大为赞赏，并拿给当时在蒋家的两位律师看，也得到他们的称赞。他还常常和表哥冯咸萃一起自己动手做化学实验，惊叹许许多多瞬间的变化。他认为这是继承了母亲科学思考的能力，加上有十分强烈的好奇心，对当时靠死读书的教育制度，已经有了批判性的见解。

1955年蒋锡夔和父亲合影

1942年元旦，16岁的蒋锡夔开始学习父亲，坚持写日记。父亲看了后告诉他，写日记"第一在于自省一日之行为，第二才是一日之心得和事务记录，这样的日记才得其用而不虚其说"。听了父亲的这番话，蒋锡夔深受启发。在日后的日记里，他不仅记录了某些事情，而且还写下了自己对于事件的思考和反省，这对他日后世界观的形成起到了相当大的作用。高中时，他对生物学和人类的历史感兴趣。日寇的入侵大大激发了他对祖国的感情，对敌人的痛恨，加上民族自豪感，就变成强烈的爱国思想。他希望自己的国家有一天能够强大起来。

1943年9月，蒋锡夔由圣·约翰大学附中考入圣·约翰大学化学系。在大学生活里，他有着自己的独立思考。他追忆道：前三年我大部分时间是在啃那些心理学和不太好懂的哲学。大学一年级读一些好的小说，如《约翰·克利斯朵夫》，对哲学和心理学的兴趣更浓。他阅读了学校心理学方面的参考书，还阅读了杜威的《如何思想》、H.G.Wells的《历史大纲》等书。他写道："还有Robinson写的一本小书对我影响很大，它强调如何独立思想而不受任何传统和亲人的影响。"他以这些知识为参考，找到了自己的思想和信念，逐渐树立起了人生信念：一生追求"真、善、美"。

1944年7月21日，他在日记本里写道："……我乃建立我之人生哲学，此或助今日人类应有之人生哲学。我之所求快乐也，快乐何在？曰在真在善在美。此种精神之追求，为我进化之人类所独有，吾当以空间三轴表示之，交接点即为快乐。然快乐追求之原动力何在？曰爱，曰恶。我恶伪、我恶恶、我恶丑，我爱真、我爱善、我爱美，于是一爱一恶，一推一拉，我无时不乐矣。何以爱真？曰爱真理而研究而学习而求知而思想而写作而流传。何以爱善？曰我爱己爱人爱物爱国爱亲爱友。何曰爱美？曰艺术之欣赏、艺术之创造。"

1947年6月23日，蒋锡夔大学毕业，从校长手中接到特等荣誉学士证书。父母亲、姐姐群玉、妹妹燕玉等都参加了他的毕业典礼。他们激动地拥抱他，向他祝贺，为他的成功和日益成熟而感到由衷的骄傲。而此时的他倒显得有些平静。蒋锡夔在当日的日记中这样写道："毕业了。我没有想到我的毕业能给爸爸姆妈这样的欢欣与满足。我也感到一种满足，然而我感到这不过是一个开始。爸爸拥抱了我，姆妈吻了我。爸爸对我说，假如祖母还在世的话，她将多么开心。祖父一生苦学，可惜早逝了。爸爸也是带着这一股正气在诗文中发扬的人。爸爸谦虚了，他说自己四十而无闻名，而儿子在学业上尚有所成就，他感到满意。他听陈先生（陈联盘教授）说我品行好，更感到满足，又看我所交的皆是有为益友，于是他放心我了。姆妈说她只觉得说不出的欢欣。"

大学时，蒋锡夔便决定要出国深造，决定以后回来报效祖国。那时，在他身边有不少同学是地下党，他们身上的正义感影响了他，他把他们带到家中聚会，还参加了反对腐败政权的学生运动。

1948年7月31日，蒋锡夔收到美国华盛顿（西雅图）大学提供奖学金的信函。在出国前的三个月，他在日记里写下了这样的话："我懂得将来的中国是怎样的需要工业人才，然而也懂得自身气质是适合于怎样一种生活方式。无论如何，他日为祖国人民服务，是已下了信心了。"9月，开始了他在华盛顿大学化学系长达4年的博士研究生的学习生活。1955年，他摆脱了美国移民局的阻挠，毅然回到祖国。他说：我之所以回到祖国，是遵循自己的两个诺言：一个立志为祖国服务，另一个学成之后回到父母身边。这两个诺言中的任何一个都足以促使我返回祖国。他还说：作为一个从小受中国传统文化熏陶的人，言而有信是我基本的道德标准之一。

1970年底，病重的父亲蒋国榜把儿子叫到病床边，问他："阿夔，我这些年最大的心事就是恐怕你为当初回国而后悔……你后悔吗？"蒋锡夔坚定地回答道："一点也不后悔！"父亲说："那我也就放心了……"1991年，蒋锡夔当选中国科学院院士。2002年，他率领团队获得国家自然科学一等奖。2011年，他荣获"中国化学会——物理有机化学终身成就奖"。

蒋锡夔的长子蒋有衡（1959—），是研究全球股票行情的专家，退休前任职于国泰君安证券（香港）公司，曾分别创建研究部和财富管理研究部，并担任首席策略员和部门主管，多次获奖。蒋有衡还利用书刊、电视和网络媒体，进行股市行情方面的分析与培训工作。谈论自己的职业生涯，他说：从某种程度上讲，也算是"回归"祖先的经商事业。次子蒋有亮（1969—），复旦大学中国历史地理研究所博士生毕业，导师为时任复旦大学图书馆馆长葛剑雄教授，曾经撰写《略论古都南京的文化地理》《南京的历史记忆》以及《上海开埠以来的城市人文精神》等论文。同时，他继承祖父蒋国榜诗风，多次来南京访古，并写下许多诗篇，如《登阅江楼》："秋登狮岭阅天涯，千载英雄旷骥骅。浩浩青江联汉藏，巍巍紫岳护邦家。晋朝文艺高风慨，明代舳舻宽霈霞。铁马金戈随飏去，铃声萧瑟入闲茶。"

蒋有绪院士：守护森林，放眼世界

蒋有绪（1932—），我国著名的林学家、生态学家，就职于中国林业科学研究院森林生态环境与保护研究所。曾祖父蒋寿山，祖父蒋国彬，父亲蒋锡麟，母亲鲁启先。1931年"九·一八"事变后，父辈迁至上海。虽然出生在上海，但籍贯却一直填的是"南京"。兄弟姐妹共7人，他排行第六。他说："我的家庭给予我的，都是为人的正能量。母亲的慈祥善良，父亲的勤恳老实（在招商局下属上海造船厂从事财务工作），兄长们的刻苦上进、思想进步，姐姐们的敬业精神，都在鼓励着我要和他们一样做人。"因为有兄长和姐姐们的榜样，蒋有绪上进心强，学习起来自然不费劲，所以课外生活就更加多姿多彩。他从小喜欢画画，喜欢做手工。他说，读书时特别喜欢父亲的一本邮票簿，当时就能够熟记里面英文写的国名和地名。说起自己最早看电影，那是七八岁时，"坐在二哥自行车后架上，沿南京路往外滩方向去英国领事馆，看到了日本侵略军惨无人道的罪行和中国人民英勇抗击日寇的新闻片。每次看过，老是在想，我这么小，怎样才能像这些勇敢的士兵去打日本兵呢？"他还喜欢读国内国外的小说、听交响乐，曾经和三哥坐在临窗的书桌上，两腿悬在窗外，一起哼唱中外歌曲。所以他说课外时光基本上是以听、读和思考的方式度过，"很幸运拥有这种方式，使我的生活有趣并收益不浅"。高中时，他最喜欢生物学科，是因为觉得这门学科比较"活泼生动"。他颇为动情地回忆起去上海佘山郊游的情景：站在敞篷车车厢最前面，享受风吹头发的感觉。在爬山的过程中，他产生了一个强烈的愿望，要去更为高耸、开阔的山野，去感受森林里的鸟鸣。

1950年，他本可以留在上海就读复旦大学，但他选择了清华大学的植物学科。问其缘由，他回答道：一是出于年轻好动，思出远门；二是向往探求大自然植物界的奥秘，"希望能够师从现代植物生态学的奠基人李继侗教授"。1952年，高等院校调整，清华、北大、燕大的生物系合并为北京大学生物系。1954年，蒋有绪北京大学生物系毕业，分配进入林业部一个有着400人的森林综合调查队。年仅22岁的他，担任"林型组"的组长，配合苏联专家学习并工作。一年后，他完成有着中俄文两种版本的《中国大兴安岭林型汇编》，这是当时我国第一份关于一个天然森林区的群落系统分类及其调查记载资料。1955年5月，他被派去滇西北和川西开展调查。1957年调往中国林业科学研究所。

1990年至1995年，蒋有绪主持了"中国森林生态系统结构与功能规律研究"和"森林生物多样性形成机制研究"等国家自然科学基金重大项目。1999年，当选为中科院院士。2010年，他把研究方向确定为森林生态研究与地球表面系统科学和过程研究结合，和全球变化互动研究结合。

在家庭里，蒋有绪把夫妻之间的合作称为增进感情的"催化剂"。在工作单位，作为一名科学工作者，他去过彝族、藏族、苗族、白族、纳西族、傈僳族等兄弟民族地区，了解到中华民族大家庭的博大含义和丰富多彩的人文民俗。在与国外同行的交往中，他总是想把中国的文化传播出

2003年考察海南热带生物资源时接受当地媒体采访

去。如1990年在九寨沟考察途中，有一位新西兰专家腹泻，他把黄连素拿出来，告诉对方里面的植物成分。后来去新西兰参加会议，他把龙井新茶带去，再一次让这位外国友人感受"中国味道"。对学生而言，他是一位和蔼可亲的老教授。退休后，他被母校北京大学聘请为教授，培养了10多位博士生。

2021年，研究所为蒋有绪举办了一个庆祝90岁生日的学术座谈会和生日晚宴。他说："我其实不想过生日，但是没有办法拒绝。我就想做一个没有年龄概念的人，保持一种物质简单、精神丰富的生活方式。"他说，"我平时散步，总带上曾外孙，让他熟悉大自然，认识树木。回家后，我写写毛笔字，偶尔去钓钓鱼，参加一些重要会议""天人合一是中国的人与自然关系发展的理念"。

作为蒋家人，特别是在20世纪80至90年代，蒋有绪只要出差在外，总是想着去找找自己的亲戚。在海南岛调研期间，他在海口找到了蒋家三房的堂姑蒋虹玉，她是海口海南省人民医院的医生；在日本参加国际会议期间，在东京见到了蒋家三房的堂姐蒋友玫（原名蒋有薇）。对于同样来自金陵蒋氏的堂叔——中科院上海有机化学所的院士蒋锡夔（1926—2017），他说："我只是1994年在成都参加各自不同的学术会议上，去看他，见了一面。"

　　他还记得父亲说过南京的家在夫子庙附近，曾经几次来南京开会但没能寻找到祖屋，他说"这是我一辈子遗憾的事"。后来，他的侄女来到南京，拍了很多故居的照片带回去给他看，于是他把这些照片放进了自己的自传里。

十一、行销世界：钓鱼台吴家

钓鱼台93巷1号外墙上的"福"字

在中华门（明清时期称为"聚宝门"）西侧，沿着内秦淮河的走向往西北蜿蜒，便是钓鱼台"吴家账房"建筑群。占地面积1387平方米，是一处建造年代在150年以上的建筑，2012年被定为市级文保单位。这里曾经是清代至民国时期，从事绸缎出口的"吴悦来账号"所在地。其中钓鱼台83号现存房屋三进，85号现存房屋四进，87号现存房屋二进，93巷1号现存房屋三进。建筑均为硬山顶、砖木结构，其中85号第四进为二楼，其他都为平房。83号宅院，原有两间书房，堂屋设立了"报本堂"，是吴家祭祖的地方。87号宅院的屏门上原有同治、光绪两朝帝师翁同龢书写的对联："和璧隋珠辉光照国，紫芝朱草寿考宜家。"

南京云锦在民间被称为"缎子"，织缎子的手工作坊名为"机房"（因安放织机而得名），经营缎子（绸缎）的工贸公司俗称为"账房"。按照今天的说法，就是在政府部门注册登记的贸易公司。机房与账房之间的关系是：账房将缎子原料发包给机工带回家（机房）编织，织好后交账房算账，再由账房销售缎子。缎子有两个销售去向，一是南京民谣里所说的:"缎子鲜,缎子亮,出了关,金灿亮。"这里的"关",指的是雁门关,走的是陆路。另一条是在1842年签订《南京条约》五口通商之前,通过广州的"十三行"销往海外。当年与"夷人"(外国人)做生意,业内称"通番账房"。

"吴家账房"的选址,独具匠心:钓鱼台临秦淮河,不出百步就到沙湾,不出千步就到新桥。钓鱼台的东侧曾名"沙湾",是南京丝市的集散地;钓鱼台的西侧至新桥,则是染坊和漂坊集中地;秦淮河东侧的颜料坊又是生产染丝颜料的地方;往南出中华门就是外秦淮河的扫帚巷的漂丝码头,其水漂的丝叫"宁绸甲天下",染的黑缎叫"金陵贡缎甲天下"。吴家账房在南京城先后有两个住处和一处机房。吴家的经营理念是"以义取利,义在利先;财自道生,行商乃习儒"。为了维护自己的品牌利益,他们将商标"吴悦来缎号"织在每一匹缎子(1.6米到1.8米之间)的尾处。

吴步衢:由"墨"转"缎"

吴氏祖籍河南省开封。北宋靖康二年(1127)冬,金兵犯中原,宋室南渡,吴氏便从开封城东门外漂泊到安徽省歙县南乡。明代天启年间,吴氏先祖从徽州歙县,依据休宁黄汴所著《天下水陆图经》,走贩徽墨,经常往来于家乡与南京之间。吴氏是儒商,特别之处在于"靠儒贩墨,贩墨习儒",以儒立身,不仅仅要求自家人习儒习画,更是积极交往各地的文人、画师,邀请名家作《墨赋》《墨铭》《墨书》,印制《墨谱》。吴氏家训是"以义取利,义在利先;财自道生,行商乃习儒"。吴氏对徽商之"商"

吴步衢画像

的理解是"义贯长空走天下"，对"义"的理解是"不失信于人"。按照今天的话来说，就是善于营销，产品与服务受到顾客欢迎。

即便后来定居南京，"惜物、惜福"的家风，也仍代代相传。如逢年过节，吴家餐桌上最显眼的是"一品锔"（锔：用铜或铁等制成有钩的两脚钉，将破裂的瓷器连合在一起）。包括"福、福、福，身上衣服口中食"的口头禅、每顿不杂食等等习惯，都是徽州人的遗风。

吴步衢（生卒年不详），字敏臣。康熙五十九年（1720），吴步衢有一位名为刘冬生的歙县老乡，在广州成立外贸商行"冬生行"。于是，他投靠刘冬生，改墨为缎，在江宁县衙（今长乐路原邮电学校的位置）领取缎业执照："大清江南省江宁府江宁县吴悦来缎号"。经营缎业售予英国东印度公司，被同行称作"通番大账房"。

乾隆三十四年（1769），他借助《华夷图》（即今天所说的世界地图），开创了吴家账房的世界贸易，使南京缎子出海到澳门，再南下到南洋群岛；或北上到圣彼得堡。漂广州需要雇佣挑夫，凭龙票（也叫"缎引子"，即今天的营业执照）完税放行。先雇船到江西饶州，再早起翻越广东大庾岭，过梅关。在梅岭下的珠玑巷，从水路去韶关，完税后到达广州。五口通商以前，丁家镖局凭着超强的武功，以"人亡缎存"之义押送着吴家的缎子，过大庾岭进广州。

乾隆四十四年（1779），建后花园，花重金从欧洲进口玻璃，盖了一间20平方米的玻璃房，冬天养花，吟诗品画。吴步衢喜欢书画，自己也能诗善书；其诗词颇有情趣，志存高洁。如他在自己的画像上题诗《七绝二首》："洁能如石馥如兰，芳在先春品在峦。写出一番君子德，令人仔细画中看。""不与群芳争艳浓，空山潇洒自雍容。羡他色比黄花淡，香到云霄第几重。"清同治六年（1867），他在董其昌的《灵飞经》帖后写下一篇题记，叙述了该帖得之不易、垂爱多年但不慎丢失，后来经友人购送，失而复得的故事。

吴步衢还精通中华传统医学，珍藏有一册医书《大生要旨》。此书专讲男女生育之事，从求嗣、保精、受孕，讲到胎前保胎、催生；临盆顺产、难产；产后调理、宜忌；保婴哺乳诸事。此书封面，有他的题签和说明："此书全备，非后人续刻者可比。宜于是书，如法查看、选用可也。"特别是卷五"保婴"部分，多有眉批。如"三朝洗儿，可不从俗""（初生小儿宜用）旧絮护背""小儿换洗衣服晒外，不宜在露天之下过夜""不可闻啼即抱""小儿食后不宜乳，乳后不宜食"……这些宜忌，当是拥有济世爱心的曾祖经常推荐给亲友的，有不少他的后人在今天依然遵循。如对孩子不能"闻啼即抱"，要让小儿充分运动，除非小儿有病痛，或睡姿不适。

吴斗垣：参加伦敦万国博览会获奖

吴？金（1820—1904），字斗垣，是吴步衢的孙子，名不详，他把"德裕堂吴悦来缎号"的生意推向高峰。他兄弟二人共有五个儿子。吴斗垣勉励其子："求师不专，则受益也不入；求友不专，则博爱而不亲。"

吴家在广州濠畔街开设分号，建起金陵会馆。道光二十二年（1842）之后，自行用缎号以徽商独有的"官商互济"方式，通过官船把缎子带到澳门，再通过英国东印度公司的帆船，远销欧洲。

广州濠水从东西水关而入，穿城南归德门外，人称玉带濠。临濠是朱楼画榭，称为广州的秦淮河。濠畔街在今天位于海珠中路与解放南路之间，与大德路并列。乾隆年初，濠畔街西段靠城墙处是广州的金融商业中心，外国人在此开银行，称为"亚洲的华尔街"。各省会馆屋前临街，屋后临濠，日日笙歌燕舞，夜夜灯火辉煌。金陵会馆位于濠畔街西边。出太平门向西就是十七甫，明朝的怀远驿。出怀远驿向南就是十三行粕街，街上有"红毛馆"，就是英国东印度公司建的商馆。整个十三行粕街，是当年全中国唯一的一个专门对欧洲做生意的地方。花鸟如海，番夷辐辏，有清一代豪富住西关，以致十三行行馆烧后留有"西关官仔"之称。十三行粕街与濠畔街两边的金陵会馆比邻，南京缎子运送便捷，吴家在金陵会馆挂上"吴悦来缎号"的招牌。

道光九年（1829），吴斗垣10岁时被父亲带到广州金陵会馆。道光十九年（1839），林则徐到达广州禁烟，开同文馆，翻译外文书刊，介绍西洋史地知识，吴斗垣深受影响。次年10月，当林则徐被革职的消息传开后，吴斗垣参加广州人民送"万民伞"。道光二十一年（1841），关天培率部在虎门与英国侵略者激战壮烈牺牲，吴斗垣跟着乡亲上炮台祭奠。

道光二十二年（1842）《南京条约》签订之后，行商不再垄断贸易，同时又被焚毁。吴斗垣毅然决定货物改走水路，从下关装船到上海，从上海装船到广州，再通过海运从广州到南洋和欧洲。这条海上丝绸之路的开辟，大大降低了运输成本，又保了安全。于是吴家账房的生意蒸蒸日上，金陵会馆里各国商人云集，吴家贸易扩大到了沙俄，事业走向高峰。吴家随即又在毛鱼市（今来凤街）开机房，由七房的吴文金带领孙子吴庆华和八房的吴福华、九房的吴长华，招工织缎，带动了整条来凤街的机房到钓鱼台吴家账房取丝织缎。

咸丰元年（1851），吴斗垣参加伦敦万国博览会，获得了清廷的奖赏。至今，钓鱼台85号的大厅房梁上，有一个长约1米的"工"字形木质构件"圣阁"，将圣旨高高地悬挂在正房大梁上以示恭敬。

清光绪二十八年至二十九年间（1902—1903），吴斗垣在小王府巷8号及附8号（今天的鸣羊里1号、1号之1和殷高巷8号）新建房产，从钓鱼台87号分出四房、五房。吴斗垣的四子吴宝华等人移居于此，并启用原先吴斗垣长兄（一家人在走西口的途中沉船遇难）的缎号"吴悦太（泰）"。

供奉圣旨的"圣阁"

吴焕庭：在广州的"金陵会馆缎业商会"

吴斗垣三子吴灿华（1866—1939），字焕庭，继承家业，从事云锦绸缎织造和出口贸易40余年。妻子李婉茹，有一子六女。

吴焕庭6岁时就被带到广州金陵会馆，8岁时进德胜钱庄当学徒。15岁时阅读当时的禁书——黄宗羲的《原君》和顾炎武的《日知录》，初步形成反封建的民主意识。16岁到麦加利银行做实习生，18岁正式成为职员。20岁时，吴焕庭主持吴家账房广州分号业务，以"诚信"二字为经商立身之本。光绪十五年（1889），主管广州吴悦来缎号。次年，他用上了当时先进的电灯。

1920年吴焕庭和吴名焜合影

但此时来自日本的"人造丝"开始冲击中国丝织市场，因为人造丝由机器织造，抽、纺、织的效率是云锦木机的几百倍，印染的花色也漂亮，关键是价格低。吴家账房的缎子自然很难敌过"人造丝"，海上贸易开始急剧下滑，内陆生意也日渐萎缩。在这种情况之下，吴家开始了自救。光绪二十八年（1902），吴斗垣在广州带着吴宝华、吴殿华与"夷商"做生意。次年，成立金陵会馆缎业商会，吴焕庭任会长。他的妻子李婉茹成为"内当家"，从生活上节衣缩食，减少佣人，在生意应酬中也减少开支，这一切让吴家人刮目相看。

1924年，因在南京的大哥二哥先后去世，加上为反清将士"义捐"，耗费大量财力，于是吴焕庭回到了南京。由于水路改陆路，为吴家服务的世交丁家镖局断了生计，只得靠开小茶馆为生，在门前空地上摆放十八般兵器，外加石锁，练功不收钱，喝茶只收三个铜板。为此，吴焕庭一直在心中牵挂着，常到南捕厅看望其后人摆场练功。他常以喝茶为名，临走时总是在大茶碗下放一块银圆作为接济。

1930年，吴家分家，吴焕庭在93巷（1954年前名为欧阳巷）另开一门进出，门牌是1号。此时，广州的金陵会馆因辟路被拆除，吴家四房、五房的吴悦泰缎号也就转移到了澳门。抗战期间，吴悦泰缎号由吴宝华三子吴名璋经营，一直持续到1951年冬。吴名璋（1913—1987），字特庵。读过私塾，高小肄业，曾经在中学补习初中课程，但是他擅长文言写作，尤工对联，写得一笔好字。春节书写对联，丧事撰写挽联，他是人人恭维的座上客。

吴焕庭之子吴名烓（1913—1997），妻子时重英。

母亲李婉茹对唯一的儿子吴名烓并不娇惯，反而更加严厉。她常用一句禅诗"花未全开月未圆"教育儿子，告诫他"做事要开张，做人要收敛"。她还常言"日食三餐，当思农夫之苦；身穿一缕，每想织女之劳"。

1931年，吴名烓在安徽中学读书，参加抗日游行，组织日货检查队，抵制日货。1932年，到上海读书。1933年，考进上海储蓄银行。

1937年，吴名烓一人随银行西迁，李婉茹带领全家人到六合乡下逃难。1938年暮春，李婉茹等人回到钓鱼台时，已经是家徒四壁了。抗战时期，李婉茹把钓鱼台85号大厅改成新四军的联络站，时常准备一些烧饼，给那些装扮成柴夫的新四军战士。1946年，吴名烓自重庆回来后，成为上海银行南京支行的襄理（副经理）。

1948年12月，他参加南京市银行同业同仁联谊会，编撰通讯《银讯》并按期向员工转发全行行情。1949年南京解放，他以南京分行资方代理人的身份将银行交给国家，任市人民银行稽核会计一直到退休。

吴名烓的长子吴福生（1944—），1966年6月毕业于无锡轻工业学院造型系，高级工艺美术师，先后从事湘绣的机绣设计以及包装装潢设计。

1923年吴名煃20岁时的自题照　　　1952年吴名煃与母亲摄于上海

1989年参加国家技术标准GB/T12123-89《销售包装设计程序》的制定，是主要起草人之一。1993年，他设计的"湘西民族工艺盒"获湖南省第五届包装设计银奖，"球拍包装盒"获优秀奖；1997年，设计的"苗女牌蓝印花布盒"获湖南省第七届设计大赛铜奖；另外还为湖南科技出版社设计书籍封面多种，并进行装饰画、年画创作等。退休后，他创作的工笔花鸟作品多次参加楚湘艺术品拍卖，获得好评。

吴福林：热爱南京的老门西人

吴名璋之子吴福林（1940—），曾任江苏省地方志办公室省志编纂处处长、研究室主任，江苏省地方志学会秘书长。中国民间文艺家协会会员、南京市作家协会会员，《南京稀见文献丛刊》编委。著有《中华风味茶》《夫子庙史话》《南京的民间传说》等。其中《沈万三传说》（中篇、合作）1986年获首届金陵文学奖，《南京的民间传说》（合作）1997年获江苏省第二届民间文学评奖一等奖，又获南京市第三届（1995—

吴福林在阅读

1997）文学艺术奖优秀奖。1962年，他毕业于南京师范学院（今南京师范大学）中文系，毕业后在南京市第二十七中学任教，担任中学语文教研组长。1983年调至南京市地方志办公室，1989年调至江苏省地方志办公室。

作为老南京人，吴福林对很多历史人物进行研究，对应旅游文化的兴起而建造的一些人文景观特别关注，如吴敬梓的秦淮水亭。1991年，在吴敬梓290周年诞辰之际，秦淮区政协组织有关人员对恢复秦淮水亭进行专题研讨，认为在原址恢复困难很大，所以选择了桃叶渡畔的现址。经数年努力，1997年复建秦淮水亭，并辟为吴敬梓故居陈列馆。吴福林认为："因为吴敬梓的名气大，所以必须要建。"

2004年，他出版了《夫子庙史话》。吴福林认为，之所以有越来越多的市民和游客，喜欢在过年期间来夫子庙感受传统文化，其原因在于"南京的夫子庙，'年味'最正宗"。他欣喜地看到，一座融儒学文化、科举文化、民俗文化为一体，集历史文化价值展示、民间手工艺品制作、地方特色戏曲交流为一身的民间艺术大观园，既有风筝、剪纸、抖嗡、灯彩等民间艺术现场制作，又有许多小朋友在根据童话故事创作的花灯舞台前玩起游戏，家长们也纷纷加入进来。他认为这一切努力，为南京的春节增加了深厚的文化内涵。

退休后，他先后点校旧志《景定建康志》（总审校）、《客座赘语》《后湖志》《莫愁湖志》等。他认为，所谓"点校"，仅仅还原古人句读不够，还应该尽量面向大众，在彰显原意的基础上，同时兼顾当今标点习惯和读者的接受能力。

他一直期盼着,作为"官书"的地方志,能够贴近老百姓的生活,能够将老百姓的生活记录下来。2018年5月,他撰写了"南京地标丛书"里的一册《怡然烟雨——莫愁湖》。他在《文字的"清明上河图"——读〈烟火门西〉》中这样写道:"门西和门西人,南京和南京人,文化内容极其丰富,可研究探讨者众多,《烟火门西》仅是初集,我们热盼有续集不断诞生。"

吴禄生:助力"海丝"申遗的律师

第六代孙吴禄生(1951—),一直居住在钓鱼台93巷1号。虽然他从事的职业是律师,但一直关心着吴家账房的历史,珍藏着先辈的老相册与一些老物件。

他儿时经常听祖母和父亲讲起过去的事情。他记得祖母李婉茹去世前对自己说:"你的祖先是山里人,讲究竹节心虚。你爷爷一生做的不是缎子生意,而是在做人。他挣的钱,是由义生利。"他还记得父亲说过,钓鱼台93巷1号过去是个大花园,有假山、池塘及玻璃花房。

吴禄生像

1961年,父亲得了肺病,六个月养好了以后也就不再去上班。平时教他学习书法,并用口诀告诉他秘诀是"主伸,宾缩,用逆笔"。父亲还经常带着他去吴福林家走动。

2004年,吴禄生在担任南京市慈善协会律师时,向当时分管云锦申报世界文化遗产工作的副市长许慧玲递交了一份申请,建议将吴家账房建筑群及其历史作为申遗工作的一个组成部分。此后,南京市文物主管部门和云锦研究所的专家前来调研。8月6日，《南京日报》的记者也上门对吴家账房进行专题报道。12月，他编撰完成了《吴家账房谱稿》，并递交给有关部门。通过研究，他发现吴家缎业的兴衰与国家的命运密不可分，如吴家账房曾经两次歇业，分别是太平天国战争时期的12年以及鸦片战争时期的3年。

2012年，吴家账房建筑群被评定为市级文保单位。他认为，对吴家账房价值的认定只是一个方面，作为吴家后人，自己有责任梳理出更多的资料。于是，他阅读与云锦织造和海上丝绸相关的文献，如《南京云锦史》、德国经济学家和社会学家桑巴特博士的《奢侈与资本主义》。

退休后，他还沿着先人的足迹进行实地调研，首先是徽州歙县，其次是广州，他找到了一首民谣："濠河清，濠河长，散商至，十三行亡，金陵贡缎上西洋。"然后是欧洲荷兰的阿姆斯特丹等城市。他了解到，因为欧洲各国宫廷对南京"缎子"的需要，无数"唐船"（当时叫"快帆船"）的船员置生死于不顾，与暴风雨抗争，来到普次毛斯港。在欧洲，因为"缎子"贵重，他看到法国的凡尔赛宫，只有一个房间用南京的"缎子"做墙纸；在奥地利维也纳的美泉宫，只有一间墙壁贴着南京"缎子"；在俄罗斯圣彼得堡的夏宫，也只有中国厅用南京"缎子"在墙面做装饰。他认为，南京"缎子"既是一种无国籍的"语言"，又是一首跨越五大洲的"歌"。

十二、以园颐亲：鸣羊街胡家

愚园位于城西，前临鸣羊街，后倚花露岗，是晚清时期金陵最大的私家名园。始建于光绪元年（1875），北部是内园和家宅，南部是外园。园中假山"嵌空玲珑，回环曲折"，水面有流有滞、有隐有显，"水石极一时之胜"，故有"金陵狮子林"之美誉。因宅园主人姓胡，民间称之为胡家花园。园中有"春晖堂"，因李鸿章敬重胡恩燮"筑园养亲，隐居不仕"，遂取"寸草春晖之意""书以赠之"。张之洞也赠诗曰："独有赏会处，不与众人同。"可以说，愚园不仅仅是一座独特的园林，更是一座风雅的"人文客厅"，成为近代秦淮名人的活动场所。

道光元年（1821），胡莹轩兄弟二人从祖居徽州歙县龙潭里迁至金陵，经营皇宫织锦贡品生意，后居住在金陵王府巷。因历经战乱，家谱失落，无从稽考。胡莹轩有子六人，老大字竹书（名不详），老二恩燮字煦斋，老三恩植字芸生，老四恩锡（字不详），老五恩泽字啸山，老六恩培字莘田。竹书、胡恩燮、胡恩植跟随父辈经营织锦。胡恩培为台湾巡抚刘

清末《愚园图》

铭传延入幕府浐保知县，同治十年（1871）积劳成疾病逝。胡恩植有子光煜。胡恩泽有子光模。愚园曾经有胡家祠堂，供奉胡氏祖先牌位，逢年过节，合家老幼均去祭祖。

胡恩燮："雪窟救母"，创办徐州煤矿

胡恩燮（1824—1892），字煦斋，后号愚园老人。《清史稿》列传记载："胡恩燮，字煦斋，江宁人。与继庚谋内应，出入贼中者三十六次。破衣草履，溷迹如丐。往往伏壕内，或潜立桥下坚冰中，屡濒于危。母陷贼中，以奇计脱之。后以功叙知府。"清帝为表彰胡恩燮"雪窟救母"之举，还敕建牌坊"孝子坊"。

他的一生可以归纳为前后两个阶段：前半段的经历有募豪士谋内应、辞官归里、建成愚园、奉母养老；后半段为办理矿务、游园唱和、老母逝世及病中撰文。

咸丰三年（1853），太平军攻克金陵。时胡恩燮正在城中，与张继庚谋作清军内应事泄未成，将陷于城中的母亲秘密救出城外，脱离险境，成为"雪窟救母"之佳话。其后辗转苏州、东台、泰州等地，同治三年（1864）"天京"陷落，回到南京。次年，将母亲迎回金陵。同治五年（1866），胡恩燮受江宁知府涂宗瀛委托，办理普育堂大黄官洲。他上任之后，措资掩埋骸骨，百般经营，甚至变产赔垫。

同治十三年（1874），胡恩燮辞官返乡回到南京，购得徐锦衣西园，经两年构筑，更名为愚园。光绪四年（1878）四月奉母居住。

光绪五年（1879）正月二十日，他邀集文化名流觞咏，后期"桐城派"作家张裕钊受主人之托写下著名散文《愚园雅集图记》。此外，"每值白、苏、欧阳三先生诞日，更集名流硕彦，觞咏其间"。

光绪八年（1882），在左宗棠的支持下，成立徐州利国矿务局，胡恩燮担任总办，胡光国担任提调，以"仿效西法，集资采炼""不请官本，

一律由商集股办理"，建立起徐州第一个现代化的铁、煤矿企业。他们与洋务派交往频繁，直隶总督兼北洋通商大臣李鸿章、两江总督兼南洋通商大臣曾国荃、浙江粮储道薛时雨、体仁阁大学士兼军机大臣张之洞等都是其座上客，其中时任金陵制造局总办的龚昭瑗也在其列。

光绪十年（1884），胡恩燮84岁老母无疾而逝，他"呼天号泣，黑夜奋身投入园池，期以身殉，经园丁拯救、亲属环劝"，始略进饮食，但落下病根。他写下长篇自传《患难一家言》，感慨道："顾身世所遭，自乱离以讫承平，其间颠沛流离之苦与经营缔造之艰，则有不能已于言者。"具体来说，"颠沛流离之苦"，指的是在太平天国战争期间的亲身经历；"经营缔造之艰"，是说战争结束之后，筑建愚园和创办"徐州利国驿煤铁矿务总局"，史学家说他是"徐州煤矿近代化的奠基人"。

光绪十三年（1887），胡恩燮因身体不适离开煤矿，回南京养病。光绪十八年（1892年）去世，终年68岁。

胡恩燮不但经历奇特，文采也不错。在清代诗歌总集《晚晴簃诗汇》里，就收录了他的一首诗《秋夜》："蟋蟀啼不止，虚斋秋夜长。隔帘见河汉，云影淡微茫。竹树弄疏响，罗衣生嫩凉。流萤解人意，来照读书床。"《中国对联集成》也收录了胡恩燮为两江总督曾国荃撰写的挽联："奇勋恢半壁东南，继文正培养承平，元老历三朝，古今有几；史笔表一门忠义，与惠敏后先殂谢，大江数千里，遐迩同悲。"

胡光国：协助父亲开办矿业、编纂文集

胡恩燮子胡光国（1845—1929），字碧澂，号愚园灌叟。

咸丰三年（1853），胡恩燮避战乱于句容，因无子，过继外甥光国为子。在胡恩燮文章《煤说》的后记里，胡光国记载其父勉励他"须存一种生气，虽困穷不改其念，天必福之"；要求子孙"门以内相勉以忍让……诫子若孙辈亦未尝呵责，惟尊礼名师，教抚弟侄……平居好施与人，有急

胡光国70岁时的照片

难倾囊振助"。

同治三年（1864），胡光国回到南京，"自念废学已久，暇亦稍稍温习旧业，尝与焕文弟考试凤池书院"。院长倪豹岑先生表扬他"文赋诗字皆有可造"。光绪五年（1879）延续父亲为白居易、欧阳修祝寿的传统，并在东坡生日那天，举办诗会，成为愚园最为风雅的"三寿"之诗歌盛会。

光绪十三年（1887）至光绪十八年（1892），胡光国主持矿事，又兼办江宁普育堂大黄官洲及两淮盐务，多思虑，废寝息。好在有夫人高恭人随行在北，力整内外，秩然有序。建"补善堂"，用开垦大黄州荒地、种植稻米所获钱财开展慈善捐赠；在修筑长江圩堤解决水患的同时，他还积极帮助金陵救生局筹款，兴办崇义文塾，邀请秦际唐、陈作霖等名师开设文课，每月举办考试，分等奖给，以培养孤贫子弟。此外每年腊八节时，胡氏族人都会在大门外施粥给穷人。

光绪二十年（1894），胡光国编辑出版《白下愚园集》八卷，收录胡恩燮的诗文及149人在愚园的觞咏唱和之作。其中有为父亲遗像题咏之诗《遗容诗录》；父亲的回忆录《患难一家言》，记叙咸丰三年（1853）太平军攻下金陵后的遭遇、建造愚园及筹议开办徐州利国矿务的情况；有按照父亲写作年份先后排列的《愚园偶忆诗草》，读者可以从中勾勒出他的生平事迹；更多的是《愚园题咏》和《愚园唱和集》，分别是父亲的好友题咏的景点诗，以及应邀招饮所作之诗，该书是反映愚园历史最为权威的原始资料。

光绪二十七年（1901），任泰州分司运判（明清时期盐税官职，负责盐课征收）；光绪二十八年（1902）任泰坝监掣，任满后调泰州盐运分司，驻东台。

1913年，张勋复辟攻占南京，愚园毁于战火。1915年，局势逐渐安定，在上海避难的胡光国回到南京，开始重整扩建愚园，新造及改造海燕楼、怀白楼及双桂轩等景点。这一年，他将善于作诗的女儿胡韵蘷嫁给何敬甫，又为孙子胡大椿迎娶媳妇。由此在《七十书怀》一诗里写道："所喜扶持有佳婿，孙枝提挈足能胜。"

1919年，胡光国承接由丁立民创办的具并文社，按月一聚，费用均由主人备办。会员有石凌汉、胡光国、胡光煜、程先甲等14人，朱钟萱、陈作霖任社长。次年又增会员8人。辑有《具并文社唱和集》。当年胡光国还成立愚园寿星会，附设于具并文社，有会员18人。吴楚发起成立愚园诗画社，入社者达48人。会员"互相请益，如切如磋。广聚南北精英，多才多艺，染翰如林，装潢成册，付之石印，以广流传……既名世而更寿世"。

1920年，愚园建成五十年，进入鼎盛期，出版八卷刻本《白下愚园续集》，"一百数十余人古近体诗，凡一千数百首"，精美插图数幅。文集由郑孝胥署检。胡光国还编撰出版了《喜闻过斋诗集》《愚园诗话》《灌叟撮记》《白下愚园前后七十景》等，并资助友人出版诗文，为后人留下珍贵历史记录。

1922年，胡光国堂弟胡光煜（有子昌鼎早逝）去世，因其没有子女，胡光国便将王家的王大农，立为胡光煜的孙子，以承其嗣。

1924年，他80岁，自撰自书《愚园养生池记》，记述愚园兴建缘由，告诫后人"以孝行慈"，在水阁前勒石成碑，与孝子坊东西相对。

胡光国平日喜爱在水石居休息，南窗临愚湖，北窗对峭石。他曾题写对联一副："留有余步，别具会心。"去世前，他在文章《灌叟撮记》里总结自己一生中的两件大事：建设愚园"花露岗前水木明瑟，方塘一泓，蔬菜数亩，时有辋川幽致。予因访其地主，先君遂以己产易而有之"，以及提出"通商惠工、保民振业""随先君经画开办，建厂屋、定机器、领官山、购民地"创办煤矿。他说："予生平志锐而才疏，遇事无难易，辄以勇敢之心赴之，而中多摧折，踬者亦屡矣，曾不少回却。用是拂意逆心，困于时，阨于遇，危疑震撼之境，皆历历亲尝之。"

对于重修愚园的目的，胡光国写道："抑予岂足言风雅哉？惟是兢兢保守之志，庶几可示子孙。"

胡昌期、胡君平父女：艰难维持，捐献国家

胡光国去世后，侄子胡昌期（1900—1942）主持愚园事务。胡昌期，字绍五，是胡恩燮五弟胡恩泽之孙。三个女儿素君、媚君、丽君（又名君平）。其中素君、媚君均无子嗣。

1912年，江南水师学堂改为南京海军军官学校，培训海军高级军官，胡昌期年轻时就读于该校。他精通书法、绘画、篆刻及工艺制作，制作的亭台楼阁，房梁和立柱用彩纸捻成，小门小窗均可开启，屋顶可拿开，屋里还有纸做的小桌小凳。留有篆刻印章"我思古人""问心""寸心千里"等，在刀法、布局、印文方面别具一格，其内容则体现了气度不凡的品格。

胡昌期像

抗日战争前夕，为了维持园内的日常开支，思想活跃的胡昌期对外开放部分园林，并在清远堂和水石居开设茶社，"售票每位小洋壹角……厅楹挂水牌，茶点、小酌、正菜俱有"，还出售胡光国刊印的《白下愚园七十景》及《愚园唱和集》等书籍。游客可以边赏风景边品茶，亦可倚栏垂钓，手执小网捞虾。每当春和景明时节，游人络绎不绝，愚园也成为南京为数极少的对社会开放的私家花园。

1937年，日寇攻陷南京，胡昌期带领全家人往安徽农村避难。一年后避难归来时，园林已毁坏严重，住宅尚可。而胡光国的孙子胡大椿逃难四川，后死于江津。后来为了养活一家六口，供三个女儿读书，胡昌期只得谋取一份法院小职员的工作，微薄的工资不够开销，无奈之下出租部分房

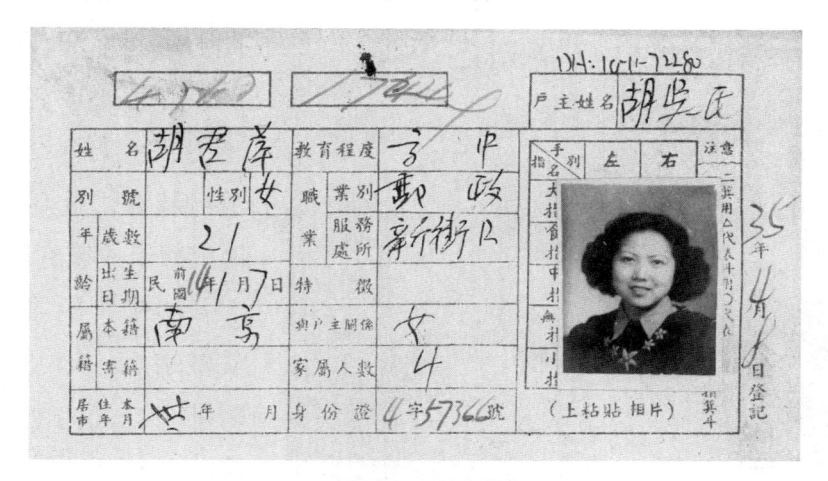

1946年胡君平的户籍卡

屋,补贴家用。1942年,胡昌期病逝,遗下三代女眷五人,生活几乎陷入绝境。

胡昌期的女儿胡君平(1925—2013),原名胡君萍,17岁时刚从南京钟英中学高中毕业,就在水电公司找了一份办事员工作,与在钟英中学担任图书管理员的大姐胡素君一道,共同挑起家里的生活重担。1943年,二姐胡媚君病逝,年仅22岁。

胡君平从小接受传统家庭教育,每天早晨,她和姐姐都要去给胡光国请安。胡光国坐在藤榻上,飘着雪白长须,笑容满面地接受孙辈磕头,随后便将准备好的铜板赏给孙辈。胡君平等姊妹每人领到四个铜板,道声"谢谢爷爷"即回房。

在邮政储金汇业总局南京分局工作期间,胡君平认识了中共地下党南京市委银钱业工作委员会负责人顾公泰。在他们开会时,胡君平负责看门望风。因为工作积极活跃,在南京市几十家银行、钱庄联合成立金融工会时,胡君平全票当选工会委员。她不仅是一个不怕苦不怕难的人,也极具同情心,是个乐于助人的人。邻居家有个童养媳,经常干活还没有饭吃,并遭受打骂,见此她就站出来制止,并时常出钱接济这个童养媳。南京解放前夕,这家人迁离南京,童养媳不肯走。她硬是将这个童养媳留下来和

1955年8月胡君平与儿子合影

自己一起生活，教她认字，并替她取名王静，还买了一架缝纫机给她学习缝纫。此后，又帮助王静组成家庭。

1952年胡君平和朱学诚结婚，第二年生子胡维辛，立为胡昌期之孙。两年后次子出生，随父姓朱，名维本。

1954年，大姐胡素君由于医疗事故病退在家休养，这时家里还有母亲及祖母二位老人。一家七口人，生活重担都落在胡君平夫妇身上。1957年和1960年，两位老人相继去世。1963年，南京市政府准备修建公园，此前胡君平多次申请将房屋无偿交给政府。1965年，胡家花园被国家征收，由秦淮区园林部门接管，政府有关部门行文表彰胡家姐妹的爱国行为。1964年12月，市园林管理处与区政府各出资1400元，在西石坝街2号建70平方米平房，安置胡君平一家。1969年，胡君平全家下放宿迁农村，胡素君病逝。"文化大革命"时期，公园湮没。

1984年，区园林绿化管理所迁驻，更植花木，修葺房屋，维持原状，供市民游赏。2011年，得知胡家花园规划重建时，胡君平非常高兴。她说：终于盼到胡家花园重建的一天。为此，她让儿子胡维辛将伴随自己辗转三十多年的石盆、石桌、盆景假山等物件交给建设方，送回胡家花园。

胡大农：漂泊在外，终归故土

夫子庙北边状元境的王家，是胡恩燮姐姐家。胡恩燮无子，过继了王家的光国，胡光国的生父为王一山。此后，胡恩燮的侄子胡光煜无后，立王氏的王耀久为孙，改名胡大农。

胡大农（1904—1996），按照过继前生父"必须习得一技之长"的要求，学医毕业后进入陆军医院工作。妻子翁吟芝（1911—？）出生于上海，幼儿师范学校毕业，家里做绸缎生意，从南京买入丝绸到上海加工染色后出售。培育四子三女，即肇煌、幼农、育英、敬良、虎、云生、宜生。

1937年，抗日战争爆发，南京即将沦陷之前，胡大农只得将18岁的长子、15岁的长女和9岁的次女留在家乡，随军离开南京。到达重庆后不久被派往四川云阳县后方医院任院长。1945年抗日胜利，他心中挂念着在家乡的三个孩子，于是带着一家老小，乘木船顺江而下急于返回家乡。抵达宜昌时生下一个儿子，取名为胡宜生，此时，生活更加拮据。幸亏此时，他的一位名为魏子程的好友，在宜昌通汇路（解放路）开设西药房，再三劝其暂留宜昌，便也就在复兴西药房内开设了一家诊所。此时长子胡肇煌（1923—？）从无线电学校毕业，在交通部公路总局电讯总台担任无线电报务员。26岁时去了台湾，与家中失去联系。

1949年，胡大农加入专区医院任小儿科主治医生。1952年调入发电厂当医生。1960年，胡大农收到一封从日本横滨寄来的家信，是在远洋游轮工作的儿子胡肇煌寄出，又从老家南京转寄到宜昌，信内还附有一张儿子的照片。

1982年，最小的儿子胡宜生出差北京，来到国务院接待处，在拥挤的寻找海外亲人的人群中进行了初次登记。随后，在胡宜生的劝说下，胡大农写下一封信寄往日本。两个月后，胡大农收到了从日本横滨退回来的原信。失望之余，胡大农盯着邮戳旁盖上的"他往"二字，脸上总算是有一丝笑容，嘴里不停地念叨着："他往、他往，不是他亡，不是他亡。说明人还活着,到别处去了……"一连说了几个"他往",这一情景被身边的次子胡虎看到眼里,记在了心里。

事隔半年,胡虎的妻子冯秀兰赶到家中,拿出一张照片很神秘地给他看并问着:"爸,认识这人吗?"胡大农大吃一惊,问道:"这不是老大胡肇煌吗?"原来,冯秀兰听到丈夫的讲述之后,给在美国的姐姐写信寻求帮助,姐夫在香港《大公报》连续半个月刊登"寻人启事",被胡肇煌的朋友看见,才知道胡肇煌随巴拿马轮船公司神户国际远洋轮出海,从事无线电发报工作,往返于日本到非洲的航线。

1974年10月11日,胡大农从宜昌电力公司退休安度晚年。1978年,胡肇煌回国探亲,在宜昌的码头见到了父亲,两人谈起抗战时期分别后的往事。1996年,胡大农去世。按照他的意愿,安葬于南京隐龙山公墓。

2008年6月,得知愚园即将复建的消息,胡肇煌从南通赶来,喃喃地对记者说:"我在胡家花园里长大,那里是我的家。"

2011年6月11日晚,"胡家花园"的胡氏后人胡肇煌,在70年之后与胡维辛会面。这是一次胡氏家族两支族人的重逢,看起来是因为胡家花园的重建,更在于对先人百年历史的共同铭记。2016年5月1日,他们迎来了愚园的对外开放,也实现了他们重建胡家花园的梦想。

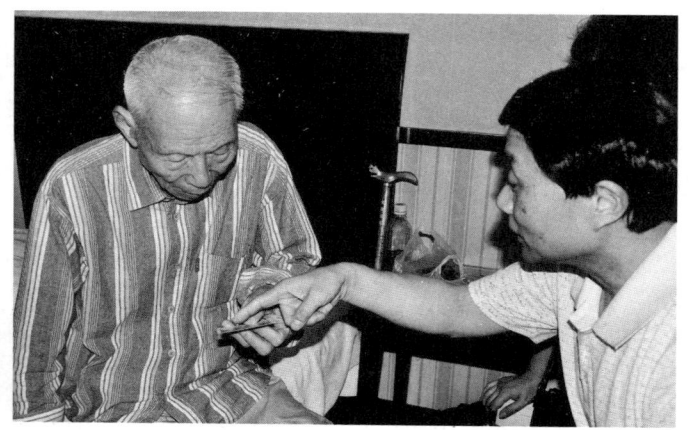

1960年从日本寄来的胡肇煌照片

胡肇煌与胡维辛会面时的合影(陶起鸣提供)

胡维辛：助力国家复建愚园

1953年，胡君平生一子胡维辛，将其立为胡昌期的孙子，户口也落在祖母吴逸仙的名下。

1960年9月—1966年6月，胡维辛就读于中华路小学。胡家花园的大院，是他童年和少年时候与小伙伴玩耍的天堂。1968年9月—1970年10月，就读于南京市凤游寺职业中学（毕业时改为南京市集庆路中学，后又改为南京市四十三中）。

1969年12月，父母与弟弟全家下放。因为他的户口在鸣羊街，学校毕业后便独自一人在家待业。1971年11月，胡维辛分配到艺新丝织厂当工人。该厂由云锦作坊合并而成，成立于1954年，生产丝绸、云锦。1970年生产"伊斯兰祈祷毯"出口中东地区，工厂有了飞速发展，由60年代300多人的小厂，发展到80年代中期近2000人的中型企业，生产的"天鹅绒毯"是南京市的拳头产品。后改名南京丝绒厂。1986年6月，胡维辛大专毕业，回厂后分配到生产科，担任生产科长，安排协调各车间的日常生产。

2008年3月3日，《金陵晚报》报道了"胡家花园保护与建设工程即将开工"的消息。6月1日，《扬子晚报》刊登了胡家花园的复建方案，并特别提及：此项工程以我国著名建筑学家童寯所著《江南园林志》中的愚园手绘图为蓝本进行规划设计。得知这一消息，胡维辛激动地告诉了母亲胡君平。母亲说：终于能够等到胡家花园重建的这一天，"愚园"的价值终于得到确认，胡家的艰苦历程也就能够被世人所了解。

在复建过程中，胡维辛受邀帮助建设方提供史料。他不仅为景区规划布局和景点安排提供参考意见和建议，还根据母亲的回忆，撰写有关愚园的文章并整理编撰家谱。在《愚园茶点》一文里，他写了愚园一年四季的美食：春天玫瑰花盛开时做"玫瑰豆沙包"，夏天用愚湖里的荷叶做"荷叶蒸小鸡"，秋天用桂花做糖粥藕、月饼和元宵，冬天做春节用的年糕。

写到高祖喜爱苏州文化，苏式茶点更是家里人人喜爱的美食；写到祖父在清远堂、水石居开办愚园茶社，根据不同的季节，就地取材制作各种时令糕点供游客品尝；写到无隐精舍前举办的祭拜月亮等活动……

对于家风的传承，胡维辛在家里还保持着尊敬长者的传统——每天早上小辈都要去给长辈请安，一直延续到他的孙子。

十三、江南文人：大百花巷程家

大百花巷11号，是一座清代中晚期穿堂式民居建筑。1992年被列入市级文物保护单位名录，定名为"程先甲故居"；10年后被提升为省级文物保护单位，纳入"秦淮民居群"名

程先甲故居二楼

下。前后共七进，第一进为门房，第二进为三开间的大客厅，第三进为主人书房和卧室；第四进和第五进为二层楼房，是其子女居住之所；第六进和第七进是较矮的平房，其间有水井，其后有厨房、厕所。此处住宅由程先甲先生于二十世纪初购置，1915年全家从磊功巷迁到这里。百年以来，故居无恙，家谱幸存，那是因为有着一代又一代人的坚守。

程先甲：著书立说，从政为民

程先甲（1872—1932），字鼎丞，号一夔，任江南高等学堂教习，擅长文赋诗词，一篇《金陵赋》写尽六朝古都风华，是清末文字改革运动的积极推行者，在地方教育、学术研究以及文艺创作等方面都做出了贡献。妻子江氏，生育女一琴英，子三德耆、德谞、德谟。

他自称"百花仙子"，一方面是因为居住在大百花巷，更主要是因为

程先甲像　　　　　　　　　　　名篇《金陵赋》

他们夫妇二人爱花，在书房和卧室前的院子里种植了蜡梅、蔷薇、兰花、龙爪花、金银花、蝴蝶花及夹竹桃等，一年四季花香不断。程夫人常常采摘亲手种植的玉簪花，加糖蒸制成一种甜食。不仅如此，程先甲先生还将自己的四卷词集取名为《百仙词》。

程先甲书斋名为"千一斋"，取自"智者千虑，必有一失，愚者千虑，必有一得"（《史记·淮阴侯列传》）。其后半生40余种著作，合称《千一斋全书》，大多在故居里完成。如今，当年他使用过的几只书柜，仍然还保存在这里。

客厅是主人接待客人和约会文友之地，也是程先甲晚年创立文学团体"霞社"用来诗词唱和之所。程先甲后人回忆，在几扇屏门前，放置着红木长条几、八仙桌、太师椅，客厅立柱上，悬挂着一副由学生撰写的对联"文章传海内，学识重通儒"，概括出他一生的学术成就与学术地位。

客厅有6扇花格木门，下方精工雕刻着取自"二十四孝"里的故事。这"孝"字，更体现在主人对亲人的呵护。就在他中举之后，祖母、祖父、母亲、父亲、长姊、三叔父、二姑母等先后丧故，于是他按照旧制守孝三年，不曾去考进士，在家攻读语言文字学方面的典籍。在此期间，他还在清末抗法名将刘铭传家中，教授刘家的次孙刘朝望。

他有一首诗《偶成》，很诙谐地展示了这样的场景："男儿少年日，著书百万言，簿书殊畏琐，翻疑迷厥门，去去勿复语，蚤虱方处裈（[kūn]意思是古代有裆的裤子）。"

程先甲15岁考中秀才，先后就读于惜阴、钟山、尊经及文正四书院，师从吴磨伯、蒯礼卿、缪荃孙等先生。

光绪十七年（1891），他考中举人。次年进京赶考，通过与名流交往，顿悟文章之"大"，旋即回到南京，用一个月时间创作出《金陵赋》，由此名声大振。此文被称为自西晋左思《三都赋》之《吴都赋》以后，又一部全面描述颂扬金陵的鸿篇巨制。当代书法家孙晓云创作书法作品《金陵赋》，再次使之得以广为传播、发扬光大。

正是由于这样的好学上进，程先甲赢得了名家的喜爱与提携。光绪二十二年（1896），他与缪荃孙一道为顾云（1845—1906）的著作《忠贞录》作序，蒯光典跋，为封面题写书名的有张謇、郑孝胥。程先甲当年24岁就与名家并肩而立，可谓"后生可畏"。

对程先甲影响最大的老师，是著名维新派人物蒯光典（1857—1911）。他字礼卿，号季逑，光绪九年（1883）进士，会典馆图绘总纂，后聘为两湖书院监督，主张经世致用。在程先甲晚年，他为老师编纂《金粟斋遗集》，作序并撰写《先师蒯礼卿先生行状》，总结了老师的一生。

光绪二十三年（1897），程先甲续补扬雄的著作《方言》，辑著《广续方言》4卷。该书体例仿我国第一部词典《尔雅》，广搜博采，汇编了一批古代方言词语和方音等语言资料。该书卷首载有著名学者俞樾先生的总体评价："伏读大著数种，具有本原，非同掇拾，既钦为学之日益，亦欣吾道之不孤。"

光绪二十四年（1898），蒯礼卿创办江宁高等学堂，程先甲成为主讲。同年，他被奏保中榜经济特科。

光绪二十六年（1900），我国兴起文字改革运动，王照（1859—1933）在北方推行"官话合声字母"，程先甲等人根据南方方言比官话复杂的特点，提出了适合南方使用的"合声简字"（这里的"简字"不是简化字，而是当作注音符号使用的不完整的汉字），编写了《重订合声简字谱》（吴音谱）和《增订合声简字谱》（宁音谱）二书。其目的是通过注音先拼出方言识字，再拼出北京音学习官话，以使方言逐渐统一于官话。

光绪二十九年（1903），他编写的《高等国文教科书》40卷由江南官书局刻印出版。这是当时最早以"国文"命名的教科书。光绪三十一年（1905），清末民初实业家、政治家、教育家南通张謇开创江苏教育总会，程先甲被选为江苏教育总会评议员，任江宁学会副会长。同年，经两江总督周馥等奏准，在南京石坝街设立江宁简字学堂，程先甲被聘为"总理"（即今校长）。该学堂采用半日制，共举办13届，毕业学员数百名，效果显著。

光绪三十三年（1907），蒯光典、缪荃孙、朱孔彰等著名学者在南京共同发起并组建了全国第一个"国文研究会"，"宣传国学，提倡国粹，反对全盘西化"，程先甲积极参与。同年南京遭遇水灾，他作为赈务董事，奔波于南京市郊。

宣统元年（1909），时任江南高等学堂教习的程先甲，与周祥骏、吴涑等人发起"朴学会"，提倡"经世致用"的实学。周祥骏（1870—1914），江苏省睢宁县人，字仲穆，学者、作家、诗人、剧作家，早期南社成员。

该年，他的老师，有着"中国近代图书馆之父"之称的著名文献学家缪荃孙先生就任京师图书馆"监督"。程先甲赋诗《送艺风师之都门》："南北图书馆，巍然指顾间。鹤猿才共迓，鸾凤又将还。大道终腾跃，斯文岂等闲。最惭薪樐物，中垒志名山。"在诗中，他自豪地写道："余所著《选雅》《广续方言》等书已入京师图书馆。"

宣统二年（1910）6月5日，南洋劝业会在南京隆重开幕，此时程先甲已经是两江总督端方的幕僚。他与任总提调的老师蒯光典一道，协助审查总长杨士琦对南洋劝业会予以监督指导，并负责对所有参赛物品统一进行检验、审查和评（颁）奖。南洋劝业会是中国举办的第一次世界博览会，也是中国历史上首次以官方名义主办的国际性博览会。同年，他所编撰的《广续方言拾遗》在语言文字学界取得广泛影响，从而奠定了他作为清末文字改革运动先驱者的学术地位。因为出版书刊宣传革命思想，他担任校长的江宁简字学堂遭到清政府查禁。

1913年，程先甲被江苏省民政长韩国钧聘为公署秘书，办理教育事宜和赈务。1919年，应甘肃督军张广建（1864—1938）之邀，他离开大百花巷，在儿子程德耆的陪同下，开始了为期3年的西北之行。程先甲在陇任两署秘书长，兼任吏治研究所教务长，以振兴实业、普及教育为要。在此期间，他撰写了一部文集《游陇丛记》及一部诗集《游陇集》。可惜的是在归乡途中遭劫，"生平文稿丧失殆尽"。返乡后，他全凭记忆把其中的主要著述默记下来。

1923年，他被推举为江苏省参议兼旗民生计处总办，开办教养院、工艺厂，以旗产安排旗民就业，建立养济院。1924年，任公署秘书。1925年主讲南京国学专修馆，他提出反对文风中存在的"三气"："八股气，报馆气，腥膻气。" 1928年，受邀奔赴武汉，任汉口特三区官政局主任兼秘书长。此后，因连得孙男三人孙女二人，加之家境稍裕，他"不欲再出，日以著述自娱"。

德耆与德谓兄弟：以编纂《哀思录》纪念父亲

1932年，程先甲去世。次年，其子编纂完成《私谥懿文程公一夔府君哀思录》。书中所录文章多为程氏生前好友所作，其中不乏当时文坛、政坛名流。其中，便有本书所写到的夏家的夏仁沂、陈作霖之子陈诒绂撰"传"，夏仁溥撰"诔"，伍崇学撰"赞"，夏仁虎撰"挽诗"。

通过《府君行述》的追忆，将程先甲先生的著书立说与家庭生活联系在一起，读后对他的人生经历及情感世界有了全面的了解。

首篇是钮永建的一篇序文。钮永建（1870—1965），字惕生，近代资产阶级革命家，曾任第一任江苏省政府主席。开办俞塘民众教育馆，进行农业合作、运销合作、信用合作，互为支撑，作为乡村改革基石。可见，作序者对程先甲事迹的认可，也体现出德耆、德谐两兄弟选取名家作序的深意。

长子程德耆（1898—1974），在政法大学学习法律专业，毕业后成为一名执业律师。次子程德谐（1899—1968），1917年赴北京就读清华大学预科。后赴美留学，学习西方政治经济学，学成后于1923年回到南京大百花巷，直到1926年赴上海一所大学任教。

他们在文章里回忆起父亲60岁生日时写道：本想给他贺寿，但"府君以时事多艰，固不许。即以筵费移助本邑慈幼院，乃遍征辞咏，以文字为寿而已"。此后，"自朝至暮，终日伏案挥毫不稍休。困则凭几假寐，觉后复挥。不孝等屡以节劳为请。府君自谓：书生结习，恒乐此不疲也"。然而，长期的辛劳使得他精疲力竭，加之得不到很好休息，不久与世长辞。

程德谟：守卫庭院里的一片"明媚阳光"

幼子程德谟（1908—2006），南京图书馆副研究馆员。因陪伴父亲，在南京考上中央大学，学习商科。新中国成立以后，在南京图书馆工作，一直干到80岁才退休。

写作是程家的传统。那时，德谟先生一直居住在父亲当年的卧室里，退休之后的生活乐趣，便是写作。

1985年，程德谟与同事杨长春合著了一篇文章《"百花仙子"程先甲》，发表在《南京史志》。1988年4月，杨长春在程德谟的支持配合下，又写出了一篇论文《关于程先甲的部分著作及简介》，刊登在《文教资料》并报送给南京市文物管理委员会（文物局前身），极力推荐将程

先甲故居列为南京市文物保护单位。1992年，市文管会根据杨长春提供的材料，经过调研、筛选、审核，经南京市人民政府批准，将程先甲故居列为南京市文物保护单位。即便杨长春先生退休之后，他们依然保持着长期书信往来。

1968年前排左起程德谟、朱又若（程德谟妻）、钱雅文（程德谞妻）、陈瑛（程德谟同事），后排左起关艳君（程嘉梓妻）、程嘉梓、程嘉杭、程德谞、程佩萱、赵萍（陈瑛女儿，程嘉杭未婚妻）

1988年开始，程德谟投入极大的精力续修家谱。该家谱来之不易："光绪十二年（1886）。小吏，遇休宁族人陈少穆。无后可继，负有老谱。未敢擅便……"虽说早在光绪二十八年（1902），他父亲程先甲就在此基础上进行了续修，但到1992年，又过去了90年。他觉得自己作为后人，有此义务。经整理，他在导言中写道："程氏祖籍安徽歙县新安村，堂名'映雪'，始祖元遭公。十四世灵洗公居歙之篁墩村，卅世秔公迁休宁临溪，卅四世春公迁歙之黄泥，卅八世晟公迁休宁宁榆村，改称榆村一世。明代末年，十三世良杨公迁金陵，改称金陵一世。追溯本源实为新安五十九世。良材公兄弟八人。其五在徽，其一在扬，其二在金陵。先叔叔同藏谱排行：'大兆光先德，存仁？厚宽。'先父一夔拟排行四句：'大兆光先德，嘉徵启哲昆，邦

《程氏家谱》首页

家咸治理，奕世必昌祥。'先兄少夔改'徵'字为言。由于历史原因，后人已不受此拘束。本表自十一世起，兼及外姓，续其三世，借以知其血缘关系。一九九二年春后裔德谟谨注。"

1993年至2006年，程德谟花费13个年头，整理出已经刊印的，以及那些自印的，包括成稿未刊者、未成稿及钞本，编辑成为《先父程先甲事迹著作书刊录》，划分为"生平及故居""文字训诂""文字改革""文赋诗词"及"其他著述"五个部分。

2002年7月1日，《金陵晚报》刊登程先甲之孙程嘉梓专文《程先甲故居深藏闺阁人不知》，他向记者介绍"东屋里塞满了各种书，父亲就坐在书堆里写作。写了念，念了改，改好再写"。老人回忆说："父亲念文章时的动作和腔调都很奇特，像唱歌一样，自己和哥哥姐姐们每到这时就会扒在门口偷看，是童年一大乐事。"

2007年2月3日，为了纪念程先甲135周年诞辰，程嘉梓在邮票总公司定制了一枚个性化邮票，广送亲友，上面有程先甲的生平简介，还有展示故居的风貌画面。对于那些希望深度了解程先甲先生更多信息的好友，他还整理出一份更加详细的《纪念程先甲诞辰135周年资料辑刊》。

程德谟常常回忆起童年最快乐的事情，父亲带着去胡家花园玩。在那里，他和朋友们往来唱和、相谈甚欢。《愚园丛札》一书收录了园主人胡恩燮的请帖："桃芬李馥，草木皆香。愚园花事渐臻繁富，正宜酌彼兕觥，及时赏玩，稍间恐为风雨所妒。翌晨谨备园蔬，拟请枉从，作竟日

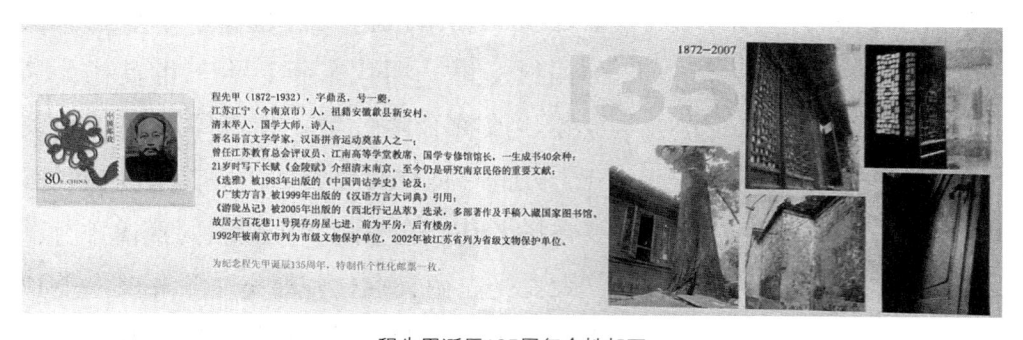

程先甲诞辰135周年个性邮票

前排左起：李敏（程嘉森夫人）、程嘉森、樊天鎏（程嘉棣夫人）、程嘉棣、程德谟、罗毓清（程嘉楫夫人）、程嘉梓、关艳君（程嘉梓夫人）、刘端（程佩萱婿）、程佩萱；

后排左起：顾天随（程嘉森外孙）、顾华明（程嘉森女婿）、程言萱（程嘉森二女儿）、袭美霞（程嘉森儿媳妇）、程启宽（程嘉森孙子）、程言昌（程嘉森儿子）、程剑（程嘉梓长子）、程剀（程嘉梓次子）、刘佳（程嘉梓二儿媳妇）、程虹（程嘉楫女儿）、程力（程嘉楫儿子）

聚。如惠然肯来，请各书知，恕不速驾。清明日愚园胡恩燮拜订。"父亲赋诗一首，其中描述愚园景象的诗句："春花参差发，好鸟鸣碧枝。园亭寂无人，蕙风时煦吹。授我一卷读，字字皆珠玑。"还有一首诗："思量淮水耆英会，远逐坡仙倜傥才，我有支机五色石，赠君高筑望云台。"诗中的"支机五色石"，是传说中张骞出使西域，误入天河，织女以垫织机相赠的宝石。想必是父亲赠给园主人的礼物呢！

晚年时，孩子们回来总是会请程德谟表演魔术。每到春节，他还会在大厅里搭起竹床表演魔术，引得前后邻居前来观赏。那是因为读大学时参加同学会文艺汇演，他既不会唱歌也不会跳舞，就想起来照着书本学起魔术。工作期间，他在图书馆里组织了一个业余魔术团，逢年过节必在单位表演，大受职工欢迎。他还著有魔术读物多种，其中1959年在江苏人民出版社出版《简易魔术表演》（第三本），1990年在江苏科学技术出版社出版《魔术奥秘200例》，2000年1月在金城出版社出版《奇妙扑克魔术99招》。

他说有生之年的最大愿望是"能亲眼看到故居得到全面修缮，程先甲的事迹、著作、遗物、刻版及其对后世的影响能在故居里陈列出来"。虽然生前这个愿望未能够实现，但在政府的帮助下，2016年9月，故居基本得到修缮。

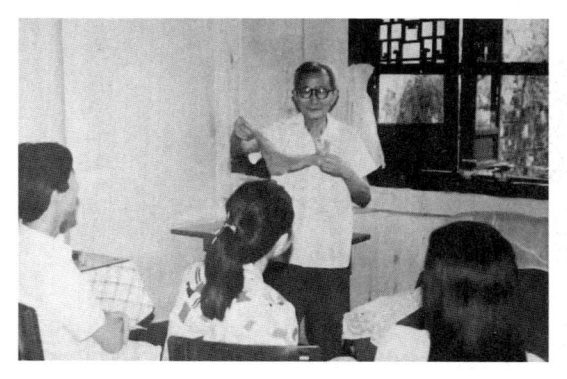

程德谟为家人展示魔术

程嘉梓：科幻小说作家

程德谟的长子程嘉梓，1939年出生于南京，1962年毕业于唐山铁道学院电机系，后一直在黑龙江齐齐哈尔铁路部门工作，曾任齐齐哈尔铁路局电力机械厂技术员、工程师、厂长，齐齐哈尔铁路科研所所长。电气化铁道供电高级工程师，荣获政府特殊津贴专家。退休后回原籍南京，应聘为地铁供电工程监理。先后著有《古星图之谜》《月球，不再寂静》两部科幻小说，是世界华人科幻协会会员、中国科普作家协会会员、江苏省作家协会会员，江苏省科普作家协会科幻专委会顾问。

上中学时，因为崇拜科学家、发明家，他喜欢阅读科幻小说。

1961年，上大学时，他在宿舍同学书桌上看到一本《燕山夜话》。随手翻来，一篇《宇宙航行的最古传说》吸引了他："我们中国因为是一个历史悠久的国家，最古的传说往往都从这里产生。关于宇宙航行的最古传说果然也不例外。在公元第四世纪出现的一部古书——《拾遗记》上有一段记载：'尧登位三十年，有巨槎浮于西海。槎上有光，夜明昼灭。常浮绕四海，十二年一周天，周而复始。名曰贯月槎，亦谓挂星槎。'"邓拓先生接着写道："看来这是真正最古的关于宇宙航行的传说。似乎在远古时代，真的有这么一条船，经常在四海上出现。但是，它并非只在海面漂浮的船只，而是每十二年绕天一周，不断地环绕航行的。更重要的是古人已经设想到，这条船能够到月球上去，到其他星星上去，所以把它叫作'贯月槎'和'挂星槎'。"

二十世纪八十年代，在实现了儿时成为一个"工程师"的梦想之后，他利用业余时间开始创作科幻小说，先后在《科学文艺》《奇谈》《科幻世界》《科幻大王》杂志上发表多篇短篇科幻小说。

创作的背后，有着他父亲在古籍知识专业方面的支持，还有着弟弟程嘉杬（程德谟次子，南京大学外语系法语专业毕业，中学高级教师）作为"第一读者"的鼓励。当得知他要以"贯月槎"为引子写一部科幻小说时，父亲告诉他，爷爷在诗里写过，然后帮着将《拾遗记》找来。作为业余写作，能够被工作单位认可，是一件不容易的事情。正是因为他的为人和工作业绩，此爱好才能够获得同事和领导的理解和支持。

说起能够正式出版，他当时的想法是：直接向人民文学出版社投稿，因为一方面他相信权威性，另一方面有着自己的自信。1985年，发表长篇科学幻想小说《古星图之谜》。1986年，该作品获黑龙江省文艺创作大奖创作二等奖，1987年获铁道部"第三届铁路文学奖"。

1997年，那一年他58岁，即将退休，有了更多的时间，他开始构思起第二部长篇科幻小说《月球，不再寂静》。一写就是14年。

如果说《古星图之谜》诞生于"科学的春天"，他把故事的发生时间安排在长江三峡大坝建设的浓厚氛围里，折射出那个时代的精神风貌。那么，这一部关于月球与地球之间的小说，便是在跨向世纪"门坎"。《月球，不再寂静》是描述人类在21世纪开发月球的长篇小说，源于他在书店里看到的一本译著，讲的是人类开发火星后，他们的后代闹"独立"的故事。他觉得，月球开发者的后代闹"独立"，企图引发"星球大战"更有可信性。

程嘉梓在南极长城站留影

2013年,《月球,不再寂静》经贵州大学出版社出版。恰好,100年前的1913年,程先甲先生所编写的《高等国文教科书》出版。

2015年,程嘉梓参加南极探险,实地考察了解海鸟、企鹅、海豹、鲸鱼的生活习性,观察冰川、冰山、冰帽以及地形地貌的形态。1月4日,他怀着激动的心情拜访了长城站。回到家乡后,撰写了一部《震撼心灵的冰雪净土——一个七旬老人的南极科学探险笔记》,在网站上发表。除了有对游历过程的介绍,还有他之前所做的一些功课。以此,向读者介绍一些注意事项和科普知识。

2018年11月,程嘉梓凭借《古星图之谜》荣获第九届"全球华语科幻星云奖"最佳科幻电影创意入围奖。

写作之余,他还依据国家图书馆的馆藏资料,对祖父程先甲先生的著作进行检索,编制出《国家图书馆馆藏程先甲著作书名录》,以缅怀先人。

十四、不舍亲情：颜料坊夏家

颜料坊86号，曾经是夏家的住宅，后捐给国家建成颜料坊小学。2006年，随着该地块拆迁，建筑消失殆尽。1898年，夏仁虎先生进京赶考，后来就留在了北京。他的儿子夏承楹出生于北京。夏承楹的妻子林海音，创作了一部反映北京民国时期的小说《城南旧事》，经电影导演吴贻弓改编而风靡华人世界。南京的颜料坊，也留下了诸多温馨而感人的"城南旧事"。

金陵夏氏祖籍绍兴，堂名为耕云堂，明末迁居金陵。夏仁虎的爷爷夏堸，字子俊，号去疾。娶陈氏（即陈作霖曾祖父石渠公之女），道光年间中举，道光五年（1825）拔贡，著有《篆枚堂集》。

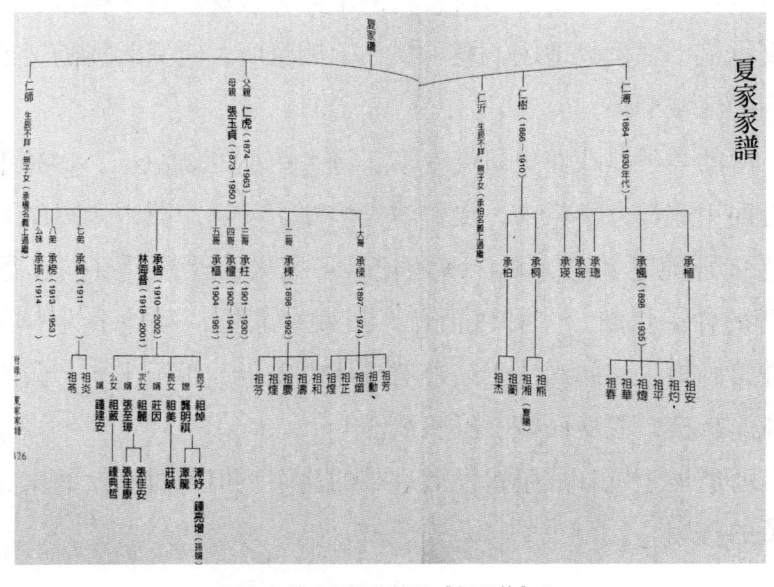

夏家家谱（夏祖丽等著《何凡传》）

夏仁虎的父亲夏家镛，字幼威，诸生。著作有《浮沤诗集》《琢玉录》《被难纪略》《自鸣集》《读史一得编》。

夏家镛有五子，即仁溥、仁澍、仁沂、仁虎、仁师。他给兄弟五人留下的家训是"不患贫而患不学"，让他们从小接受私塾教育，时常用来勉励他们的是："人生最难者，得真山水而居之……耳之所触，目之所接，得江海之大。固不必泛舟策杖他寻。"

长子夏仁溥（1864—1937），字博言。光绪十五年（1889）己丑恩科举人，曾任山东濮州知州、山东警察学堂监督、江苏省立第一图书馆馆长等职。夏仁溥在《榷轩随笔》（《南京文献》第十四号）里写道：父亲夏家镛，"著《琢玉录》以教子弟，著《自鸣集》以抒其抱负……"。夏仁虎在《六十自述》里也写道："吾父幼孤露，奉母出艰厄，中年耽著书，老作诸侯客，平生淡泊怀，略见《浮沤集》。"

十七岁时，老师陈咏兰曾经批评夏仁溥："观汝文多游词蔓调""须先汰其皮毛，去其渣滓，而后可望清光大来"，并告诉他文章要讲求"理法"，要"清而真，雅而正"。

在山东任职期间，夏仁溥时常为两个儿子授课。夏承枫八岁时，其父为长子夏承植讲解世界地图，夏承枫在一侧旁听，听完就能随父亲所指讲出五大洲的区域形势。

夏仁溥的妻子是戏曲史研究专家、诗人卢前的姨祖母。1930年，卢前第一次赴四川成都大学教书，夏仁溥先生写了《送卢冀野入蜀序》表示鼓励。在《榷轩随笔》里，夏仁溥还记录了家人的性格爱好与品德修养。如夏仁溥的仲弟仁澍，"仲善治花，虽残菊老梅，经仲手无不煦煦有生致""仲善画梅，初问画法于余外舅孙炜堂先生，骨干生老。久之复得新意，为风露折枝，墨淡而嫩，鲜妍欲活"。

夏仁溥逝世于抗日战争爆发后逃难的途中。但他对子女的家庭教育起到了启蒙的作用。

夏仁虎：不忘故土，编纂《秦淮志》

夏仁虎（1874—1963），南京人，字蔚如，号啸庵、枝巢、枝翁、枝巢子、枝巢盲叟等，是近现代著名学者、诗人、国学家，在经学、史学、文学、民俗学、戏剧学等诸多领域都取得了巨大成就。夏仁虎的著作众多，其中与南京相关的专著就有《玄武湖志》《秦淮志》《岁华忆语》《南京明遗民录》《金陵艺文志》14卷及《金陵艺文题跋》等。

他3岁识字，11岁时拜陈作霖（伯雨）先生为师。初学作文时，就曾因雨夜偶得断句云"窗外芭蕉篱内竹，一般夜雨两般声"而得到"两声词人"之号。陈作霖先生是晚清著名方志学家，编纂《金陵通纪》《金陵通传》等方志近百卷。先后肄业于江阴南菁书院、江宁钟山书院。光绪二十三年（1897），参加拔萃科考试，被录取为"拔贡"。

光绪二十四年（1898），夏仁虎到京参加朝考，随后参加了在紫禁城保和殿举行的复试，成绩优秀，因考得七品官而被分到刑部学习，遂定居北京。先后担任刑部、商部、邮传部的小京官。辛亥革命后，他先后任北

1913年夏仁虎全家合影

洋政府盐务署秘书、镇威将军公署政务处处长。1924年10月，在冯玉祥发动"北京政变"后，曾参加发起成立故宫博物院维持会，任基金委员会委员。1926年7月，任北洋政府财政部次长。1927年6月，任国务院秘书长。1928年，兼关税委员会委员。

1929年，55岁的夏仁虎弃官归隐，结束了长达30年的官宦生涯，专事著书和讲学。抗日战争期间，先后执教于北京大学、北京师范大学等校。日寇妄图拉拢他，他毅然拒绝日寇利诱，保持了民族气节。尽管此前他已经在南京饮虹桥西的九儿巷购得一处宅院，但不得回归，"乃述秦淮而南睇，执笔而三叹"。

1943年，在一生中最困难的日子，思念家乡的夏仁虎编纂了一部《秦淮志》。他在"自序"里写道："江南山川之美，古今共谈，秦淮其尤著也"；但同时又感叹："顾金陵诸山水多有志，而秦淮独无。"

对于秦淮河畔特有的河厅、河房，他在书中引用《县志》："水上两岸人家，悬椿拓架，为河房水阁。雕梁画槛，南北相望。每当盛夏，买艇拓凉，回翔容于与利涉文德二桥之间，扇清风，酌明月，秦淮之胜也。"他还在按语里这样感慨："金陵临河人家，虽小小水阁，布置亦皆精雅。夕阳既下，湘帘齐卷，盆花茗碗，处处怡人……"

在第五卷《人物志》中，他回忆道："余童时随长老饮淮干茶肆，见淮水西流，怪而询之。"长者告诉他："此东水关放水耳。城中河道狭，水积秽，赖此冲刷以清。"这是因为，清末民国初期，由于陆路交通的发达，水运开始日渐衰落，加之战乱不息，城市规模扩大，居民麇集，生活垃圾使河道受到堵塞和污染。除了疏浚以外，已开始引水冲污，借以改善水质。对此，他在书中还挂念地写道："十余年不归故乡，时闻游金陵者，有一沟秽水之消，不稔地方官员有暇料理否，附注于此。"在第十二卷《余闻志》里，他感叹修浚秦淮之役"愈久愈不可治，盖民居愈密，河道愈湮，一经建议，众诟纷起，沧海桑田，殆在指顾间耳"。

1948年，《秦淮志》刊登在家乡文献馆的刊物《南京文献》上，从而使他的思乡情怀也算得上是得到了少许释怀。

中华人民共和国成立后，夏仁虎受聘为中央文史馆馆员。晚年双目失明，仍然笔耕不辍。1960年，他将苦心搜集到的五百余种南京地方文献全部捐献给南京市文管会。

林海音：在夏家走进一个"深厚开阔的人生"

林海音（1918—2001）和丈夫夏承楹（1910—2002），是《世界日报》报社的同事，该报是民国时华北地区有影响力的大报。他们相爱之后，夏承楹把林海音的家庭、现状、人品一一告诉父母，还把她的文章给父亲看。夏仁虎先生望文知人，从文中看出林海音性格大气，得知她小小年纪在丧父后能够把一个家庭撑起来，便判定她是一个有主见有能力的女子。于是林海音成为夏家二老心中的完美人选。

1939年，林海音和夏承楹结婚，在夏家小院，一座小楼的二层居住了整整六年。夏家人口众多，"大观园"一般的家庭氛围，让她走进一个"深厚开阔的人生"。

夏承楹和林海音婚礼照片（夏祖丽等著《何凡传》）

在《何凡传》第一部"家族与成长"里，他们的女儿夏祖丽总结父亲"勤奋努力，乐观进取的原动力"，就是"家庭温暖，手足情深"。在林海音的文章里，也有着这样的景象："夏季的黄昏，公公如果不到中山公园去下棋谈天，就会漫步到正院北屋的宽廊下，和婆婆对坐在藤椅上，公公抽雪茄，婆婆抽水烟。天棚拉开了，黄昏的余光照射在院落的东墙上，这时候子孙们都聚拢来。"

林海音在《重读〈旧京琐记〉》一文里回忆道："公公虽然居住北平数十年，但他说话仍带南京口音，全家老少的饮食习惯，也还保持江南口味。"于是，每到过年，北京夏家的饭桌上总有那五颜六色清香四溢的什锦菜。这可是南京过年的特色菜，过年的家乡菜。还有一件过去常见，而在今天人们眼里不可思议的东西：北京夏家的"马桶"（粪桶）是从南京颜料坊送过去的。特别有意思的是，"新马桶里面总是装着孩子们喜欢的好吃的"，因此就成了他们遥远而又亲切的期待。

1948年，林海音30岁时，和丈夫、孩子还有母亲、弟妹一同返回故乡台湾。在那里，城南旧事延续着，在《何凡传》里面有一篇的标题，就是"新城南旧事"。书中这样写道：从北平长街扔下大片东西，从小三合院搬到这半栋日式宿舍，经历过无数的夜读、夜谈、夜游，都是乐趣无穷的。在这里，他们"接待过许多徘徊台北的朋友们，有过多少次的夜谈之乐"。有意思的是，林海音夫妇的性格不同，待人接物的方式也有所不同。比如在好客方面，林海音是当然的主人，夏承楹负责泡茶，工作结束之后会出来和大家见个面。林海音说，丈夫是一个自甘淡泊的人。他们有着共同的爱好，那就是喜欢运动，喜欢外出。她这样写道，"快乐的心情要自己去体味""有人看到我们在孩子们熟睡后，竟然反锁街门，跑去看一场电影，替我们捏一把汗"。

就像她在《城南旧事》里所写的，小孩子的眼里是分辨不出好人坏人的，那么成年之后的她，不但可以分辨，而且认定以后便会结下真挚的友谊。余光中先生这样回忆："我们的关系始于编者与作者，渐渐成为朋友，进而两家来往，熟到可以带孩子上她家去玩。"

他们的女儿夏祖丽在《何凡传》里这样写道："1991年，夏承楹退休。家务由母亲打点，父亲只是专心工作写稿，1996年底母亲因糖尿病引发轻微中风。86岁的父亲与母亲对换了角色。"可见，他们是一对始终互敬互爱的夫妻。

夏承枫：教育之道是"引导"

夏承枫（1898—1935），字湛初，夏仁溥次子，是民国时期有较大影响的一位教育行政学者，也是我国教育行政学科的开拓者。

1917年，夏承枫毕业于上海第二师范，在江宁县立第一高等小学任教师。1921年，毕业于南京高等师范教育专科，在江苏省立第一中学即他的母校任训育主任兼教学。

1921年11月29日，夏承枫先生与妻子杨家鹤（1903—1980）喜结良缘。结婚前的杨家鹤，中学尚未毕业。

夏承枫旧照

婚后，她受夏承枫的影响，重新开始学习，以至于抗战时期全家到四川避难时，她还在一所小学找到了一份教师的工作。回到南京以后，她便进入南京市一中，从事图书馆管理工作。夏承枫与她共生育了两子三女。1935年，夏承枫临终时叮嘱妻子，一定要让子女完成大学学业。杨家鹤没有辜负他的期望，将五个子女都培养成了大学生。而且在夏承枫去世之后，她成为这个不断繁衍生息的大家庭里的"核心人物"。

1923年，夏承枫任东南大学教育科助教。1925年，被任命为江苏省督学，视察各县教育。1928年，东南大学更名为"中央大学"，他以讲师身份受聘，同时任中央大学教育行政院科长。1931年之后，不再担任行政职务，在中央大学专任教师。1932年，因成绩卓著而迁任教授。为此，卢前在《夏湛初别传》一文里感叹道："计十三年中，历小学教师，中学教员，大学助教，讲师，而教授；循序以进，并世所瑾见者也。"

对于夏承枫的"教育之道"，他的长子夏祖灼在《家报专刊：父亲百年诞辰》里，总结为"引导而不强求"，并且回忆起"他常常和我谈起将来干什么好，鼓励我以后学实科"。

夏承枫的学生，我国著名教育、心理学家朱智贤在《悼夏湛初师》里写道：每次授课时，"先生据坛直陈，议论风生，四座为之哑然。其至精彩处，佐以实证，杂以诙谐，听者眉色飞舞而不自知"。朱智贤还回忆道，在中大就读期间，夏承枫时常与他长谈，由论学到论人论世，知无不言，言无不尽。在得知朱智贤的坎坷境遇之后，夏承枫更是以自己的经历来勉励他，使他"于失望中陡觉达观，于颓废中忽又奋起，终信天既生我，自有其用，惟冀努力，毋忝厥生"。

在兄弟姐妹中，夏承枫兄弟排行第二。1907年，夏承枫和哥哥夏承植、姐姐夏澂琬一起进入夫子庙泮宫附近的私塾读书。夏澂琬在《亡弟湛初事略》里回忆起当年，他们一起放学后经过城隍庙，弟弟总是会驻足观看里面的杂剧表演，回家后"述以娱母"。

1920年，夏承枫的长兄因病去世；1921年，夏承枫的大姐和小妹先后去世。在这种情形下，他"身肩重任，上慰父母，下抚孤寡，责任愈重"。1924年，他参加赴美留学考试，"分数虽高，而身累过重，出国之志未遂"。夏澂琬认为，夏承枫对家庭做出了奉献，"为后辈儿孙楷模"。

夏仁溥在《亡儿承枫事略》一文里写道："儿生平视书籍与师友为性命。"1919年，经卢前介绍，夏承枫与李清悚结识。后来，夏承枫将自己妻妹介绍给李清悚，二人遂结为连理。临终前，夏承枫将老亲孤孀弱子托付给李清悚。此后，李清悚一直照顾着夏家人，还替他整理遗著。李清悚在悼文中称赞他"遇人固忠且厚"，感叹他"家庭负累之重，君一身任之"。

夏祖灼：动物遗传育种专家、农业教育家

夏祖灼（1922—2020），夏承枫和杨家鹤的长子。曾任南京农学院教务处长、副院长，是一位动物遗传育种专家、农业教育家。和前人相比，他是幸福的、长寿的。其缘由就像他的侄子辈在《家报》里总结的那样：他有着"平和的心态，宽广的胸怀和心灵上的安静"，他的"权威和阅历"，使得他成为"家庭的核心、纽带和桥梁"。

2017年12月29日笔者与夏祖灼先生合影

1937年，南京陷落之前，夏祖灼随同母亲和4个舅舅逃难去了四川。1943年，他毕业于成都中央大学农学院畜牧兽医系。1943—1947年，他在成都附近从事兽医方面的工作，曾经在川西控制牛瘟病的流行。1947年，他到中央大学任教，成为中共地下党党员。弟弟夏祖炜回忆：1948年自己高考落榜，在哥哥的助教宿舍看到过一些革命刊物，险些遭受国民党特务的搜查。不久，在颜料坊，他又看到哥哥在写什么，随后找了个机会看到了哥哥的一篇自传，上面还写着他对时事政治的看法。他写道："当时对他们的地下活动不知究竟，却感受了它的神秘，也很好玩的。"

此后夏祖灼一直在学校工作，承担动物遗传育种学教学、科研和培养研究生等任务。在任教期间，他还从事高等农业教育研究工作。离休后，担任南京农业大学顾问兼中央农业管理干部学院南农分院院长，主持高等农业教育发展战略和人才需求方面的研究工作，主要论文有《试论江苏省高等农业教育发展战略》《教育改革中的专业设置问题》。在指导研究生工作中，他将细胞遗传学和免疫遗传学方法引入猪品种资源研究，在微观

1975年夏家合影（中排左一夏祖灼，左二母亲杨家鹤，左三夏祖炜；后排左一妻子陈万芳，左二夏祖春，左三夏祖华，左四夏祖平）

上对太湖猪种质特征开展多方面的研究，取得了一系列成果。他还承担了数种辞书编撰工作，担任《辞海》编委兼分科主编，负责动物生产方面的辞目；担任《中国农业百科全书·生物学卷》副主编兼分支学科主编，负责生物学总论方面的条目；担任《农业大辞典》副主编。1992年享受政府特殊津贴。

1998年至2008年，夏祖灼与妻子陈万芳开始编辑《家报》。夏祖灼的妻子陈万芳（1928—2017），是我国现代兽医和家畜传染病学杰出的教育研究工作者。她出生于北京，祖籍广东省梅县。南京农业大学档案馆的网站上有她的生平介绍："一生都很简朴，且为人和蔼可亲。几十年风雨教育历程中，共培养博硕研究生近30人，堪称农业科技工作的巾帼英雄。"

因为她曾经是《畜牧与兽医》的副主编、《中国病理生理杂志》的编委常委、《中国兽医杂志》的编委，编辑家报自然易如反掌。此后十年间，《家报》共刊印43期，其中前25期由她和夏祖灼担任主编，儿子夏立和孙女夏倩电子排版。也正是因为编辑《家报》，使得7地（南京、北京、西安、沈阳、苏州、上海，还有台北）、4家（因夏家而扩展到的杨、李、袁家）的24位亲人，更加紧密地联系到了一起。

《家报》的主打栏目有"各地讯息""大事小记""保健一得""烹调交流""第三代动态""家庭历史资料""文摘"等。1999年5月第6期头版头条是《一次本来不该发生的重病》，说的是一次缺钾服药不当的险情，提醒"病人家属在尊重医生的同时必须要有主见"。2000年第9期，头版头条便是陈万芳的文章《迎接我的第七个龙年》，以同一个时间节点回顾了不同的时代印记。

《家报》报头

在《家报》里，除了文字，还有夏祖灼先生的儿子和孙女配上的报头绘画：一杯热茶，一叠正在翻看的卷起来的报纸；还有不时出现的照片，不同时期的音容笑貌浮现在你的面前。《家报》就是一个大花园，不同时期的人与事，在心中孕育出五彩的花朵；同时它也是一个海洋，每一篇文章里发出的声音，在岁月的礁石上碰撞出洁白的浪花。

夏祖丽：从海外寻亲的夏家后人

2001年，夏仁虎的孙女，即林海音的女儿夏祖丽，在父母去世后，多次从她的居住地澳大利亚墨尔本奔赴北京、南京和台北，苦苦追寻他们的足迹，分别写下了他们的传记《林海音传——从城南走来》《何凡传——苍茫暮色里的赶路人》。

2001年，夏祖丽为了写《林海音传》来到南京。她在文章里写道："我们一出火车站，祖灼堂兄就给我一本夏仁虎著的《秦淮志》，以及一张夏仁虎手注的玄武湖图。"她还来到了南京图书馆古籍部，找到了夏仁虎1960年捐献的南京地方文献和他的著作。"抚摸着那历经长久岁月的陈年书页，想到

《林海音传——从城南走来》书影

是祖父当年从书架上取下来捐献的,我像是遇到亲人,感动莫名。"

临行时的最后一天,夏祖丽在夏祖灼等人的陪同下,来到颜料坊86号。她写道:"现在的颜料坊86号变成颜料坊小学,当年住过这里的夏家人,多半不在人世。我们在校园中上上下下穿梭,身边围满了穿着粉白夹克,吱吱喳喳好奇的小学生。他们朗朗的欢笑声,萦绕在这座百年古宅的各角落。"

夏阳(1932—),原名夏祖湘,后改名。他是夏仁虎弟弟夏仁澍的孙子,是一位具有国际影响力的画家。1945年就读于南京私立钟英中学、南京市立师范学校。1949年从南京到台湾,1964年从台湾到法国,1968年从法国到美国,2002年从美国回到祖国,回到南京,找到了颜料坊的旧居。有一篇采访他的文章《夏阳从艺六十周年访谈录》这样写道:"我家是个书香门第,官最大的是四爷爷,在北京。三爷爷也做了县官。我爷爷没考上。我祖父(仁澍)会画梅花,父亲也会画点画,会写文章,写鸳鸯蝴蝶派文章。……抗战胜利了,姑姑回来了,呃,去念书吧,就去念师范了……当时生活苦的不得了,每天吃萝卜。……我大概是1948年师范毕业的。在南京亲戚也生活困难,把我推到汉口叔叔那里,住了几个月,第二年春天又到长沙哥哥那里,哥哥是农工银行练习生,也养不活我。大概半个月、一个月后,国民政府招兵买马,那时也不懂,跟着去反正有饭吃,就报名当了兵,跟着军队坐火车坐船去了台湾。"其中的"推到"二字,颇为酸楚,颇为无奈!此后他定居上海,经常与堂兄夏祖灼电话联系。夏阳的一生,都处在迁徙的不确

晚年夏阳夫妇合影

定中。美术评论家尚辉认为："迁徙，既是他对艺术追求的一种渴望，也是他精神情感归家的过程。迁徙，刺激了他艺术创作的不断变化，构成了他艺术风貌的不同阶段和时期。"夏阳坚信"真正的艺术交流是本国的艺术家把文化的触须伸展到国外，但自己创作的本体，依然系于国内"，他的作品所渗透的，永远都是滤也滤不去的中国气韵。

十五、和睦人家：仓巷杨家

明清两代，仓巷及其周边已经是工商店铺、民居、文人汇聚之地。古典小说《儒林外史》描述仓巷是"人文萃聚之区也，冶山之气，钟毓所凝，户列簪缨，家兴弦诵"。

2003年，经南京市地方志办公室吴小铁先生现场调查："杨桂年私宅——仓巷78号。杨桂年为清代奉天府官，其住宅二路五进，布局完整，后进为家祠。1999年仓巷拓宽马路时，私宅前后进均被毁。现中间二进尚存，特别值得注意的是保留了南京地区唯一完好的木神龛。"2009年3月，所余部分被完全拆除。虽说放在今天，这种抹灭城市记忆的行为不可能再发生，但对于杨家而言已经成为永远的伤痛。

根据族人回忆，家谱在"文革"中被烧毁，字辈排序为"文、肇、家、祥、恩、伦、祖、德"。虽然仓巷祖宅不在，家谱无存，但家族的字

放置祖宗牌位的木神龛

辈排序仍在延续。从这里不仅仅走出了造福一方的官员，还有著作家、大学教授、树木专家，也有辅佐丈夫工作、养育子女的贤内助……

杨桂年：清末文人官员

陈作霖先生所著《金陵通传》四十五卷补遗四记载："杨桂年，字香岩，江宁人，咸丰九年（1859）举人，官奉天盖平知县。晚岁居乡，收恤宗族，里人称之。"过去，只要说到仓巷，街坊邻居就一定会说起杨桂年这个人。究其缘由，应该是他与人为善，做过不少好事。

他酷爱画梅花，自号"十年一觉生"。有自题诗，多有佳句。如"我被冬心误此生，玉鉴冰壶证此心"。《中国美术家人名辞典·补遗二编》记载："杨桂年，字香崖。金陵人。咸丰进士，官盖县知县。工诗书画，画以梅著名。"（陕西旅游出版社，2004年）吉林大学教授罗继祖先生《题杨香岩桂年画梅花扇面》赞叹："边城贤贰尹，泼墨写寒梅。利器盘根见，斜枝带雪开。色空香亦暗，年远迹逃灰。验取盈襟意，讴吟遍草莱。"

2018年11月，一位来自辽宁营口的记者白旭来到仓巷，寻访杨桂年旧居。他向笔者提供了《盖平县志》里的记载："杨桂年，字香崖，别署紫芬，号冶城山樵，金陵人。清咸丰己未（1859）科举人，连捷进士，工画墨梅。同治间莅辰州，性雅爱士。同治七年（1868），岁之春，捧檄至，甫下车，即于署中东隅修考舍。始于菊月朔之次日，历数旬而工竣。每当扃门县试，辄为讲解题旨，殷殷不倦。"

清同治七年（1868）十月，杨桂年撰

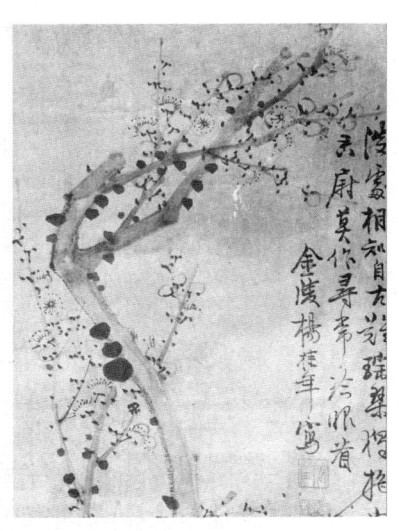

杨桂年梅花作品（局部，营口高俊雨先生收藏）

写《清盖平县修考舍记》，详细描述了修缮后的考棚景象，以及他修建时的良苦用心："对厅各列五楹，南北相向辟户牖。竣墙垣中墀广阔，承雨露而透天光。南向正中一室设公座，用于监场阅卷，余悉安诸童号桌，架木砌石，铺砖叠瓦，不涂丹臒，以昭质也；不勤刻镂，以求坚也。每试先期整理一次，试毕即加封锁，弗令服役人众入此室处，以副朝廷试务为重。至意诸君，其谓余言然乎否乎？"（《营口碑志辑注》，辽宁大学出版社，2012年）文章写得简洁明快，特别是最后以疑问句收尾，显得既轻松又自然。

同治十二年（1873）至同治十三年（1874），杨桂年离开营口至"金州厅衙"任职海防同知。

编纂中国百科全书的杨家四代学者

杨新甫（？—1906），有书房名为"史纂阁"。在这里，他收集整理了大量资料，为撰写《国史通纂》做准备。杨新甫逝世后，子杨星翘（？—1926）继续编写，并在莫愁湖建藏书阁，左宗棠为其题匾。杨星翘之子杨紫极（？—1922），翻译狄德罗《百科全书》，在其父藏书阁旁建"海风楼"，收藏西学书籍，可惜英年早逝。留有四子、四女，即家骢、家骆、家驷、家驹，家鹤、家鹏、家麟及家雏。

对于前三代人，还有一些信息来自杨家后人零散的回忆。杨家驹在1956年《自传》里写道："（杨紫极）在汇文书院毕业，西文很好，喜欢文学，尤其崇拜托尔斯泰，家中书籍购置很多，但仅仅在一个很短时间教过书。"杨家骆外甥夏祖灼回忆杨星翘："（他）似乎不是一个单纯的书生，可能经过商（好像在淮阴那边做生意）。"杨家骆之子杨思永回忆："祖父是法国留学生，于是仓巷老屋后书房有很多法文书。曾被清政府派去比利时当邮电大臣，因家中是独子，后被别人代替去。"

杨紫极次子杨家骆（1911—1991），目录学家、出版家。他在"海风楼"旁边又增添一楹，收藏民国以来出版之新书，蔡元培为之手书"仰风楼"。

杨家骆从小随同舅父张夔卿习经史，治目录学。16岁毕业于东南大学附中高中部，后入国学专修馆肄业。少年时代即随祖父杨星翘编纂《国史通纂》。1926年，祖父去世后，由他主持汇编《国史通纂》。1928年，他进入教育部图书馆工作，开始系统地研究目录学。

1930年春，19岁的杨家骆完成了《四库大辞典》的编纂，但没有经济能力出版。杨家骆的母亲指着墙上的一副对联"大器纵然晚年成，终需弱冠露峥嵘"安慰他：这是你祖父留下的，只要你对书有信心，我就帮你在二十岁时把它们印刷出来。

1931年，母亲拿出积蓄，使得杨家骆的第一部巨著《四库大辞典》编辑出版，一时轰动学界。为该书题词的社会名流有蔡元培、马叙伦、于右任等人，并连续刊印四版。杨家骆说："是我的母亲，帮助了我奠定这一生事业的基础。"也是这一年，在仓巷78号，杨家骆与其兄杨家骢，其弟家驹、家骊及友人一起创办了中国辞典馆和中国学术百科全书编辑馆。因南京市馆舍及资料不足，他又在上海、北平设立了中国辞典馆的分馆。

在杨家骆的书房里一直挂着母亲的遗像

抗日战争期间，杨家骆与姐夫李清悚带领全家老小及辞典馆全体员工迁移至重庆北碚。1940年，他将此前出版的25种著作、48种定稿本以及有关目录学的57种稿本，改编为中文版《世界学典》。战争结束后回到南京继续从事编纂工作。之后离开南京去台湾与家人团聚。

杨家来到重庆后的合影（前排中为杨母，第二排左起三、四为杨家骆夫妻，中间四位即杨家四姐妹，后排左一至四分别为杨家骢、杨家驷、李清悚及杨家骆）

杨家骆：率队考察大足石刻

1944年冬，大足县临时参议会议长陈习删前往重庆北碚北温泉，与杨家骆谈及重庆大足县佛教石窟群（建于唐末至南宋间）。因为读过《蜀中广记》，杨家骆"久拟一探大足石刻之实况，盖以并世中外人士之言中国石刻史者，皆未及之"，于是提出考察大足石刻。陈返回大足后，即与县长郭鸿厚，正式邀请杨家骆组织"大足石刻考察团"。

1945年4月27日至5月7日，杨家骆带领由15位学者组成的考察团来到大足县，"编制其窟号，测量其部位，摩绘其像饰，椎拓其图文，鉴订其年代，考论其价值"。考察工作结束后，杨先生认为该石窟群是"继云冈、龙门鼎足而三""实与发现敦煌相伯仲"。此后，杨家骆撰写文章《大足石刻图征序》，举办大足石刻考察团图片展，举国轰动，大足石刻从此让世人知晓。通过此次考察，"大足石刻"这一名称被确定下来，1999年大足石刻成功申报世界文化遗产仍沿用此名。

1990年7月29日，大足石刻博物馆收到一份来自美国的信函。在信的结尾处，杨家骆这样写道："当骆赴贵县时年仅三十四，今将届八十，秉烛余景，仍不能忘情于贵县，如明岁健康许可，拟再作大足之行……"遗憾的是，次年10月18日，他与世长辞。

2013年4月21日至26日，央视大型纪录片《大足石刻》在央视九套首播。第一集《万佛出世》，介绍1945年"民国经史学大家"杨家骆为团长的考察团，开展了一次"改变中国石窟造像史观"的考察，让大足石刻名显于世。影片指出："在杨家骆和大足石刻之间，既有初见的震撼，也有对重大历史疑点的考证和猜测，更有终生孜孜以求的探寻和想念。"

考察团在大足石刻前合影（前排左侧拿拐杖者为杨家骆）

杨家骀：农业经济学家

杨家骀（1914—2000），曾任南京金陵大学农业经济系副教授，重庆市北温泉图书馆研究部主任，沈阳农业大学副教授、东陵实验农场场长、图书馆委员会主任，享受国务院特殊津贴。

1934年7月，杨家骀毕业于南京一中，是该校第一届高中普通科毕业生。1935年2月考入南京金陵大学，就读于农学院农经系。1938年11月复课，在成都金陵大学农学院农经系读书。1941年2月—1943年8月，在成都留任金陵大学农学院农经系，任助教。1943年9月—1945年1月，在四川省重庆市北碚北温泉公园图书馆研究部任主任。

1945年2月—1952年8月，在金陵大学农学院农经系先后任讲师、副教授。1953年9月，从南京农学院调入沈阳农学院农经系，任副教授。长期

1950年在苏北农村带领学生开展调查（右一为杨家骓）

担任教研室主任，讲授农业企业组织与管理课程，同时兼任沈阳农学院农场管理委员会秘书长。虽然远在东北，他仍没有忘记扶助南京仓巷的老家，必定每月从工资里寄钱回去补助家用。1954年12月20日任沈阳农学院东陵实验农场场长。1969年8月随沈阳农学院下放，举家搬迁至辽宁省昌图县三江口农场。1970年5月17日，在三江口农场放羊时为抢救走上铁轨的羊，被火车头刮碰造成腿部粉碎性骨折。随即辗转沈阳、锦州、天津及在现今通辽市科尔沁左翼后旗甘旗卡等医院寻求治疗，但还是留下了后遗症。

1984年春，他回到沈阳农业大学，担任图书馆委员会主任。在此期间，他继续研究土地利用及中国农业史，写有"中国土地制度史""中国农业区划简史""中国土地利用问题——耕作制度"等等二三十万字文稿。他说：我是研究农业史的，虽说调来东北三十余年，但对东北清代以前的农业发展，还是有着"缺口"。于是，他利用馆藏资料，1986年完成了《清前我国东北地区社会演变与农业发展简史》，对此问题的研究起到抛砖引玉的作用，同时也考虑为该校图书馆成立研究部做一些准备工作。

1985年9月10日教师节，杨家骓获得辽宁省高等教育局颁发的从事教育工作三十年光荣证书，同年获得中华人民共和国农牧渔业部颁发的执教四十年光荣证书。1990年2月，受聘于中国农业经济学会下设的农业经济史研究会，担任顾问。1992年10月1日，经中华人民共和国国务院批准，享受国务院政府特殊津贴待遇。

他豁达乐观，为人耿直，疾恶如仇。做事从不计较名利得失，但求内心坦然。勤勤恳恳治学，认认真真研究，正正直直做人。从教五十余年，毕生致力于农业经济教学与科学研究工作，注重理论与实践相结合，尤其在乡村社会学、中国农业史、农业企业经济管理等领域有相当造诣。

在杨家这个大家庭里，杨家驷对每个人都关怀备至，尽力帮助，是名副其实的杨家"大家长"。抗战逃难时，他是家里主要劳动力，捆扎、搬运行李。他风趣幽默，外甥、外甥女都喜欢他、尊敬他。

很多年以后，他的外甥夏祖灼，满怀深情地回忆起抗战时期在成都的生活："由于三舅、小舅都在成都，所以我虽然三年都未回过家，也有着与家人在一起的感觉。三舅已工作……他生活很节俭，省出钱来满足我们一些临时的需要，如买书和文具等，同时，还常常约我们出去改善改善生活。""三舅觉得我们三人的专业搭配很好，将来可以合作办一个农场，大体的设想与现在所说的大城市郊区农业类似，虽然都是纸上谈兵，但那时我们确实都兴致勃勃，把这作为以后发挥专业知识的主要方向。""由于当时学校的伙食都不太好，三舅每隔一些时候就带我们去城里一次，找家小饭馆改善生活。成都的小吃很有名，饭馆很多，而且都是开设多年的老店，每家有其传统的菜肴，价钱一般也不算太贵。我们当然还是找最价廉物美的去享用，从毛肚开膛、豆花便饭到炒上几个菜，三年中真是走遍了成都的大街小巷。"

杨家驷：培育优质果种的高级农艺师

杨家驷（1920—1997），著名果树专家、教授级高级农艺师、太湖地区常绿果树技术推广工作奠基人，毕生致力于果树理论研究和实践工作，使江苏省常绿果树成为我国北移的范例。

他是八个兄弟姐妹中最小的一个，由于父亲杨紫极过早去世，母亲自然疼爱有加。他在《自传》中这样描述母亲，"母亲张淑贤是我最喜欢的人，也是我心目中最佩服的妇女，她辛苦将我们兄弟姐妹在艰苦情况下

杨家骃像

培养大，再困难也想尽办法让我们读书，从不怨言，每天起早贪黑，自己吃坏的，穿坏的，但不使我们受任何冻饿，这影响着我们兄弟几个不愿结婚，愿将自己所得交母亲，使母亲晚年过得舒服一些，想做一个孝子来报答母恩"。

杨家骃1944年毕业于金陵大学农学院。曾任四川省成都高级农校园艺科主任，重庆师范学院农场主任。新中国成立后，任南京高等农业学校教导主任，1951年任华东农林干部学校副教导主任。同年9月，认识了刚刚从苏北农学院毕业分配来的青年教师张莲君（1928—2009）。1952年4月5日两人结婚，没有婚纱、没有聘礼、没有嫁妆、没有喜酒、没有闹新房，一切程序都取消。婚后，张莲君是他的得力帮手，除了做好自己的植物保护专业，还挑起了照顾家庭的重担。

1952年9月，夫妇二人调入华东农业科学研究所（当时包括江苏、安徽、浙江、山东、福建五省，后改为中国农业科学院江苏分院、江苏省农业科学院），杨家骃在园艺系，张莲君在植保系。

1958年，张莲君主动要求下放吴县洞庭公社任果树技术员，子女也从南京迁入。那时杨家骃还在省农科院工作，东山是省农科院蹲点实验单位，夫妇共同研发的银杏挂雄授粉增产新技术，使得产量增加5—10倍。1972年10月，杨家骃也从江苏省"五七干校"来到洞庭公社任果树技术员。

1976年"文革"结束，迎来了科学的春天，各条战线百废待兴，在县领导重视下，杨家骃建成吴县果树研究所，他任所长。1978年8月张莲君调入吴县果树研究所，也就是在这时，江苏省农科院打算安排杨家骃回去工作，并承诺子女可以一并安排；南京农学院也希望他去任教。当时他心里还是有些犹豫：自己本来就是南京人，仓巷还有房子，回南京生活确实可以过得舒适些，子女也可以安排得好些。但一想到研究所成立不久，很多试验项目仅开了个头，如果回南京，那么前半辈子搞的常绿果树科研工作就会半途而废。于是，他们还是留了下来。

一开始困难重重，科研经费、科研人员、科研项目都要一一去争取。杨家骃忙得没日没夜，抽烟一支连一支，每天要说大量的话。张莲君非常心疼，除了安排好植保组长分内的工作，还帮助他抄写文件、文章（那时没有复印机），尽量在生活上照顾他，家里的事从不让他分心。他们再次携手，度过了人生里最有成就的十年，最扬眉吐气的十年，也是研究所的项目与收益快速持续增长的十年。

1972年后，从事果树北移后柑橘、枇杷、杨梅抗寒性调查和品种选育研究，小气候调查测定试验及常绿果树冻害发生原因和防冻措施研究等。1980年后，选育出抗寒、早熟、丰产的柑橘品种10余个，以及白玉枇杷、大果形枇杷、大佛指银杏、梅等多个新品种，逐步在太湖地区形成10万亩常绿果树果品生产基地，成为中国常绿果树北移的范例。他主持的科研项目曾先后获农业部科技进步二等奖、三等奖，主持的国家"六五"科技攻关项目获江苏省科技进步三等奖。1983年，杨家骃当选为全国第六届人大代表，被授予江苏省劳动模范称号。1985年，吴县研究所更名为江苏省太湖常绿果树技术推广中心。1992年享受国务院特殊津贴。先后担任《江苏柑桔的栽培》主编，《中国果树志》《中国枇杷志》《中国杨梅志》《江苏果树志》副主编，《中国柑桔志》编委，参与编写《中国果树栽培学》《中国名特优柑桔及其栽培》。

杨家四姐妹：平凡而又有意义的一生

杨紫极生有四女，分别是家鹤（1903—1980）、家鹏（1905—1991）、家麟（1907—1991）及家雏（1916—2011）。

1960年前后四姐妹合影（左起为杨家麟、杨家鹤、杨家鹏、杨家雏）

长女杨家鹤。1921年，时年18岁，嫁给夏家的夏承枫（1898-1935）。夏承枫，字湛初，中央大学教授，是夏仁溥的长子，国学家夏仁虎的侄子。在十三年的职业生涯中，他循序以进，历小学教师、中学教员，大学助教、讲师直至教授。

1935年，37岁的夏承枫英年早逝，留下5个子女。在这样的情况下，杨家鹤毅然担负起安抚上下的责任。抗战期间，随娘家避居四川。为了生活，她毅然走上社会，担任小学教员和职员补贴家用。在她的培养下，五个孩子健康成长，陆续考入大学，走上社会。作为大姐，她对杨家家庭成员的照顾也很多。杨家骃在自传中写道："抗战后，她一直跟母亲在一起，很爱护我们弟妹，尤其母亲死后，每逢星期日或假日均住在我们仓巷家中，帮助料理一些家事。"

新中国成立后，她将颜料坊老宅捐给国家开办小学。进入南京一中工作后，她任图书管理和总务工作，无论做什么都全身心投入。退休后与在南京南京农学院任职的长子夏祖灼生活在一起，还担任其学校家属委员会主任。

次女杨家鹏。幼聪慧好胜，性格开朗，幽默风趣，从女子师范学校毕业后成为一名小学老师。因为大姐夫夏承枫与卢前是同在大学任教的亲戚，卢前将李清悚介绍给夏承枫，结为好友。于是，夏承枫将妻妹杨家鹏介绍给李清悚，二人遂结为连理。在临终前，夏承枫将孤孀弱子托付给李清悚。李清悚（1903—1990），号晴翁，家住城南珠履巷（今天"金沙井"的一段）。1926年毕业于东南大学，是近代著名教育家陶行知和陈鹤琴的学生，曾任江苏第八师范学校教务主任。1927年，李清悚创办首都中区实验学校，实践陶行知教育思想，蔡元培先生题写"开校纪念"碑铭。1933年，学校改称为南京市立第一中学，李清悚设计校徽，为校歌作词。杨家许多子弟都毕业于此校，受到了良好的教育。抗战前夕，在花露岗33号建有自己的住宅。

抗战期间，李清悚在重庆创办国立二中，任中央大学教授、教育电影制片厂厂长、教科书编辑委员会副主任。新中国成立后，任上海师范大学教授、民革上海市委顾问、上海教育学会理事。一生撰写专业著作丰富，主要有《帝国主义在上海的教育侵略活动资料简编》《东游散记》《师范乡村师范小学教材及教学法》《初中本国史》《少年科学文库》等。

杨家鹏随李清悚来到上海之后，参与筹建上海师范大学幼儿园。退休后又当过师院家属委员会主任，学校所在地推举她为人民代表。她与丈夫相濡以沫，培养教育的七个孩子及配偶中有两名院士、六位教授、六名高级职称或高级人才，实属罕见。子李泽椿（1935—），出生于南京，天气动力和数值预报专家，中国工程院院士，创建了中国第一个数值天气预报业务系统，建立了国家级中、短期数值天气预报的业务体系。现任国务院应急办专家组成员、国家环保部两委委员、国家民政部减灾委专家组成员，南京信息工程大学及中国气象科学研究院硕、博士生导师。李泽琳的丈夫，女婿曾毅（1929—2020）为中国科学院院士，原中国预防医学科学院院长、中国疾病预防控制中心病毒病预防控制所研究员。

杨家麟，1934年与丈夫袁寿椿结婚。袁寿椿（1908—1988），1932年毕业于中央大学地理系，1935年留学英国伦敦大学。回国后先后受聘于贵阳师范学院、东北大学、杭州大学，曾在李清悚任校长的一中做过地理老师。杨家麟嫁入袁家后，操持家务，抗战期间也做过小学教师。1973年，袁寿椿退休回宁，与杨家麟安度晚年。他们的孙子袁康跃回忆：奶奶非常有包容心，为家庭而活着。因为生活在一个大家庭里，每天晚上全家人下班回来，她开始点人数，遇到小孩子放学回来迟到，她会着急，说总觉得"心里面扑通、扑通地跳"；虽然家里不是太缺钱，但是她特别"惜

1978年，杨家麟、袁寿椿、杨家鹤在苏州与杨家驷夫妇合影

物"，打碎了东西，会生气。爷爷退休后依然热爱读书。在一个炎热的夏天，爷爷在老式楼板房的二楼读书。奶奶让他给爷爷送去切好的西瓜，他淘气地把摊开的书给合起来，爷爷也不生气，不紧不慢地又打开刚才看的那一页。一会奶奶让他上楼去拿碗，结果西瓜一块也没有动过……

杨家雏，生性老实，在小学任教。退休后因仓巷78号破旧无法再住，自1973年开始，弟弟杨家驷把她接到苏州，与全家一起共住，并不允许子女说闲话，生前还多次对子女说要对她负责到底。1993年南京教师公寓成立，进入教师公寓，生活无忧，随着年龄逐年增大，需要人为她管理生活，好在她有17个外甥、外甥女，7个侄子、侄女，虽遍布全国，但也不影响对她的关怀。住得最近的袁家每月帮她领工资，交公寓费，余款帮她存入银行，记录收入支出账，还经常送些好吃的。1998年发现乳腺癌。2007年，她已91岁高龄，不慎摔断了股骨，杨家驷的子女随即将其接到苏州治疗，并住进了老年病医院，其间李家、杨家兄弟姐妹数次看望，并多次捐款治病，直至2011年11月去世。

今天，太湖边的东山华侨公墓，杨家"家"字辈的杨家驷与张莲君、杨家骎与孔德耀、李清悚与杨家鹏及杨家雏安葬于此。这里成为他们相聚永远的归宿地。

十六、动漫鼻祖：箍桶巷万家

箍桶巷31号，东西向四进穿堂式建筑，面积650平方米，是有着"中国动漫鼻祖"之称的"万氏四兄弟"（万籁鸣、万古蟾、万超尘、万涤寰）的旧居。他们开创了中国动画史上的三个"第一"：1926年的第一部动画片《纸人捣乱记》，1935年的第一部有声动画片《骆驼献舞》，1941年的第一部动画长片《铁扇公主》。后来的《大闹天宫》当然更是风靡全球。2002年，万古蟾之子，西安交通大学的万百五教授，在接受学者张慧临采访时说：父亲和他的兄弟们都是老实、本分人，尽管他们从20世纪20年代以前就到了上海，但还是满口南京话，与十里洋场格格不入，没有受到不好的影响（《回忆我的父亲万古蟾》）。

万氏旧居门前的历史建筑标识牌　　　　万涤寰先生嫁接的一株野枣树

母亲：用爱心用智慧让顽童们安静下来

万氏兄弟的父亲万宝葵（？—1921）是个读书人，但因为没有功名，被族人看不起。母亲是个坚强的人，宁可过苦日子也不看别人的脸色，

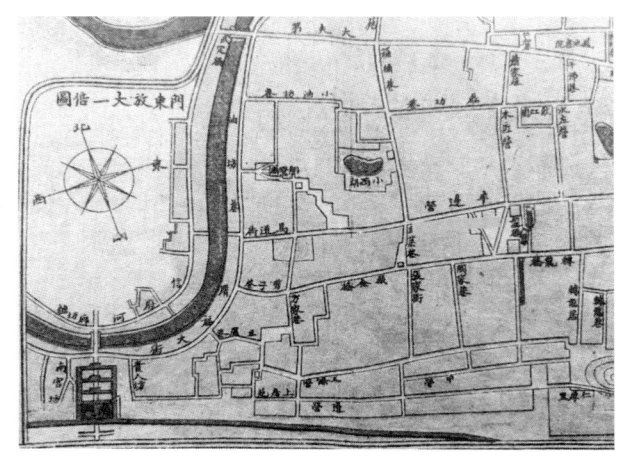

20世纪初老地图（半边营）

于是从祖居黑廊搬到了陶家巷。后来父亲改行做绸缎生意，日子渐渐好了起来，在半边营购置了一处房产。

男孩子多，吵闹不已。为了使孩子们"安宁"，求得"太平"，母亲让父亲从上海捎回各种画片，香烟纸盒，绘画用的铅笔、毛笔，还有关于中国画的画册。白天，母亲安排他们围着一张大方桌静静地描摹；夜晚，在油灯的映照下，母亲用各种手势，将鸡、狗、牛、羊等动物的形象，落在他们的蚊帐上，也落在了万籁鸣及其兄弟们的心田里。谁也未曾想到，那些"兔儿拜月""老农归田"等梦幻而又真切的场景，便是他们最早的"动画"之梦。

儿时，万籁鸣跟着母亲学剪纸花。他一生钟爱的"艺术剪影"和"剪纸影片"，都来自母亲的传统民间技艺"剪纸花"。后来，他把摄影技术与传统剪纸结合起来，在极短的时间内"捕捉"人物的最佳神态，越来越多的艺术剪影作品在《良友画报》刊登，使得剪影这一艺术形式受到了人们的赞赏和欢迎，也使得日后，黑纸和剪刀总是在他随身携带的皮包里。他认为"好的摄影必然是主客观的统一""神采的捕捉与完美的技艺，相互间是红花绿叶、相辅相成的关系""只有在自然的情况下才能充分显示出他的最佳神态"。摄影人就要选择最佳时间，咔嚓一声，完成摄影任务。之所以能够悟出这个道理，是因为他曾经拿起爱人的剪影，与她放大的照片反复对比……

万籁鸣：向夫子庙穷画师学习

1910年，万籁鸣在小膺府街上私塾，因为讨厌死读书，上课时把老师的怪形象画了下来，结果被老师发现。除了打手心和罚跪之外，老师还拿走了画并告发给他的父亲。父亲于是狠狠地打了他一顿，不久便将他转入教会小学读书。

父亲严厉禁止万籁鸣学画画，并且经常用夫子庙的穷画师来警告他。一方面是因为画师社会地位低下，"画神画鬼糊不了嘴"。更重要的是来自家庭的压力：在西方列强的侵略下，市场被洋货垄断，父亲的绸缎生意也越来越难做，债台高筑，到了破产的边缘。万籁鸣形容："我的家就好像是个纸灯笼，一经风吹雨淋，马上就破得不成样子。"

慈爱的母亲看着儿子被打，心中不忍，同时，儿子强烈的兴趣和日益进步的绘画水平也打动了她。渐渐地，母亲鼓励他。同时，由于"新学"盛行，画画这门技术，在人们心目中的地位也稍稍有所改变。在母亲一次又一次的劝说下，父亲见儿子死也不回头，便无可奈何地同意他们一边上课，一边在家自学绘画。

于是，连续几个寒暑假，万籁鸣都到夫子庙里的画室去看画师画画。其中有一位王姓老画家，不仅让他看画，而且还告诉他怎么着墨、怎样运笔、什么是章法等等。可惜的是，后来好几次去画室找王老，人都不在，其他人只是淡淡地说他生病了，也不肯说他家的地址，从此万籁鸣再也没有见过他的第一位老师。

在夫子庙民间艺人表演的皮影戏里，万籁鸣看到了《西游记》里面的人物，于是回家从父亲的书箱里找到了线装本的绣像《西游记》。在家里摆上一盏小油灯，拉起一块白布做幕。他和弟弟们用筷子支撑起硬纸人，在幕布与油灯之间晃来晃去，唱着喊着，操作十分认真。几家邻居的孩子凑在一起看他们表演。

为了学习工笔人物画，他来到夫子庙贡院西街，向那些穷画师学习国画技艺。在打下了较为扎实的基础以后，就接着练习起山水画、花鸟画，然后把它们与人物画配合在一起，相互烘托，相得益彰。

高中毕业后，面对贫困的家境，万籁鸣不忍心用家里借贷来的钱读书，每天花费十几个小时在家里苦学画画。后来有人帮助介绍他去南京高等师范学校教务处为上课讲义刻蜡版。因为他有绘画功底，字迹秀丽清晰，插图精巧美观，很多上课的老师得知后，都指名让他去刻印讲义。他刻过解剖学、动物学、植物学讲义，还刻过顾颉刚先生《说文解字》的讲义，使得他对伟大的古代文字有了粗浅的了解。有了一些收入来源后，他一文不少地交给母亲，心里也觉得很宽慰，终于能够分担家庭生活的担子了。那时，陶行知先生是教务主任，对万籁鸣十分同情，鼓励他在做好工作之余，还要努力学习，将来也会有前途，还要他抽出时间去听自己的课。只是后来，他被人排挤出学校，又失业在家。

1917年，上海商务印书馆向全国招聘工作人员，17岁的万籁鸣在报纸上看到了招聘广告，第二天一大早便把画稿寄出去。等了很久，总算盼到了录用通知书。家里人都为他高兴，唯独母亲默坐一旁，暗暗流泪，嘴里喃喃地说："这么小年纪就独自离家出外工作，命多苦啊！"

说起万籁鸣与妻子陈霭卿的结合，还有着一个为亲友们称道的"画中缘"故事。陈霭卿出生于南京一个富有的大商人之家，但那时家族已经走"下坡路"：十岁时，父母去世。她有好几个哥哥姐姐，但有几个哥哥、姐姐也相继去世，最后剩下她和大哥、二哥。两个哥哥在外忙着经商，她是陈家最小的妹妹，小小

1922年拍摄于半边营旧居的万籁鸣与陈霭卿结婚照
（原图载于李保传《万籁鸣研究》）

年纪就操持家务。她聪明、直爽，心地善良，待人亲切和气，针线、刺绣无所不会，人也长得端庄，亲戚朋友没有一个不说"陈家小妹妹"好的。那时女子盛行早婚，她还未到成年，说亲的人就不断，可她总推说婚事要哥哥做主，自己年纪还小，家里少不了她，都婉言谢绝了。她的二哥为人正直，对妹妹的婚事一直牵挂在心。平时很多人家来做媒，二哥看来看去，总觉得尽是些纨绔子弟，不满意。

万籁鸣有一个中学同学，是陈家小妹妹的表哥。因为非常喜欢万籁鸣的画，每有新作，总是先睹为快，并且逢人便夸。有一次，他拿着一幅万籁鸣的《鱼儿嬉水》水墨画，到陈家给他们兄妹看。哥哥没说什么，妹妹拿在手里仔细欣赏，沉吟了一会儿问："这是谁画的？他平素为人如何？"于是，表哥就把万籁鸣的人品、学识、如何刻苦自学美术以及自己与他的友谊等，都告诉了她。在一次偶然的机会，陈霭卿二哥见到了万籁鸣，觉得人品好，印象不坏。当时碰巧陈家要替外公画张遗像，二哥找出一张一寸大的旧照片，由同学转交，让万籁鸣画一张放大的炭粉画像。很显然，是要试试他的本领。于是，万籁鸣用心画了一张炭粉画，二尺来长，人物栩栩如生……

他们夫妻之间感情一直很好，即便是在"文革"期间，孙悟空"蒙冤"，万籁鸣也随之被批斗、被审查。每晚，他的妻子都在车站等着，一站就是一两个小时。每次下车见到她，他在心里默默地念着："我要活下去，就是为了她，我也要活下去。"然后，他们相互搀扶着，步履艰难地走回家去……

四兄弟：从老门东走出的中国动漫"鼻祖"

1917年，万籁鸣来到上海，在商务印书馆美术部、活动影戏部创作广告画，并为杂志绘插图和封面，走上了专业绘画的道路。在他的影响下，三个弟弟万古蟾（1900—1995）、万超尘（1906—1992）和万涤寰

万氏四兄弟及家人在上海合影（左起万超尘、万古蟾、万古蟾夫人、万籁鸣夫人陈霭卿、万籁鸣、万涤寰，原图载于李保传《万籁鸣研究》）

（1907—1999）陆续考入上海美术专门学校，毕业后都在商务印书馆影戏部工作。凡是认识他们的人无不啧啧称奇：兄弟四人同在一个单位工作，工作性质相同，而且都爱好美术。

1925年，在上海闸北天通庵路三丰里，万氏兄弟在租借的一幢石库门二楼亭子间里，开始试制动画片。他们受到"活动西洋镜"的启发，尝试着让电影技术与中国传统美术相结合，让中国画上的山水、人物动起来。1926年，他们拍制出一部真人和动画合成的动画短片《大闹画室》，宣告中国动画片的诞生，并且将自己的原名"万嘉综、万嘉淇、万嘉结和万嘉坤"，改为今天大家熟知的艺名"万籁鸣、万古蟾、万超尘、万涤寰"。

1931年起，他们先后在联华影业公司和明星影片公司制作动画短片，如宣传抗日的《同胞速醒》（1931）、《精诚团结》（1931）、《民族痛史》（1932）、《血钱》（1932）等。抗战爆发后，又制作了宣传抗日救亡的动画短片《抗战特辑》（1938）、《抗战标语》（1938）和《抗战歌辑》（1938）。1937年8月13日，淞沪战役爆发，他们的住处闸北天通庵路是日军进攻的主要目标之一。就在他们逃离的那天晚上，里弄被猛烈的炮火击中，引起大火，家中所有东西付之一炬，包括他们多年来辛辛苦苦搞起来的动画机器设备。

1940年，万氏兄弟在上海创作完成胶片长达八千余尺的有声动画长片

《铁扇公主》。这是亚洲第一部有声动画片，也是一部宣传反抗精神的佳作。故事情节生动，暗喻"团结一心，联合大众，才能打败牛魔王（日寇），取得最后胜利"。

1954年，上海美术电影制片厂邀请万籁鸣担任艺术顾问，他从香港回到上海。1956年，万古蟾进入上海美术电影制片厂任导演，开始研究剪纸影片。1958年，他拍摄出中国第一部独具特色的剪纸片《猪八戒吃西瓜》。1959年以后，又陆续完成了《渔童》（1959）、《济公斗蟋蟀》（1959）、《龟猴分树》（1959）、《人参娃娃》（1961，获第一届埃及亚历山大国际电影节最佳儿童片奖），并与钱运达联合导演了《金色的海螺》（获第三届亚非电影节卢蒙巴奖）等剪纸片。万古蟾吸收中国民间艺术皮影、窗花、剪纸等表现技巧，采用雕镂刻剪的工艺手法，为中国美术电影开辟了一个新片种——剪纸影片。

1960年，万籁鸣编导动画片《大闹天宫》时，已经60岁。这部长达70分钟的动画片上映后，立刻引起国内外轰动。他谦虚地说："美影厂领导为我提供了极为优越的工作条件，聘请了好几位才能杰出的同志和我一起工作，如人物造型美术设计是张光宇、张正宇同志，另外还配备了一批得力的助手和工作人员。我们多次去北京等地出外景，上海交响乐团、上海京剧院乐队都给了我们很多帮助。"1978年，《大闹天宫》以集中国山水画等传统艺术为一体的独特风格，在伦敦电影节得奖。一位美国影评人说："看完《大闹天宫》，我们就应该承认万籁鸣世界艺术家的地位。"《世界报》评论："《大闹天宫》不但具有一般美国迪士尼作品的美感，而造型艺术又是美国迪士尼作品所做不到的，它完全表达了中国的传统艺术风格。"至今，这部杰作已在40多个国家和地区放映，创美术片出口的最高纪录。美猴王已成为世界亿万人民喜爱的艺术典型，为祖国和人民赢得巨大荣誉。

20世纪80年代，《铁臂阿童木》在国内风靡。日本动画始祖手冢治虫来华访问，提出的唯一要求便是拜访万籁鸣。他坦承，铁臂阿童木是受了

"孙悟空"的启发后创造的。他说:"1941年,我十三四岁的时候,有幸看到了万籁鸣先生根据《西游记》改编的动画片《铁扇公主》,留下了深刻的印象。当时我想,这才是我们亚洲人的作品。当时也有美国动画片,虽然有趣,但因国民性不同,总有难以理解的部分。中国人构思的动画片,完全就像邻居制作的动画片。观众之多,出现的盛况在日本还是第一次。这就是我想做动画片的最初原因。"

万古蟾的儿子万百五,在《回忆我的父亲万古蟾》一文里写道:"万氏兄弟之所以能够成为我国动画的创始人,最为重要的条件是他们四人团结一致、互相提携、不计较个人名利的兄弟亲情。"

万涤寰:用相机支援西部开发

万涤寰(1907—1999),出生于南京,"万氏四兄弟"之一,育有五子一女。

抗日战争爆发后,经过四人商量,万籁鸣带着两个弟弟随同"上海救亡演艺队"西迁,万涤寰留守上海并改行开照相馆,将收入用来维持所有家属的生活。应该说,此举对于万涤寰而言,离开自己热爱的事业,还是

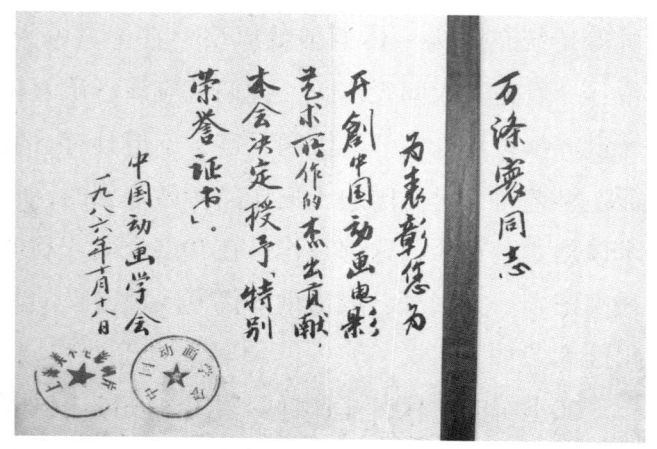

万涤寰像   中国动画学会颁发的荣誉证书

做出了一定自我牺牲的。

半边营的房子，毁于抗日战争时期的战火。箍桶巷的房子是万氏兄弟的父亲花了4万银圆买来的。因为这里是自家房产，不需要付房租，学费和生活费也比上海少了许多。1955年，万涤寰的妻子带着四个最小的孩子回到南京。

1956年，为响应支援西部建设的号召，万涤寰作为第一批上海商户奔赴河南洛阳，带去了所有的照相设备和工作人员，以及当时先进的照相技术。作为经理的万涤寰，从早晨开门迎客拍照开始，到晚上冲洗、扩印，一直忙忙碌碌。虽然艰苦却很乐观，他不但学会了讲河南话，还会哼唱豫剧片段。他每个月将70元工资里的50元寄回南京。

只有在休假时，万涤寰才能回来。但就是在这段时间里，他总是带着子女一起玩些新颖的东西，比如养金鱼画金鱼，比如嫁接树苗。即便不在孩子身边，也总是有求必应，而且特别有耐心。幼子万复兴在南京养金鱼，写信请教父亲，总能得到父亲图文并茂的回信。在信中，父亲将金鱼产子、长成小鱼的过程全都画了出来，还有水草的模样。经过饲养，万复兴发现其过程和父亲画的一模一样，从而感受到了父亲观察的细致以及画笔的神奇。

1986年，即将80岁高龄的万涤寰收到了一份中国动漫学会颁发的"特别荣誉证书"，表彰他为"开创中国动画电影艺术所作的杰出贡献"。对他而言，既是一份祝贺，也是一份对他为万氏家族做出奉献的认可与鼓励。

万复权：用小说记述时代变迁

万复权（1941—2014），是万涤寰的第三个儿子。自小喜欢听母亲讲故事，尤其是讲述万氏兄弟动画片里的故事。

1964年，万复权毕业于徐州师范学院，分配到洪泽县任教。每到假

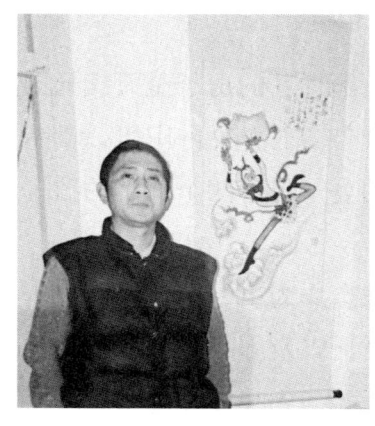

万复权在万籁鸣的画作面前留影　　　　　　万复权与父辈合影

期，他都会去洛阳和南京看望家人。在他的影响下，他的一个学生在县城开了一家照相馆。

二十世纪八十年代，万复权调回南京，在财经学校担任语文教师，与同样是教师的妻子还有孩子们团聚在一起。

1985年，万复权随父亲去上海，参加大伯万籁鸣、万古蟾的80岁生日。在那天，他得到了大伯父给他的一幅漫画《孙悟空献桃》。万籁鸣对他说，自己"始终保持着旺盛的童心，乐观开朗，经常挥笔画画，因而身体健康，精神矍铄"。他认识到伯父《大闹天宫》作品里的孙悟空形象之所以获得成功，真正原因是在吴承恩原著的基础上，大伯父给孙悟空增补了"一股压不住的活力"，注入了"现实生活中正直的人们的高尚品质"。

作为一名语文教师，万复权一直向学生们教授如何写好作文，怎么去观察生活，怎么把自己的亲身体会写到文章里去。女儿万芳回忆，父亲教学方式与众不同，教应用文写作，他不从课本说起，而是点评大家当时耳熟能详的广告词。对于教自己如何写好作文，方法也是别出心裁：听到女儿说第二天要交作文，父亲漫不经心地说"先吃饭"。然后他口述，女儿笔录。第二天，上交的作文自然成了范文，老师在课堂上宣读，女儿的"虚荣心"自然大大地获得了满足。一段时间过后，父亲突然宣布必须自已写。经过如此的"赶鸭子上架"，万芳的作文水平竟然没有下降，反而更上一层楼。究其缘由，还在平时父亲教育如何细心观察，如何细腻表现。比如父亲带她去照相馆洗照片，从100张中挑选30张，从构图到采光，一一分析、一一商量。

万复权2001年退休，2004年开始着手创作一部49万字的长篇小说《暖冬》，2009年完稿。他的弟弟万复兴回忆，哥哥创作尤其勤奋，仅仅修改定稿所花费的时间就有4个年头。小说以一个女教师的视角叙述，在等待高级职称评定结果的三天外出旅行中，回放了近五十年的社会变迁："文革"下放、回城工作，一直延伸到即将退休。以文学的手法描述了社会变迁的重大事件及其时代背景和多个人物的命运。

他记录了1988年的夏天："整个七月，气温在摄氏三十五度以上的高温天气已持续了二十多天。甚至还出现了几天温度达摄氏四十一点五度的绝对高温天气，创本市有气象记录以来的最高气温。还不到中午时分，马路上的柏油路面，便开始发软，开始融化，脚踩在上面，一不小心便会将鞋子粘掉。还不到中午时分，街上已很少见到行人的踪迹。路上往来的车辆也很稀少。整条街，整条街的成了寂静的空巷。唯有马路两旁高大的法国梧桐树上的蝉们在不知疲倦地无忧无虑地欢唱着。越是炎热，它们唱得越是起劲。它们时而独唱，时而小合唱，时而大合唱，有时甚至还有领唱的。"

他记录了家庭生活的温馨："如果没有什么特殊情况的话，中午他们都不回家，在各自的单位食堂用餐。只有在晚饭的时候，夫妇俩在一天的辛苦劳作之后，重又聚在一起。晚餐的时间是他俩一天之中心情最为放松，时间也最为宽松，他们不必为赶时间去上班而显得匆匆忙忙的。尽管晚餐没有什么精彩而又费时的菜，但有的是白天所缺少的宝贵时间。夫妇俩可以从从容容地在餐桌边无拘无束、随心所欲、饶有兴趣地聊天、说笑、沟通。这是他俩的天地，很有家庭的氛围，挺温馨的、挺惬意的。有时，晚饭过后，俩人谁也不开口，谁也不说话，面对面的，四目相视，良久，双双发出会意的微笑。夫妇俩经过三十多年的磨合，可以说，已经做到了、你中有我、我中有你、知己知彼、心心相印的境界。因此，在他俩之间，不需要过多的话语，也不需要过多的肢体语言，有时候只需一个眼神，哪怕是一个极其细微的对旁人来说难以觉察、难以捕捉得到的暗示，对他俩来说已经足够了，已经是再明白不过的了。"

在现代化的都市里，因为体验过小城镇的宁静安适的生活，所以他和妻子都期盼着能够带上孙辈去洪泽湖畔，重新"安家落户"，好好享受这远离都市喧嚣、自由自在、自由呼吸及慢节奏的乡村生活："不知道是什么原因，近来她十分向往过农村的田园式的生活。她又十分怀念那段刻骨铭心的十年下放农村的日子。那时候的政治空气太浓，那时候的物质生活匮乏，那时候人们都胆战心惊地过日子。现如今却大不一样了。听说这几天老队长王东望和他的女人荷花就要来了。如果有机会，一定要和他们俩聊聊这件事。问问他们，有没有能够看得见洪泽湖的草房子，或租或买都行。"

万氏后人的讲述

1985年，由万籁鸣口述，他的大儿子万国魂执笔，共同完成了一部珍贵的回忆录《我与孙悟空》。万籁鸣追忆1951年夏天，他和弟弟身在香港。儿子万国魂从上海写信给他，特别提到了美术电影在祖国快速发展的现状。万籁鸣回想起在旧社会，在旧上海，自己和弟弟们赤手空拳创业的艰辛。于是，深埋于心底的愿望油然而生，他相信：只有回去，动画艺术的理想才能得到实现。万籁鸣的小儿子万国伟，从上海海事大学退休多年。他说，自己的儿子万向平从小也喜欢动漫，其作品《消防队员的故事》还在市里获过奖。万向平长大后，在经营实业的同时还做过动漫，曾经创办了一份杂志《动画大王》。

万古蟾的儿子万百五，说父亲是一个很勤奋的人，几十年如一日坚持早晨6点起床后，不是拿上纸笔坐在窗子前观察来往的行人画速写，就是写一张大楷或小楷，然后去上班。这个习惯一直坚持到晚年。他认为父辈留给自己最大的精神财富，就是"勇于实践、刻苦钻研和勤奋执着"。

万复权的女儿万方，曾经与好友一道成立过一个卡通工作室，试图继承父辈的事业，但因为巨大的经济压力而没有能够延续。有一次，万芳问起爷爷万涤寰是什么样的人，万复权回答：就像袁隆平一样，待人诚实，对家人有担当，对事业有责任心。喜欢在第一线工作。特别有钻研精神，工作专注，有想象力和创造力。这样的精神，一直激励着她。

十七、不丢"根本":汉口路陈家

陈裕光旧居位于汉口路71号,建于1920年,是一座西式风格的3层楼房。占地面积1795平方米,建筑面积575.5平方米,内部有木地板和木质楼梯,青砖青瓦,简洁明快。它是陈烈明留给儿子陈裕光的遗产,20世纪80年代后期,陈裕光一直居住在这里。这幢住宅与相隔不远的南京大学北大楼,都是由陈烈明建造。

旧居南侧的立面

1988年5月陈裕光与家人合影

陈烈明:"陈明记营造厂"厂长

陈烈明(1866—1957),浙江鄞县人,木工出身,是从浙江宁波迁往南京的移民。清光绪二十三年(1897),他在莫愁路87号(位于今天的莫愁路68号附近)开办了南京首家营造厂——陈明记营造厂。"营造厂",相当于今天所说的建筑公司。由于陈烈明先生忠厚老实,吃苦肯干,通过诚信经营,在社会上赢得了好口碑。据说"凡用棱形鱼鳞瓦作屋面之建

陈氏家人合影（前排右二陈烈明，后排右二为陈裕光、右四为陈裕华，左二戴眼镜、抱孩子的是陈裕华夫人黄丽明）

筑，均为陈明记营造厂所建"，如金陵大学北大楼、金陵女子大学、金陵协和神学院、基督教莫愁路堂等工程。

陈烈明与妻子黄贞芳（1873—1960）有9个孩子，他给后代确定的字辈排序是"裕""隆"……于是，5个儿子的名字分别是裕光、裕华、裕康、裕良和裕耀。4个女儿的名字就显得丰富多彩一些，分别是圣婉、竹君、信美和越梅。

陈烈明不仅善于经营管理，还非常重视子女的教育。长子裕光是优秀的化学家和教育家。次子陈裕华取得了建筑设计与土木工程的双学位，成为他的好帮手。抗战胜利后，陈烈明年事已高，营造厂由其次子陈裕华及三子陈裕康分别担任总经理、建筑师继续经营，陈裕耀和陈信美奔赴美国留学。陈竹君毕业于金陵大学，后赴美留学，在欧柏林学院获文学硕士，曾经是金陵大学英语教师。陈越梅曾经在燕京大学任教，她的丈夫杭立武在抗日战争时期建立南京难民保护区，并组织力量将故宫文物安全运往大后方。

陈裕光：首位金陵大学华人校长

陈裕光先生像

陈裕光（1893—1989），我国著名化学家、教育家，金陵大学首任华人校长。就大学校长而言，有这样的说法："北大有蔡元培，清华有梅贻琦，南开有张伯苓，而金陵大学则有陈裕光。"

1893年3月8日，陈裕光出生于朝天宫西北面的四根杆子（今莫愁路415号）。父亲按照古训"至乐无如读书，至要莫如教子"的要求，强化启蒙教育。1901年，入蒙馆，师从陈省三先生。他天资聪慧，七岁即能流利背诵"三字经""百家姓""千字文"。陈先生给出的评语有"清声而便体，秀外而惠中"。

1905年，进入汇文书院（1910年更名为金陵大学，南京大学的前身之一）附中成美馆。在他的同学中，就有鼎鼎大名的吕彦直、陶行知等。1911年，考入金陵大学化学系。毕业后，由于品学兼优，被推荐前往美国哥伦比亚大学继续深造学习。留美期间，遭遇针对华人的歧视，他义愤填膺地写下了诗句："热血横飞恨满腔，汉儿发愿建新邦。"他接受"教育救国"思想影响，认为如果"科学救国"不重视人才的培养，那便是一句空话。要使国家富强，必须重视教育，建立起一支庞大的知识分子队伍，于是他立志从事教育工作。1922年6月，获得有机化学博士学位。8月，应北京高等师范学校（1923年更名为国立北京师范大学）校长聘请，回国担任教授兼理化部主任、理学系主任。在此期间，他与蔡元培、范源濂、马叙伦、陶行知等教育家交流，同时积极参加中华教育改进社的科普工作，负责科学教育研究，主持编译柯威和史罗苏的《科学与世界改造》一书（由商务印书馆出版），还曾两次担任代理校长职务。

1924年10月，陈裕光与鲍敏结婚。鲍敏的父亲鲍咸昌（1864—

1929），是商务印书馆创办人之一并担任总经理。商务印书馆创办于1897年。和陈烈明的事业一样，商务印书馆也从一个印刷小作坊起步，采取先进的企业化经营方式，逐渐兴旺起来，不久便成为全国规模最大、技术设备最先进的业内"领头羊"。

　　1925年8月，陈裕光的长子出世。按照陈氏家族的辈分排序，打头的名字应该是"隆"字。但进步的陈裕光觉得，"隆"字的商业气息过浓，应该修改。但族人都已经依"隆"字起名，变动后影响太大，族中那些老派人物更是不能接受。于是，他灵机一动，改字不改音，将"隆"字改为"农"。在他的心目中，中国是农业大国，必须以农为本，以农立国，中国才能从根本上强大起来。

　　1925年9月，应包文校长之聘，他回到母校金陵大学担任化学教授，同时兼任国立东南大学教授。1928年11月，由于国民政府收回教育自主权，陈裕光被推举为校长，主持校政，成为金大的第一任中国校长。此后，他连续担任校长长达20余年，是我国现代高等教育史上任期最长的校长。

　　带领金陵大学师生成功西迁之后，他在成都的寓所遭到日寇飞机轰炸。那是1939年6月11日的傍晚，那一年幼女陈佩结年仅五岁。后来陈佩结回忆道：那天，数十架日军飞机排成3行，铺天盖地地飞到了成都上空，全家正在吃晚饭。爷爷、奶奶、父母、姑妈（陈竹君）在室内用餐。哥哥姐姐四人刚巧在凉台上吃饭。看到飞机后他们马上大喊："日本飞机来了，快跑……"一听这话，妈妈一下子就把陈佩结抱了起来。当他们离开家门不久，炸弹就落了下来，位置便在她家墙外的小路边，三层的房子被炸得剧烈摇晃，楼板四处乱飞。她和母亲一下子陷了下去。爬起来以后，母亲拽住她继续往前跑。两个哥哥和大姐三人待在一起，二姐佩德一人单独站在草地上。只听大哥农文叫道："佩德，快过来！"二姐听到后，立即跑向哥哥和姐姐。就在二姐快要跑到大哥他们跟前时，二姐刚才站过的地方有一块"弹片"突然爆炸，差一点儿炸到他们。母亲领着他们大声呼喊着"爸爸"和"爷爷，奶奶"。原来，飞机来袭时，他们都先后跑了出去，父亲、姑姑赶紧拉起祖父和祖母。老人们催促父亲和姑姑先跑，他俩坚决不肯，扶着两位古稀老人慢慢地往楼下走。由于行走缓慢了些，他们还没有离开家门便都给炸倒了，祖母和姑姑头部受伤，所幸不是很严重。陈先生虽然没有流血，却伤到了筋骨。在这次日机空袭中，金大农学院植物病理系助教张益诚被炸身亡，动物系教授陈纳逊的夫人也不幸中枪。第二天，陈校长拖着带伤的身体去看望伤亡师生与死者家属，主持学校应变事宜，人心因此安定。

1949年，陈裕光先生带领师生迎接南京解放。1951年3月，因年事已高，他辞去金陵大学的任职，在上海轻工业研究所担任化学顾问，成功研制胶版印刷所用材料，替代了成本高昂、制作不易的铜版印刷。改革开放后，陈裕光先生以90岁的高龄，远涉万里重洋，只身飞赴美国。在美国的两个月里，他去各地看望金陵校友，放映祖国尤其是南京现代化建设的幻灯片给校友欣赏，希望他们回祖国讲学、合作开展交流项目或旅游。1982年5月，陈裕光先生由上海迁回南京，在汉口路71号定居。在他去世前，小妹陈越梅从台湾赶来看望他，并将父亲陈烈明的骨灰安葬在南京。

陈校长对子女的家庭教育

陈裕光先生与妻子鲍敏养育了二子三女，即农文和农安，佩丽、佩德和佩结。五个子女都是金大的学生，农文和农安就读于物理学系，佩丽就读于化学系，佩德和佩结就读于园艺系。作为校长，陈裕光先生致力于"校园生活家庭化"；作为家长，他有意识地让"家庭生活校园化"。他不允许子女有"优越感"，从来不带子女到公共场合抛头露面、结交"名流"，也不许他们讲"我爸如何、如何"。如果他们与父亲一起出门到学校去，快到金大校门时，陈裕光就会让他们快点儿走，先进去。

有一次，陈佩德的老师李家文来到校长家，前来开门的是陈佩德。

他惊讶地问："你怎么跑到校长家里来啦？"陈佩德赶快低声回答："李先生请进，我一会向您报告。"坐定之后，当陈佩德端茶进来时，陈裕光介绍说："这是我的老四。"李家文有点儿不好意思地说："我一向只知道佩德是园艺系的学生。"陈校长马上接着说："这样好。"于是，他们都笑了。

但也有一次"例外"。1950年暑期，19岁的陈佩德即将和同学们一起去山东参加农村"基础数字"调查，这是她第一次离家出远门。离校前，陈校长在大门口送行，在和带队老师握手告别后，当见到队伍里的陈佩德时，他主动向女儿伸出了手，陈佩德也就出队同"陈校长"握手。当陈佩德听见队伍里有人在问："这小女孩是谁呀？她怎么会认识校长？"她慌忙低头跑回队伍……这是陈裕光唯一的一次，在校园里与孩子相认。

1934年陈裕光全家合影

作为校长，陈裕光教导学生在修得君子之气质、绅士之风度的同时，还要养成尊重他人的权利和思想的美德与习惯。有一次，女儿陈佩丽邀请同学来家里聚会。正巧陈裕光先生在家，同学们一下子拘谨起来，变得轻声细语、蹑手蹑脚。过了一会，他们看到校长走下楼来，戴上礼帽，拿起手杖，和蔼地同大家打声招呼，便走出寓所大门"办事"去了。于是同学们尽兴地欢聚了一个下午。当佩丽送走同学，回到寓所，却发现父亲在书房里看书。原来，陈裕光回家后，发现楼下一下子安静起来，意识到是自己把她们给吓住了。于是，他便佯装外出办事。出了寓所大门，他并没有离开，而是绕小楼转了半圈，又悄悄地从厨房小门上了二楼书房……

陈裕光要求子女养成勤俭节约的良好习惯。他的女儿陈佩德回忆道："未用完的练习本，父亲会亲手教我们拆裁整齐并装订好；一支小铅笔头到父亲手里，他会利用竹毛笔套为它绑上一个很精致的笔帽；削铅笔、包书皮……我们都能从父亲的言行中学到节俭和认真细致地做好每一件事的习惯。文具用品由父亲亲自为我们安排。记得在成都时，我们兄妹5人仅纸张和本子就需不少。父亲买回整刀的纸，指导我们装订成各种本子，并用结实的牛皮纸做封面；还替我们绘制了不同的格子，有横格、竖格、大字格、小字格等，垫在纸下很好用。"

陈佩德记得父亲常说："不能给小孩养成乱花钱的习惯。"她记得自己在金陵大学住校时，父亲每月提供12元钱，其中安排7元交伙食费、2元购买卫生用品及小衣物、3元钱买水果及其他食品。她很节省并且善于理财，每月省下2元，通过零存整取，年终可以得到25元，加上一个月因中奖省去缴纳2元钱，这样累计获得27元，能够用来支付一学期的费用了。父亲知道后非常开心，把月供提升为15元，让她每月存两份，这样全年的费用就都有了。

后来他们理解了父亲倡导勤俭，有其背后的深层用意，那就是"俭以养廉"。他说："廉在个人为公私取与之分际。昔人以有所不取为廉字之释义。惟其有所不取，始能取所当取。夫养廉之道，在于勤俭，勤所以增加生产，俭所以节省消费，生之者众，食之者寡，则无求于人，即为有与于人之始。故曰勤俭为服务之本，所谓'节用以爱人'，即是此意。"

陈裕光常常告诫他们，要有仁爱之心。1945年7月16日《金陵大学校刊》刊载题为《陈校长由美返校全校师生热烈欢迎》的文章，其中提及这样一件感人的事情："陈校长讲学归来，特将旅费撙节所得，购买维太命丸数十磅，携归分赠本校教职员同仁，私人行李因此过重，只好留存美国友人处。千里送鹅毛，礼轻仁义重。陈校长关心同仁营养，公而忘私，皆极感奋。"

与此事相对应，陈佩德还记得，他们见到一年没见的父亲，开心之余,看着一件件行李,心里琢磨着会有怎样的礼物出现。令他们失望的是,没有看到一支铅笔、一块手绢,甚至是一个糖块。父亲难过地解释说:"真的对不起,托运行李时把钱都用光了。"他指着两大箱维生素A和维生素C,对母亲说,自己利用节省下来的一笔生活费买了这些维生素。他郑重地说道:"这可是好东西哦。"那时,正逢抗战后期,由于生活条件艰苦,教职工、家属以及学生严重缺乏营养,很多人患有结核病。于是,在父亲刚刚回来后的那段时间里,孩子们多了一份每天必做的"家庭作业":下班后,父亲从总务处要来一叠叠六七寸见方的白纸,每天晚上让他们将药片分成小包,最后分发给体弱的老师、家属和学生。因为父亲特别相信维生素的作用,一心想给教职员和学生补充点儿营养。

除了难以忘记父亲的教诲,他们对于父亲留下的遗物也特别珍惜。如陈裕光的幼女陈佩结一直珍藏着父亲手稿:如回忆与陶行知先生交往的文章《忆挚友,念行知》;回顾以往经历的文章,如《关于在金大时期的特殊情况》《谈谈我在北京任教时期的情况》《关于我做学生期间的一些情况》;以及父亲最为重要的总结性文章《关于回忆稿的主要修改意见》等等。

陈裕华、黄丽明夫妇:建筑师(大学教授)与中学校长

陈裕华(1901—1962),字蕴辉,1924年毕业于金陵大学理科,1928年6月获(美)伊利诺伊大学建筑系学士学位,1931年6月获(美)康乃尔大学土木工程系硕士学位,回国后协助父亲经营陈明记营造厂,任总

1938年前后陈裕华、黄丽明夫妇(后排中)与家人合影

经理和技术工程师（新中国成立后任教于南京工学院建筑系），并一度担任营造厂厂主。1933年，成为中国工程师学会会员。1930至1936年之间，他还任教于国立中央大学和上海私立之江大学建筑工程系，并一度开业自营建筑师事务所。抗日战争期间任南京新华银行分行经理。1953年至1960年，任南京工学院（现东南大学）建筑系教授，讲授建筑构造课程。作为建筑师，陈裕华深受父亲影响，对设计水平和工程质量的要求十分严格。在莫愁路教堂的建设施工过程中，将建筑图纸等资料用金属盒密封后埋在地下，既防止丢失又便于后人修缮时使用。

黄丽明（1907—2009），祖籍广东花县。1923—1927年进入金陵女子文理学院（以下简称"金女大"）体育系学习。20岁时毕业于金女大体育系。1929年以全额奖学金就读于美国威斯理安学院体育系。1931年，受金女大校长吴贻芳邀请，接任金女大体育系主任职位。1933年，黄丽明与陈裕华结婚。

1936年，第十一届奥运会在德国柏林举行，黄丽明担任中国代表队女子领队。在开幕式上，走在队伍前面的旗手受了惊吓，黄丽明一把拿过大旗扛稳了。1945年，黄丽明任南京明德女中校长；1952年，从南京明德女

1932年第一次全国体育会议宣言起草委员合影（中间为黄丽明）　　黄丽明百岁照片（来自网络）

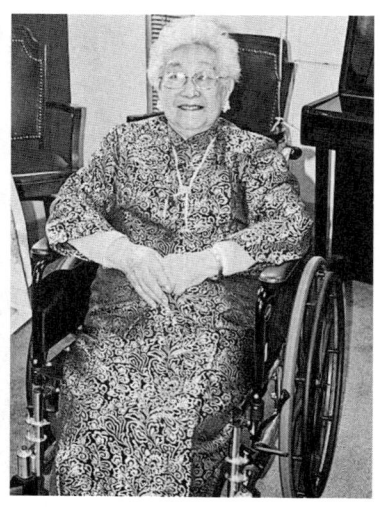

中调任南京四中教师，教授英语、生理等课程。1972年从南京四中退休。2008年北京举办奥运会，黄丽明曾准备回国亲临阔别了72年的奥运会，但终因年事过高而未能成行。

陈裕光先生子女：遵循父亲遗嘱，捐资助教

在陈裕光先生晚年时，他最为牵挂的事情，就是希望中国的高等教育能够有更大的发展，有更多的外部支持。1988年，也就是在陈裕光先生去世的前一年，他留下了一个愿望，那就是希望金陵大学的学生们，能够有一个联络感情、加强合作、交流学术、开展研究的"家"。所以，他决定把汉口路71号捐赠作为基金。

1993年，海内外金大校友倡议建立金陵研究院，以永久纪念母校。1994年，陈裕光先生幼女陈佩结被推举为筹备小组副组长。1995年4月，农业部批复同意在南京农业大学设立金陵研究院。1996年5月31日，数亿海内外观众在中央电视台《新闻联播》节目看到这样一条消息："曾经长期担任金陵大学校长的陈裕光先生的子女，遵照父亲的遗愿，将私房变资500万元人民币，捐赠给南京农业大学筹造金陵研究院。"

"金陵研究院"，即南京农业大学金陵研究院。南京农业大学的前身南京农学院，是1952年因院系调整，由金陵大学农学院和南京大学农学院（原中央大学农学院）合并起来的学校。建院的宗旨是通过办学联络海内外金大校友，进行学术交流、科学研究，培养21世纪高级科技人才和架设国际合作交流的桥梁，使"金陵"为国育才的治学精神和优良传统世代永续，为科教兴国，特别是科教兴农，实现祖国的现代化作出应有的贡献。

1998年9月金陵研究院大楼落成，占地面积14000平方米，由建筑设计大师齐康院士设计。总建筑面积9333平方米，由南北两个楼联结而成。南楼3层，有陈裕光纪念大厅（内设陈裕光校长半身铜像）、陈列展览大厅（校史馆）、多功能厅、国际会议大厅及接待室、会议室等，可供学术交

金陵研究院大楼（校史馆）入口　　　　　　陈裕光先生塑像

流、接待校友和会议使用；北楼6层，设有遗传育种和种质创新国家重点开放实验室、国家大豆改良中心及部级开放实验室，供教学科研使用。为此，陈裕光校长子女捐助500万元（其中40万元用于设立"陈裕光奖学基金"）。10月4日，在金陵大学建校110周年之日，400多位校友参加了金陵研究院大楼落成和陈裕光校长铜像揭幕庆典大会。

十八、"有学识更有勇气"：清溪村朱家

"朱偰旧居"位于清溪村1号，是一座西式独户建筑。建造于1948年，2009年4月被南京市人民政府评为"南京重要近现代建筑"。清溪村是一条极小的巷子，由朱偰命名。从巷口走上一个高坡，不远处便是1号。打开一道铁门，一座宽阔的庭院便呈现眼前。因其位置所在，先生将之命名为"半山别墅"。庭院里有很多树，如冬青树、枇杷树，还有一株在冬天里香气四溢的蜡梅树。

故居前旧影（朱偰夫人居中，右一朱元春，左一朱元昌，朱偰夫人怀抱的是朱元智）

朱希祖：新式家庭教育的探索者

朱希祖（1879—1944），字逖先，朱偰的父亲，我国现代著名历史学家、藏书家。出生于浙江海盐，自幼家贫，十四五岁时，在乡下教书的父亲就去世了。1905年，他考取官费留学，赴日本早稻田大学师范科研习历

史，师从著名国学大师章太炎先生。1919—1931年，他在北京大学任中国文学系主任及史学系主任，讲授中国史学概要、断代史及文学史，后转到广州中山大学任教。1932年朱偰来到南京。1934年2月25日，朱希祖也来到南京，一开始住在大悲巷5号朱偰家，之后迁至太平桥南8号，再后至桃源新村59号，最后落脚于文昌桥塞唎布厂2号之2。

朱希祖有6个子女：朱倩、朱倓、朱偰、朱偘、朱侨、朱倞。朱偰曾撰文回忆自己早期接受的家庭教育："余幼受庭训，未入小学，先君于课馆之暇，常躬自授读，谆谆教诲，期望良殷……余年十一，始受读《楚辞》《文选》；先君更于课余灯下，亲为讲解《史记》。"

1918年，随着16岁的大女儿朱倩（1902—1918）因患肺结核逝世，家庭教育的方式也发生了重大改变。朱偰回忆道："她好像含苞待放的蓓蕾一样，被无情的暴风雨摧折了。父亲失去了爱女，非常伤心。经过这次打击，他才觉得以前的家庭教育的方式方法是不对的；青少年应该德育、智育、体育并重，不能关在书房里读死书，弄得死气沉沉，甚至影响身体。于是他教我们搞体育运动，提倡打乒乓球、踢足球，并带我们出去旅行，接触大自然的美景，认识祖国壮丽的河山。"在南京，朱希祖先生经常和家人游览名胜古迹。如1935年3月10日，朱先生和妻子、女儿、儿子、女婿一起去胡家花园，又至凤凰台、凤游寺、阮籍衣冠冢。下午去雨花台，然后去大报恩寺观看碑刻，直至下午

朱希祖

朱倩旧照

五点回到家中。

　　二女儿朱倓（1905—1980），字仲婜、仲娴，号菊龄，一直是朱希祖的学术助手。她毕业于北京大学研究所国学门，曾任广州市中山图书馆馆长。她建立了广州首个妇女联合会，也是著名史学家罗香林的夫人，是当时颇有名气的"女中英杰"。

　　1934年6月11日，朱希祖作诗《台城》："建康宫阙已成尘，剩有台城尚绝伦。最占金陵佳丽处，湖山只许六朝人。"同时还修改女儿的同名诗："古道荒凉夕照西，台城柳色最凄迷。空余一片城头月，来吊萧梁乌夜啼。"6月24日，作诗《青溪访王昌龄故居》："戎马诗歌意壮哉，龙标高格盛唐开。从军誓斩楼兰去，出塞生擒吐谷回。笛里关山魂飘渺，溪边杨柳梦徘徊。只今唯有松间月，曾照茅亭药院来。"同时改定二女儿同名诗："吾爱王夫子，斋心旧宅中。茅亭明月白，药院夕阳红。紫葛娟娟露，青萝瑟瑟风。豪华一洗尽，幽赏兴无穷。"可见先生的教诲不同一般。

　　1935年3月31日，二女儿朱倓出嫁，女婿是罗香林（1906—1978），字元一、号乙堂，中国近现代著名历史学家、华侨史专家、民族学家、客家学的奠基人、族谱学创立者。朱希祖在当天日记里写下："是夜卧颇不宁。"次日，女婿来车请一家人"会亲"。当晚，他在日记中写道："菊女出迎，色颇喜乐"，最后一句话还是"是夜卧仍不宁"。尽管后来他们去广州任职，远离自己，朱先生与女婿、女儿通过鸿雁传书继续保持着亲密而又严格的联系。

　　作为一位学者，他更加关心的是女婿女儿在学术研究方面的进展。1936年9月9日，致信女婿罗香林："知君任广州市立图书馆长，兼中山大学讲师，授隋唐五代史三小时，而欲以仲娴为图书馆总干事，薪金百元。今欲问者数事，望逐条详细回答""余以为，此馆如不增加经费，多用人

朱倓旧照

而不买书，则直是一毫无意味之机关"。建议女婿"此后亦宜多看书，少作文，专精隋唐五代史，不可旁骛，此则余所深望也。与其成一当家翁，不如成一专门学者重要"。1936年10月13日致信罗香林："唐史急宜猛进，研究岁月如流，勿专务外，为人轻送流年，有切实之学问而后有附丽之荣名。研究唐史者近渐人多，非有毅力精心，恐不能出人头地。《论语》言'欲速则不达'，见小利则大事不成，研究唐史实为一大事，且又不可不达，至要，至要。"

由此，罗香林采纳岳父的建议，购入了大批珍贵图书文献，并面向社会发动捐书，自己带头捐一百多册，组织编印图书目录，汇编专业史料，校注珍本，筹建广东文献陈列室。因此，著名学者饶宗颐在其《罗香林教授之学问渊源》一文中，认为罗香林的学问渊源之一便是"外学与内学"，所谓"外学"是指"外父之学"，外父即为岳父；而"内学"即指"内子之学"，内子即夫人。饶宗颐说："罗夫人（朱倓）对明史很有研究，她对晚明史书的造诣不在罗先生之下。"

1936年5月27日，朱希祖在日记中写道："大儿适在家，持《万里长城歌》请修改。……夜修改《万里长城歌》，期以发皇国人精神。"次日在日记又说："此歌拟为学校及军中唱歌而作，务在通俗，惟须振起固有民族精神，使不畏缩颓靡而已。"他们共同创作的《万里长城歌》，首句便是"君不见，长城万里气吞胡，秦皇汉武逞雄图。但使长城名不灭，大汉天声终不绝"。

二儿子朱偰就读于北京大学农学院，学的是农业，后为贵州省农林厅的高级工程师，全国第三届人大代表。三儿子朱偹毕业于北大经济系。四儿子朱偀1944年中央大学地理系毕业，曾在远征军当翻译。

1937年11月，朱希祖随同中央大学西迁四川重庆。1940年3月，他被聘请为国史馆筹备委员会总干事，后兼任考试院考选委员会委员。因多病，辞去史馆职务，专任考试院务，并从事学术研究。1944年7月5日卒，年仅66岁。

朱希祖与朱偰父子：调查南京名胜古迹

1932年的夏天，25岁的朱偰获得博士学位，回国后不久便受聘成为国立中央大学经济系教授。两年后，其父朱希祖也来到南京，受聘于国立中央大学，担任史学系主任。父子同为一校，并均为系主任，一时传为佳话。

1934年的秋天，有两位德国朋友，一位是国民政府顾问梅慈纳，一位叫博尔士满，是德国柏林大学教授。他们对南京古迹极有兴趣。因为碑文的年代难以考证，因此邀请朱先生参加野外调查。于是，先生不无感慨地写道："可惜我国自己的宝藏，自己却不知其存亡，一任风吹雨打，霜雪剥蚀，还需仰仗外人替我们做考古的工作，是何等的惭愧！因此我趁此机会，拟将南都古迹，一一摄取，加以考证，加以整理，庶使此重要工作，不落在外人手中。"

朱偰在授课之余，背着一只德国相机，对南京的名胜古迹进行实地调查，并从事摄影测量。他和父亲的足迹，西至安徽太平，东至丹阳经山，南至江宁秣陵，东南至句容淳化，北至长江。举凡史乘记载，野老传闻，无不按图索骥，遍加访问。这是南京历史上，对南京地面文物的第一次普查。他们最早用现代考古方法，用一部相机对南京的地面文物进行实地摄影、测量。通过14次实地调查，发现了齐宣帝永安陵、齐高帝秦安陵、齐武帝景安陵等13处六朝古墓。

在《六朝陵墓调查报告》的序言里，朱希祖写道："杜外人之觊觎，扬先哲之耿光。"那时，日本人已占领东三省，正欲吞并中国，不能眼看着国家的宝藏落入敌寇的铁蹄之下。"爱国之情"加上"亡国之痛"，促使朱希祖父子挑起调查六朝古墓的大梁。其《六朝陵墓调查报告》更是为后人研究六朝陵墓、石刻打下坚实基础，大多数观点沿用至今。

在中国的习惯中，一个人除了名之外，还有一个"字"，名只能父母叫，外人只能称字，而不能称呼名。朱先生在正规会议上把儿子作为同事对待，一直用儿子的"字"伯商来称呼他，确实不同凡俗。

朱偰的著作《金陵古迹图考》完稿后，父亲为他写了一篇序，其中一句话是"亲父誉之，不若非其父者也"。意思是亲生父亲赞扬他，还不如让别人来赞扬他。整篇序言，一小半是赞扬，更多的是进行学术论辩。

《金陵古迹图考》里的320幅图片，是从一千多幅照片中精选编成，一图一考，相辅而行。它与《金陵古迹名胜影集》《建康兰陵六朝陵墓图考》，成为最早系统介绍南京历史文化遗存的著作。出版后，一时洛阳纸贵，影响广泛。就连远在延安的刘伯承将军读到此书时，也为之叫好。

通过实地调查，朱偰比较"四大中国古都"，认为"金陵为最"。这是因为南京"文学之昌盛，人物之俊彦，山川之灵秀，气象之宏伟，以及与民族患难相共，休戚相关之密切"。

朱偰：守护城墙的"明城墙之父"

朱偰（1907—1968），字伯商，经济学家和历史学家。在南京，朱偰做了两件事情，让人们一直记得他：一件是用照片记录下金陵遗迹，另一件则是保护明城墙。

1949年8月8日，中央大学改名南京大学，朱偰继续担任南大经济系教授及系主任。1949年12月至1950年3月，他延续此前对南京附近六朝遗迹的调查，与胡小石、刘敦桢、曾昭燏等专家先后八次实地勘察，最后由他们共同具名给新政府写了报告，提出了保护的具体办法。

1951年9月22日，朱偰正在南京大学教学，中共南京市委派人来云：

《金陵古迹名胜影集》书影

"刘伯承将军、陈毅将军欲一见朱先生。"约定翌日派车来接。落座后，刘伯承将军高兴地说："昔日在延安读你的书（按：指《金陵古迹图考》）时，很想与作者一见。可那时我在解放区，先生在国民党统治区。今日书与作者俱在面前，可谓如愿以偿。"随后，朱偰先生陪同刘伯承奔赴南京城的四处，现场勘察并逐一介绍历史名胜的沿革及地形地貌。

朱偰

1954年4月，北京图书馆成立海内著作家手稿部，前来征求朱希祖遗稿。朱偰在日记里这样写道："余初未忍割爱，继思先君为国内著名史学家，著作等身，蜚声士林，其学术造诣，固非一家所得而私。昔人著作，藏之名山，今人著作，藏之国立图书馆，固得其所也。因将全部手稿，毅然应征，仅保存日记数十册及《郦亭诗稿》原稿数十页，以作家人纪念。"

1956年5月，朱偰撰写了《南京的六朝遗址》《丹阳的六朝陵墓石刻》。8月，时任江苏省文化局副局长的朱偰，接到明城墙面临被拆毁的紧急报告，心急如焚，赶到毁城现场。著名的石头城遗址被拆得面目全非，成为一堆瓦砾废墟。由此，他对建设部门提出严厉批评，坚持要保护鬼脸城。同时还四处奔走，联合社会各界共同呼吁，电告文化部，并发表相关文章，产生了巨大的影响。经过一番努力，终于保住中华门这一段城墙、石头城及南京城墙的大半。次年，他却因此事被撤销职务，戴上了"右派"帽子，被发配到出版社当了一名编辑。即便是这样，当原江苏省文化局周邨局长关心他的近况，并要他收集整理希祖先生遗著之后，朱偰在接受劳动改造的农场茅舍，在昏暗的灯光下，忘记疲劳和痛苦，悉心研究，仔细校勘。他还用满是裂口的手，奋笔疾书，写出了《修复南京六朝陵墓古迹中重要的发现》。终于，朱希祖的《汲冢书考》《明季史料题跋》两本遗著，分别于1960年和1961年由北京中华书局出版。

1961年9月，他调入南京图书馆工作。随后一直在工作余暇，跋涉于南京城郊，询访各古迹遗址。精密考证测绘，通宵达旦绘制成《金陵古迹图》《南京近郊名胜古迹图》和《明代宫城复原图》，并写出论文《从一篇新发现的明人故宫记中研究明故宫的制度和建筑》。

1966年"文革"开始后，朱偰被隔离审查，遭遇多次抄家。1968年7月15日，他不堪忍受，在成贤街南京图书馆含恨结束生命。1978年，在追悼朱偰的大会上，终生至交刘海粟先生送去挽联："真理长存，铁骨丹心昭百世；是非论定，文章经济耀千秋。"

朱偰后人：整理出版前辈遗作

朱偰的子女都很优秀，朱元晔20世纪50年代初参军，从事空军地勤工作，后转业；朱元昱是学校的田径教练，曾打破全国800米纪录；朱元春是北京工商大学机械自动化学院副教授，曾获过国家科学技术进步奖二等奖；朱元昌去新疆支边，后任南京卫岗乳制品厂长；朱元智考取包头师院数学系，是江苏省戏剧学校语文老师；幼子朱元曙考取南师中文系，后来成为南京梅园中学副校长。

朱偰子女受父亲影响，受家庭熏陶，十分喜欢文史。朱元春觉得父亲受祖父影响非常大，热爱民族国家、热爱中国传统文化、治学严谨、热爱家乡："最重要的当然是对文史的热爱，父亲虽然专业是经济，但史学是家传。父亲和两位姑妈都没有上小学，祖父亲自教授。父亲中国传统教育功底很扎实，常常走着路诗就作出来了，诗词的格律早在肚子里。"

朱元春说："父亲从没有望子成龙的想法，只是启发我们独立思考。他给我们讲诗歌，并说，他的父亲告诉他读诗要探本求源，直追汉魏，切不可与齐梁作后尘，他也经常和我们说文史。"

朱元春说："我的精神家园就是整理他们的手稿，这是先人留给我们的任务。就像《诗经·小雅·小宛》说的，'夙兴夜寐，毋忝尔所生'，不要辜负生你养你的父母。我希望把他们的文字整理出来，为社会做贡献。这是我的愿望。"

从2005年开始，朱偰幼子朱元曙一直在和两个姐姐朱元春、朱元智整理祖父和父亲留下来的作品。

2005年至2012年，朱元曙父子受中华书局委托，历时七年整理出版《朱希祖文集》。

朱元曙，1953年出生，初中就读于清溪村附近的54中，毕业后进工厂，做了8年的钳工。"文革"期间，母亲教他《古文观止》。后来，母亲请来南京博物院的老师教他古汉语，辅导他学习历史典籍。

朱元曙说，整理《郦亭诗稿》一事颇费周折，有一段失而复得的过程。1944年朱希祖去世后，《郦亭诗稿》由朱希祖的长子朱偰珍藏。1965年的秋天，在朱偰儿子朱元昌去新疆支边前夕，朱偰将手抄的《郦亭诗稿》副本交给他带走。1966年，"文革"开始不久，朱家的藏书被红卫兵焚烧了老半天，再加上屡次被抄家，《郦亭诗稿》的原稿及整理本早已杳无踪影。1968年春节，朱元昌借返宁探亲机会，为了给父亲一点精神慰藉，便特地将此副本从新疆携回，交给了父亲。谁知不久朱偰就被隔离审查……1972年，因为落实政策，朱家又搬回了老屋，当时住在里面的人还未完全搬走。一天，教过朱元曙的李洪树老师悄悄交给他一卷稿本，打开一看，《郦亭诗稿》四字赫然在目。李老师说，他有一次打开卫生间的气窗，无意间在气窗的玻璃与纱窗之间的空隙处发现了这本诗稿。他想这一定是朱家藏的东西，而且一定很重要，便将它秘密藏在家中，等以后交给它的主人。

2013年11月，朱元曙和儿子朱乐川编辑出版了《朱希祖先生年谱长编》十二卷。其实，早在1944年朱希祖逝世后，朱偰就编有一份《先君朱

书影

逖先生年谱》。但因受战争影响，许多资料不在身边，所以有些舛误。1959年，朱偰受中华书局委托，整理朱希祖遗著，想根据日记、信札、文稿、笔记及他人著述，修订原先的年谱，但因循未果。随着资料收集得越来越多，朱元曙决心以《年谱长编》的形式来完成。同时，越来越多的家人和朋友也加入进来，如姐姐朱元春从国家图书馆一字一句地抄来祖父的留日日记，还复印了其他资料；当时就读于南京师范大学文学院的儿子朱乐川也参与考证。可以说这部《朱希祖先生年谱长编》凝聚了朱家三代人的心血。

2014年之后，朱元曙之子朱乐川（出生于1986年），在北京师范大学文学院进行博士后研究工作，一直延续着朱希祖的学术之路。2016年6月回到南京，任教于南师大国际文化教育学院，2019年晋升为副教授。2022年，通过主持国家社科基金后期资助项目"章太炎语源学理论研究"，出版专著《章太炎语源学理论》。现任南京师范大学国际文化教育学院副教授，预科部主任。

对于历史文化遗产南京明城墙，朱元曙把它形容为一个"历史老人"。他说：因为受到父亲的影响，我自己也学中文，所以对地面的一些历史文物古迹有兴趣，但我不是这方面的专家，只能说是爱好者。我也曾经办过一些讲座，给学生们作一些南京历史文化遗存的讲解。他认为学校不是培养考试机器的地方，要培养的是全面发展的、有文化、有修养的人。所以文化遗产、非物质文化遗产、自然遗产相关课程进校园，对学校来说应该是有百利而无一害。他欣喜地看到自己曾经所在的学校开设了一门校本课程，把父亲的《金陵古迹图考》重新编写了缩略本《南京的名胜古迹》。

十九、"燃烧自己,照亮他人":莲子营姚家

故居旧影(左为从西侧俯瞰,右为正面)

莲子营44号,原名"鹭州别墅"(胡小石先生题字),1934年由姚文采设计,傅记营造厂承建,占地面积550平方米,红瓦尖顶、楼阁有气窗、立柱、凉台,大尺度的门、窗,台阶造型独特,庭院中间有走道,两旁种植有对称的花草、果木。它的主人是民国时期南京教育家姚文采。姚先生与陶行知先生既是同乡,又是同事。《陶行知日志》载:1946年4月12日,到(南)京住文采家。"鹭州别墅"历经抗战时期的破坏、"文革"时期的冲击,2007年终遭拆毁,2015年于原址南侧复建,成为一幢纪念性建筑。

姚文采：从山村贫苦娃成长为教育家

姚文采孙女绘制的祖父画像

姚文采（1893—1958），原名蕴丰，歙县九砂村人。曾任东南大学生物系教授，先后担任安徽中学、南京市第六中学校长，抗战时期兼任黄山建设委员会工赈处副主任、黄山管理局局长等职，著有《生物学讲义》《解剖学讲义》等作品。妻子屡淑贞，生有三子启厚、启安、启伦及女岫玲。姚启厚（1922—1968），在江苏省农科所工作，"文革"时被迫害致死，"文革"后平反，长女姚禾及幼女姚洁先后赴美国留学，多次回国探亲。姚启安（1926—2000）和他的妻子陈秀珍一直从教育事业，获得特级教师称号。姚岫玲（1938— ），1994年退休前是南京市幼儿师范学校教师。姚启伦（1942— ）退休前是南京分析仪器厂技师。

姚文采先生家乡地处山区，自幼家境贫寒，父亲是一位私塾先生，后在县城教堂为传教士唐俊贤做事，文采才得以免费就读于崇一学堂。他与陶行知是同学，性格相投，相处亲如兄弟。毕业后，姚文采因家贫无法继续念书，便在一所小学里担任教师。有一次，考取南京金陵大学的陶行知放暑假回到家乡，返校前对送行的姚文采问道："你就这样干一辈子小学教师吗？"在当时的社会背景下，到城市接受先进思想和先进文化，成为"救亡"的出路所在。姚文采无言以对。陶行知接着说："你跟我出去吧，我有饭吃，你就有饭吃。"于是，姚文采和陶行知一起来到南京，一起住在金陵大学学生宿舍内。他一方面替教授刻钢板领取少量报酬，一方面勤奋苦读，终于考取了南京汇文学堂医学院（后并入金陵大学），后改读生命系，直到大学毕业。

毕业后，姚文采考取上海邮电局。陶行知赴洋留学，临行前姚文采准备去送别，可是邮电局的上司是一个外国人，不准假。于是，姚文采愤然辞职。后因生活没有着落，回到南京。正巧，有一个外国人所办的私立学校，校长有事回国，经人介绍，姚文采便去该校当代理校长。

1917年，陶行知留美学成归国，任南京高等师范学堂（后改名东南大学、中央大学）教授兼教务长。因学生不满意一位生物教授的教学，陶行知便推荐了姚文采。他亲自听课，经过考察，学生们也很满意，于是姚文采又被聘为生物学、解剖学教授。后来，他还同时兼任私立安徽公学（1929年改名安徽中学）副校长兼教师、晓庄师范生物教师、国立国术体育专科学校解剖学教师。

1923年，经过陶行知与姚文采的共同努力，将停办了近十年的安徽旅宁公学恢复招生，他们分别担任正副校长，并将校名改为"安徽公学"。1924年，陶行知强调师生"共甘苦，共生活，共造校风，共守校规"的重要性，他希望姚文采等同事"小心翼翼，如临大敌""精神集中在训育方面""全校教职员偕同旧生以身作则，拿全副精神来同化新生"。1927年3月，国民革命军进城后，陶行知组织战地救护队。陶行知亲任领队，与姚文采及十几个学生救护北伐军战士。这些举动激励安徽公学学生树立关心时事、积极参与社会的责任感，也充分反映了陶行知"社会即学校"的思想。

1929年9月，陶行知因致力晓庄乡村师范教育，坚请辞职，经校董会决议，由姚文采继任校长。姚文采请学校的老师写了"继往开来"四字贴在大礼堂里，依照陶行知原定的办学方针、教育措施行事。

1930年4月，国民党当局查封晓庄师范，陶行知出走日本，姚文采等几十名师生被捕。姚爱兰、郭刚等爱国青年学生被残害于雨花台，姚文采被关进南京瞻园路宪兵司令部。在关押的两个月中，姚文采常被吊起来拷打，差点丧命，后经张治中（安徽中学校董）保释。

困难时期，姚文采先生曾变卖私有房产补充办学经费。他亲自兼教生物课，在校内创办生物园，添购教学仪器，制作各种标本以供教学使用。经过一番努力，安徽中学拥有价值10万余元的图书、仪器、标本等教学设备，包括南京仅有的从德国进口的人体解剖标本。学生人数也由建校初期的3个班130人，增加到1936年的20余班1500余人。在南京市会考中，该校学生总成绩多次名列前茅。

吴梅（瞿庵）先生曾作校歌："龙眠潜霍隔江青，童冠集群英。十年时事成荆棘，弦歌地变成了军声。今日重栽桃李，一堂如见澄平。客愁乡梦不须生，相对读书灯。南朝自古多才彦，论游学最好金陵。漫听八公鹤唳，行看万里鹏程。"南京安徽公学成为当时设备齐全、校风端正、纪律严明、成绩优良的颇负盛名的私立中学。背后是姚校长所持有的先进的教育思想和办学理念，因此也就培养了大量人才，其中有1923年在此就读的抗日将领戴安澜（1904—1942），著名水利专家、博士生导师程良骏（1921—2015），冯玉祥将军之女、国际著名免疫学家冯理达（1925—2008），世界上第一位深入南极腹地、探索南极第一高峰"文森峰"的女性、著名地质学家金庆民（1939—1999）等人。

1934年，国内皖籍知名人士组成了"黄山建设委员会"，陶行知对家乡建设十分关注，提出要把徽州建成"东方瑞士"的设想。姚文采更是身体力行，选取同窗好友、中央大学美术系、北平艺专教授、国画家汪采白的三十六幅黄山景观国画，送往上海印成精致的彩色画册《黄海卧游集》。画册由许世英和胡适作序，胡小石题词。1936年，姚文采和友人在黄山紫云溪温泉附近，合盖了一幢民族形式的两层楼房，并开设"天都文物社"。他还结合《黄山志》所载旧式地图和中央大学地理系奥地利籍教授费斯孟勘测制成的黄山地形图，由天都文物社改绘成《黄山游览路线图》，印制出售，方便游客。1937年，抗日战争全面爆发，黄山的建筑工程一概停工，千余工人及其家属的生活顿陷困境。姚文采把工人留了下来，以工代赈维持生活，主持铺设从温泉通往云谷寺的路面，建造温泉大厦、散花精舍，疏浚桃花溪，建成双龙桥、排云亭等多处景观。

1937年，日寇空袭南京，姚文采将安徽中学迁至屯溪，经过一番辛勤努力初具规模。当时由南京迁去的学生，以及在屯溪招收的学生共有九百多名。1945年8月烽火未息，车马不通，姚文采即刻派遣程翔云、姚启厚、洪余庆等为先遣组，由屯赴宁，复校接收，重建校园。

在陶行知公祭时姚文采悲愤地作报告

姚先生是陶行知教育实验的最忠实、最有力的支持者，又是他教育思想的积极实践者。姚先生提出培养"科学精神、美术精神和大丈夫精神"。1946年，李公朴、闻一多被害后，特务扬言下一个就是陶行知，因此，陶行知在南京常住姚家。尽管四周有特务监视，姚文采毫无畏惧，派儿子姚启厚和其他学生护送他逃往上海。不久，陶行知因过劳发病逝于上海。灵柩从上海运回南京公葬，沈钧儒主祭，姚文采率安徽中学和晓庄师范师生列队迎灵，沿途路祭，并在家中挂起陶先生的遗像以示抗议。1947年，陶行知逝世周年纪念日，学校将

1950年4月20日南京市第三届各界人民代表会议全体代表留影（局部，第二排左五为姚文采先生）

大礼堂（原上江考棚的明恕堂）改名为"行知馆"（现为南京市文物保护单位）以示纪念。

1951年9月，安徽中学并入南京市第六中学，姚文采仍担任校长，后调入教师进修学院工作。

姚启安：在课堂上直接手绘地图的地理教师

姚文采次子姚启安，是南京市第六中学的地理教师。他的妻子陈秀珍也是一位老师，在三十中教授语文。他们生育有七个子女，分别是于杭、于荔、于宁、于宪、于蓉、于蓓和于颉，名字大多由母亲所起。有以出生地为名，如前二者；女孩子以出生季节的花草为名；也有以国家该年发生的大事件为名，如"宪"，是纪念1954年新中国第一部宪法的颁布。

姚启安大学毕业照

1943年，姚启安毕业于安徽中学皖南屯溪分校。1948年，毕业于上海暨南大学，毕业后在安徽中学和福建省莆田中、小学任教。1951年，在安徽中学任教。1956年，任南京六中地理教研组组长。1968年，他的3个子女到农村插队，次年11月他带领全家下放苏北宿迁农村。1979年8月回到南京，继续任教于南京六中。1983年预考，该校的地理成绩为全市第二。1984年兼任校史组负责人。

南京是一座大都市，有诸如南大、南师大的地理系，以及中国科学院地理与湖泊研究所。在他看来，这是一个难得的教学研究有利条件。南京教师进修学院经常组织地理教师到高校学习，他聆听过许多大学教授的讲课，还参加过南师大高年级的野外实习，采集岩石标本。地理学会也会组织会员赴外地参观学习。

1985年加入中国民主促进会，被推举为白下区第四、五届委员，担任政协常委兼副秘书长及《白下文史》刊物编委。该年，南京市教育局指定专人陪同29位西德外宾，来到六中旁听他的讲课。那是一堂初中一年级的地理课，讲授中国在世界上的地理位置。在阶梯教室里，姚启安把一幅中国地图挂上黑板，指出东南西北四个方位。他不仅让学生们听明白了，也使外宾了解到中华人民共和国疆域的广大。通过翻译交换意见，他的讲课得到客人们的称赞。1986年，他负责编撰《白下文史》的专辑《姚文采和陶行知》，并与李承勋、张家保合作编撰《南京安徽中学简史》，还独立撰写了《行知馆和上江考棚》等文章。

1987年11月1日，他在一篇自述里写道，"我受家庭影响颇深，父亲经常教导我们，凡作一事必须看目的。利人利己的事情可做，利人不利己的事情也该做，利己不利人、不利人又不利己的事情不做"。"姚家父子见证了南京六中60余年的发展历程：从1923年父亲创办安徽中学至1952年与六中合并，前后30年；自己作为安徽中学的中学生6年，作为这个学校的教师有着37年的教龄"。

他认为，中学的地理课是一个公民应具备的常识课。特别是从少年转为青年的重要时期，是一个人成长最关键的时期，打好地理学科的牢固基础，会使他们终生受益。一个好的文科教师，首先是业务水平要达到一个相当的高度，专业知识要比教课本儿那一点知识强百倍千倍，这样才能胜任自如，融会贯通，能够回答出学生的任何问题。其次，文科老师应该是一位博学者，要具有渊博的史、地、政，甚至一些理科的基础知识，要养成每天看书和阅读相关期刊、报纸的习

外出学习在月台上候车的姚启安老师

惯，这是积累广泛知识最好的方式。

他是这样想的，也是这样做的。笔者曾经是姚老师的高中文科班学生，姚老师上课经常不用挂地图，一支粉笔在手，边讲边画，地理位置、气候、物产等相关知识点，交代得清清楚楚。学生们都被他那渊博的知识与高超的徒手绘图本领所折服。姚老师从来不会大声训斥批评学生，但对他们要求严格。有同学回忆，最怕姚老师在课堂提问。如果有问题回答不上了，那么姚老师会走近他的课桌，站在被提问同学的面前，把问题再重复一遍，然后双目炯炯有神地看着他，没有批评，就那么安静地盯几秒钟，便使学生惭愧得无地自容了。

姚启安的女儿姚于蓉和女婿韦毅都在教育界工作。他时常提醒：要做好本职工作，要记住自己是一个教育世家的后代。晚年时，对于孙辈的早期教育，也一再告诫：教育孩子，学做诚实善良之人，比抓学习成绩更为重要。

姚于蓉：热爱绘画的历史教师

1981年为父亲设计的书籍封面

2012年，姚于蓉从南京市中华中学历史教研组长岗位上退休下来。她出生于1956年。1969年随父亲下放宿迁农村。1975年高中毕业后在宿迁陆集公社画宣传画。1976年因绘画特长进入宿迁玻璃厂，边做学徒工边为厂里画画，同时参加县文化馆创作活动。1978年报考大学，想着报考实用美术专业，最后被徐州师范学院录取，于是选择了历史专业。在北京实习，速写历史学家白寿彝，创作《女大学生》在校园展出。1982年分配到南京中华中学，担任历史教师兼班主任。1987年被破格聘为中级教师岗位。1988年在工人文化宫学习静物写生。1996年评为高级教师职称。

和父亲一样，姚于蓉非常注重课堂教学外的知识积累，她还是南京市历史学会的会员。作为名师，在历史学科的高考试卷分析中，她注重"能力考查"的原则，经常强调"仅仅靠死记硬背课文是行不通的"。不仅要深入了解重大史实的内涵外延，理解重要的历史概念，还必须能够举一反三，融会贯通，具备对重要历史事实和历史现象的理解阐述能力和分析、归纳、概括能力。她的授课，能够关注社会热点、贴近现实生活，但也不刻意追逐热点、焦点。她还大胆开发历史校本课程，勇于探索，如开设《中国古代建筑》课程。

1982年与父母、姐姐合影（后排中为姚于蓉）

2005年，纪念抗日战争胜利60周年，姚于蓉在课堂上讲授"伟大的抗战精神"。她认为："日本侵华的历史，是中国人民心中永远不能抹去的伤痛；而抗日战争的历史，则是一曲中华民族在抗争中走向解放的壮歌。"她用数据告诉同学们，那是一场实力悬殊的战争："1937年，日本年产钢580万吨，飞机1580架、坦克330辆、大炮740门。而当时的中国，钢的年产量只有4万吨，军事工业薄弱，只能生产一些轻武器……"她同样用数据和实例告诉同学们："这又是一场让侵略者胆寒的战争。国难当头，英烈辈出。8年抗战，中国的敌后战场和正面战场共进行重大战役200余次，大小战斗近20万次，歼灭日军155万多人，占第二次世界大战日军伤亡总数的75%以上，以伤亡3500万人，占当时总人口的8%，直接经济损失1000亿美元，间接经济损失5000亿美元的巨大代价，最终打垮了骄横一世的日本法西斯……"最后，她把"抗战精神"概括为："万众一心的

故居拆除前的"告别"合影（左图为姚于蓉夫妇，右图为姚于蓉兄弟姐妹）

精神、宁死不屈的精神、百折不挠的精神。"

2007年3月20日，《金陵晚报》报道"陶行知最后的一处住所"面临被拆除的危险境地，并借此指出："南京虽然已在加大对于非文物类近代优秀建筑的保护力度，并为之立法，逐步重视近代历史建筑维修、保护与利用的研究工作，但显而易见，累积的旧账，加上面临大规模的旧城改造，越来越多的历史建筑将会面临生存危机，必须进一步加大保护、科学利用的研究和实施力度，尽量不要让保护的速度落后于建设的力度。"

面对故居即将被拆除，她与大哥姚于杭、二姐姚于宁等家人心急如焚。4月28日，姚于蓉以一个"南京市民"的名义向有关部门的负责人递交了一份建议书《呼吁保护莲子营44号民国建筑》。她不仅介绍了故居的历史与现状，阐述应该保护的理由，还引用了《南京市重要近现代建筑保护条例》等法规条款。她指出：这幢建筑既是南京著名教育人士姚文采的故居，也是著名教育家陶行知在南京的"客寓之所"。同时，她还在信中列举了南京市规划和文物部门，以及陶行知研究专家的意见和建议，他们一致认为应当"作为纪念文物给予保护"。她特别引用了东南大学民国建筑保护专家刘先觉教授斩钉截铁的看法："应该当着准文物来保护。"然而结果还是不如人意。

2012年退休，姚于蓉拿起画笔走进金陵老年大学水彩班的课堂。

2015年，继续学习油画。在室内，她在家画厨房里的鲜花、新鲜蔬菜、茶点，画同学、画朋友。在室外，她描绘"东水关的冬天""莫愁湖的夏天"。她和父亲一样喜欢旅游，不一样的是她拿着画笔。她远足太行山、新疆、西藏、川西、云贵等地，创作绘画作品"春到林芝""甘南姐妹"。从2016年开始，她游历东欧、南非、西班牙、葡萄牙、西欧和美洲，完成大量的速写，绘制多幅水彩和油画作品。

姚于蓉油画作品

回顾自己的教学生涯，姚于蓉觉得让自己做好教学的最大动力，一是父辈一再强调的勤劳、善良、诚实和守信；还有就是与学生及其家长的真诚交往，这些都体现在学生毕业后的来信和留言里。

文采书屋：家庭聚会时不变的话题

2018年2月，为纪念民国初期教育家姚文采先生，秦淮区政府将复建后的故居打造为一个全民阅读的书屋。姚家人来此聚会，甚至自带菜点举办过一个家庭午餐会。围绕家事，他们有说不完的话，最多的话题，自然是对于祖父的回忆，以及在故居里那些温馨的往事。

2018年11月在文采书屋二楼聚餐合影

姚文采的孙子姚于杭，出生于1948年。他记得儿时，祖父从教师进修

1967年兄妹合影　　　　　　　1988年大家庭春节合影

学院下班回家后，总是一个人待在房间里，拿着放大镜翻看书报，很少与孙辈说话。但记忆中有着唯一的一次，在他即将上小学一年级的那一年，祖父带着他以及两个妹妹去热闹的夫子庙。和通常的老人不一样，祖父给他们买的不是好吃的食物，而是三只用竹子做的小鸟，回家后一直挂在堂屋里的顶棚。他当时心里还是很失望的，但现在想来，那些小鸟何尝不是祖父内心的一份嘱托和希望呢？

1968年，姚于杭到宝应县插队务农。1971年，他买了半导体收音机，跟着电台学英语。1977年2月，调入江苏省建筑公司，成为一名起重工。1980年底，通过江苏省人事局向全社会招考外语人员，他进入金陵饭店担任英文翻译，一直干到退休，还继续留用了几年。

1992年8月，姚于杭曾经带着儿子来到黄山，参观当时尚存的"散花精舍"。因为姚家来自黄山脚下歙县，因为祖父曾经为建设黄山出过力，更因为父亲下班后常带《旅行家》杂志回来给他们看，所以他们兄妹几个都热爱旅行，自然也经常说起黄山。他告诉儿子，"散花精舍"由祖父姚文采亲自设计，并指认出父亲姚启安中学时代暑假期间居住的寝室。姚于蓉多次去黄山写生，姚启伦的儿子姚园经常参观位于歙县的现代徽文化交流中心活动……因此姚文采先生对黄山景区的贡献，也是聚会时必然提及

抗战时期姚文采家人在散花精舍前合影

的话题之一。

2012年12月，他来到南京六合区东王社区（原东王乡），拜访了姚爱兰烈士年近七旬的侄子姚老伯。因为童年时，姚于杭经常听祖母提到晓庄师范有个学生名叫姚爱兰，后来与其他晓庄师范的学生一起牺牲了。一开始他以为是自己家的亲戚，后来才知道是祖父钟爱的学生之一。沿着姚爱兰当年走向集镇的那条小路，他们一起缓慢地向前走着，仿佛是走在过去的时光里。

姚于杭儿子姚磬萑在散花精舍前留影

姚文采建筑设计的天赋，在第四代得以传承：2011年姚文采的重外孙韦劭辰从德国亚琛工业大学建筑系硕士毕业，随后在德国从事建筑设计工作五年。2017年回到祖国，在上海从事"绿色建筑"的研发与推广。

二十、执着向上：文昌巷童家

文昌巷52号，是著名建筑大师童寯的故居。1992年3月被列为南京市文物保护单位，2002年被列为江苏省文物保护单位。

从文昌巷的北边向南眺望，只能看到故居外墙立面上的一扇铁门。除了门边有文物标示牌之外，基本上就是一面水泥墙壁，没有什么特别之处。但是，里面却别有乾坤：整栋建筑位于小院南部，坐北朝南，砖混结构，木质门窗，英国别墅风格，有阁楼、大面积红色平瓦斜屋面，红砖清水墙面，毛石墙为基座，西南为附属用房，整座院落典雅简洁。院落占地面积414平方米，建筑面积133平方米。

打开铁门，一条花径从庭院穿过。走进去，过道的尽头是一个客厅，童寯的孙媳妇张琴回忆："1990年夏天的一个晚上，穿过一条又窄又长的通道，推开客厅的门，乍然惊见他在墙上的镜框中瞪着她。"在客厅靠窗的地方，有一把躺椅和一张小圆桌，童寯最爱坐在那里看书、写作、研究建筑图。其实，这客厅也是教室。北京大学考古文博学院教授，博士生导

故居北入口　　　　　　　　故居南院外立面

师方拥回忆：童先生的授课方式，主要是定期地见面讨论。上课时学生的任务是尽量提问，老师逐一解答。

童寯：集慈爱与严厉于一身的家长

童寯（1900—1983），字伯潜，满族，辽宁沈阳人，著名建筑师、建筑学家和教育家。曾设计过南京原国民政府外交部大楼、上海大戏院等100多处建筑。著有《近百年西方建筑史》《新建筑与流派》《造园史纲》《随园考》及英文专著《东南园墅》等。他的《江南园林志》一书，是研究中国传统园林艺术的经典之作，南京门西愚园（俗称"胡家花园"）的复建，就是以他的手绘图为蓝本。

1982年，童寯在清华建筑系翻阅资料

妻子关蔚然（1900—1956），长子童诗白清华大学教授、长媳郑敏北京师范大学教授，次子童林夙东南大学教授，三子童林弼中国航天工业部教授级高级工程师。

父亲恩格（1869—1945），满族正蓝族，原姓钮祜禄氏，后改汉姓，曾任"奉天省"教育厅长，是家族中的第一位读书人，进士出身。据说，他们家有完整的族谱。童寯兄弟有三人，童寯是长兄。二弟童廥（1903—1978），留学日本，任东北电业局总工程师近50年。三弟童村（1906—1994），医学家、微生物学家，1942年获美国约翰·霍普金斯大学公共卫生学博士学位，1946年回国从事青霉素实验研究，历任上海第三制药厂副厂长兼总工程师、上海医药工业研究院副院长、名誉院长，是我国抗生素事业的先驱者。

1910年前后，童寯与父亲恩格（右）在沈阳浩然里的合影

1910年9月，童寯进入奉天省立第一小学读书，开始学习四书五经。1917年9月，进入奉天省第一中学读书。1920年7月，中学毕业，决心攻读土木工程，希望以此助力家乡建设。1921年9月，考入北平清华学堂高等科，在校期间举办个人钢笔画、水彩画画展。他经常聆听梁启超、胡适、王国维等先生的讲座。

1925年9月，公费留美，入宾夕法尼亚大学建筑系，与陈植、杨廷宝经常相聚，与梁思成则成为宾大期间的室友。在设计导师毕克莱的指导下，仅用三年时间完成了学业，获硕士学位。在此期间，他的作业曾经分别获得全美大学生建筑设计竞赛一等奖和二等奖。1930年归国，途经欧洲，用时3个月，流连十余国考察文艺复兴时期建筑，完成了大量的绘画作品，写就一厚本《旅欧日记》。回到沈阳后，任东北大学建筑系教授。1931年，继任东北大学建筑系主任。11月应陈植之邀，赴上海加入陈植、赵深在上海组建的事务所（1932年元旦更名为"华盖建筑师事务所"）。1944年，应刘敦桢邀请任教中央大学建筑系，授课之余从事建筑师职业。在此期间，童寯与赵深还接济过不少生活困难的同伴，如诗人梁宗岱、作家老舍、建筑学家刘敦桢，以及同为清华校友的曹禺、张钰哲等。1949年，中华人民共和国成立后，专职任教于南京大学建筑系。1952年，因院系调整，在南京工学院（现东南大学）建筑系任教授。

童寯终身以读书著述自娱，他说："人生唯在读书时，趣味最多，然最快乐而最可纪念者，盖莫过于学建筑之生活。"从1932年到1937年，他遍访苏州、无锡、常熟、扬州、上海及杭嘉湖等地考察江南园林，踏勘、摄影、测绘，完成划时代专著《江南园林志》。童寯长子童诗白回忆道："星期天父亲很少在家休息，他休息的方式是带着照相机到上海附近或铁路沿线有园林的地方去考察，偶尔也带我去，那些地方有些是荒芜的园子，主人早已不住在里面，父亲向看守人说明来意并给一些小费后，就能进去参观照相。"1979年，出版《近百年西方建筑史》。也就是这一年，南京准备建设当时中国最高的建筑金陵饭店。在设计审查方案会上，有人持否定或保留态度，童寯明确表示："这是第一流设计。"1981年，他完成《东南园墅》的英文初稿，其后两年病重，住院时也携带书稿，时加订正。1982年7月，住院手术后才10天，他就在病床上校核《造园史纲》清样，以后又抱病为《大百科全书·建筑卷》撰写"江南园林"条目。1983年3月，他在病榻上口述该书结尾部分。两周后，这颗"紧张而丰富的心脏"停止了跳动。

他视好友为家人，并要求家人也这样做。有一种说法，童寯未能应梁思成邀约去北京，就是因为不能割舍与杨廷宝、刘敦桢的友谊。童寯比杨廷宝长一岁，但他们二人是同月同日出生，而且又先后进入清华大学和美国宾夕法尼亚大

1980年杨廷宝、童文及童寯在一起讨论合影

学建筑系学习，后来又在南京一起共事。他曾说过："我和杨廷宝到美国在同一所大学学建筑专业，学的课程一样，生活工作一样，观点又凑巧一样，在学术、技术、艺术各问题上，我们没有争论过，不是由于客气或虚心，而是由于看法一致。研究室在处理问题上，只要是他说过的，我就不重复，完全同意。"

1982年，童寯在原南京军区总医院开刀，听到杨廷宝因突发脑出血住院而子女一时赶不回来，便让长子童诗白在杨廷宝家住了一整夜。出院后，他不顾自己极度虚弱的体质，由次子童林凤陪同去探望杨廷宝，"两位老人，两双手长久握在一起，不舍分开。其情其景，让在场的所有人都为之动容"。

童寯从北京治疗返回南京，当得知杨廷宝去世的消息，他第一时间让次子童林凤陪同去看望杨廷宝的遗孀陈法青女士，并且在病榻上写下一篇悼文《一代哲人今已矣，更于何处觅知音》。文章最后一句话是："作为我的知心朋友之一，他的下世，对我尤其是进入桑榆晚景的老境，打击是难以用语言形容的。"即便在老人们相继去世之后，他们的后人还在延续着父辈的友谊。

对孙子一辈的教育，童寯的方式也很特别。他虽然很严格，但从来不会责骂或体罚孩子。童文小时候很调皮。一位友人送给童寯一盆兰花，童先生精心呵护，但在开出花朵时却被童文扯下来，在桌上摆了一个图案，对此，

1974年童文（前排左一）、童明（前排右一）与童寯在庭院里的合影

自己还很得意。童寯虽然生气但并没有发作，只是绷着脸不说话。还有一次，童文拽猫尾巴玩，结果猫开始拉稀不止，童寯非常生气，但还是用故事来教育童文："你属虎，猫教老虎跑、跳，有一天老虎觉得都学会了，要吃猫，结果猫上树，猫留了最后一招没教给虎。所以虎不能虐待猫。"

童文回顾祖父对自己的影响时说：祖父对我言传身教，因势利导。祖父曾经给我制定过一个学习计划，每晚十点到十点半睡觉前，读古书半小时。方法很特别，由我朗读一到两节段落，然后祖父讲解。高中毕业时，我开始学习古文并产生兴趣，祖父便主动为我补课，选课外读物。他主张读经书为主，而辅以一些古代散文增加兴趣。例如在《古文观止》中，他只点了三篇让我必读必背。这三篇是《马援诫兄子严敦书》《春夜宴桃李园序》和《陋室铭》。我这才开始意识到他的学识之渊博。祖父总是深入浅出地说出令人深思的评论。在帮助祖父录入书稿文字时，童文曾经不解地问道："为什么要写这个？有多少人愿意看？又有多少人看得懂？"童寯沉吟良久，只说了一句话："后人总比我们聪明。"所以童文说，是祖父"使我开始懂得什么是大学问"。童文后来成为著名的华为公司无线CTO兼5G首席科学家。

关蔚然：永远的女主人

在童寯的一生中，有一个最大的遗憾，那便是妻子因病早逝。

1920年童寯与关蔚然成婚，她是女子师范学校的高才生。在美国读书时，童寯给妻子寄去了自己的照片，背后还写上了自己的诗："对镜青丝白几根，最贪梦绕旧家园。西窗夜雨归期误，慕听邻居笑语温。"读书回国后，关蔚然是童寯事业上的助手，《江南园林志》手稿就是她一手誊抄而成。1931年，"九·一八"事变之后，童寯一家开始了颠沛流离的生活。上海沦陷之后，在不得已的情况下，童寯带着长子去了四川，关蔚然

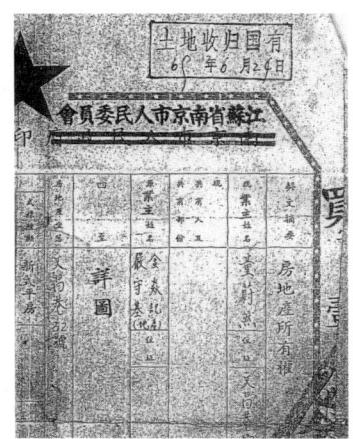

1934年冬童寯一家合影　　　　　　1955年房产证（业主是女主人的名字）

带着两个幼子留在上海。她一个人带着两个孩子本来就很艰难，加之他们整日与弄堂里的小孩们混在一起，还不断受到日本人的欺负。为了防止他们学坏，关蔚然想尽了办法。后来她在拍卖行买下一架外国人逃离上海时低价出手的钢琴，请了一位老人授课，让他们花很多时间在弹钢琴上。她还要求孩子们用毛笔写大字，写得好给予奖励，还请了英文教师教他们学习英文。有一次她带着最小的儿子童林弼外出，在街上被持枪的日本兵追赶，逃回家后昏迷几天，从此落下心脏病根。

抗日战争胜利后，中央大学迁回南京。1946年，因为任教以及打理华盖建筑师事务所南京分部的业务，童寯考虑定居南京。在选中了文昌巷的位置之后，他倾其所有，亲自规划设计，居所终于于次年建成，他为之取名为"陋室"，房产证上只写着妻子的名字。

1956年夫人去世，有人建议童寯再找个老伴，他坚决不肯。并且，妻子生前房间摆设，一桌一椅，丝毫未动。

有一次，童寯接待欧洲的一个代表团，外宾说中国园林是从日本园林脱胎而来。童寯决定再写一本书，一本英文书，告诉全世界，什么是中国园林。他说：我要写就写小册子，跟旅行社、旅游部门挂钩，可以扩大一点影响，这便是《东南园墅》。他希望来中国旅游的外国游客人手一册。

尽管他曾经出版过一部《日本近现代建筑》，但因为心底还留有伤痛，所以一次他在资料室阅读资料，南京工学院建筑系的领导带着日本建筑师学会代表来看望他，在介绍完客人后，童先生合上书籍，站起身来，一言不发地绕过人群走开。等了很久不见他回来，领导和客人才知道他已经回家了。

他在床头总挂着一幅妻子的照片，并且终身不再续娶。他曾经对长子童诗白说"你的母亲是世界上最好的女人"；又对次子童林夙说，再找一位这样聪明正直的妻子是不可能的了。孙女童蔚的名字取自于妻子；孙子童文名字中的"文"字，也出自妻子婚前的名字。

童诗白：我国电子学学科的奠基人

童寯的长子童诗白（1920—2005），是我国电子学学科的奠基人。童诗白毕业于西南联大，后来留学伊利诺伊大学，获博士学位，是清华大学知名教授。其夫人郑敏（1920—2022），也毕业于西南联大，北师大名教授、诗人。

童诗白特别敬仰父亲"坚持真理，刚正不阿，严谨治学，朴实无华"的高尚品德，并以此为榜样。1946年，童诗白由西南联合大学电机系毕业，在家庭影响下选择了教师这个职业，在清华大学电机系任教。1948年，踏上了自费赴美留学的历程。1951年获博士学位，1954

1982年合影，后排从左至右为童诗白、郑敏、童蔚，前排左一为童朗

年童诗白放弃种种优厚的条件和待遇，冲破重重阻挠，于次年6月经香港回到了日夜思念的祖国。从此，数十年如一日，始终工作在教学和科研的第一线。

童寯的孙女童蔚，在回忆父亲童诗白的文章《有容乃大，真平和——记父亲童诗白》里写道：童寯给父亲起名的含义，其一，是希望他承继"诗书门第"的家传，"为人清白"；其二，"写诗学李白"；其三，"诗白"谐音"思北"，缘于日本人占领东三省，全家移居上海，叮嘱他，迁居南方也不要忘了北方故土。

1978年夏天，童诗白、郑敏夫妇收到了父亲写来的一封英文长信。这封书信让郑敏十分震惊。郑敏说，这是她读过的最罗曼蒂克的写作，写的是他的爱情观，用的是19世纪小说的手笔。2017年，童寯孙女童蔚在祖父的祭日写下一首诗《致一位建筑师》，其中写道："他将园林与建筑合拢于双手，仿佛无缝衔接。"

童林夙："中国显示器之父"

童寯的次子童林夙（1933—2020年），东南大学电子科学与工程学院博士生导师，中国电子物理学领域的专家之一，中国显示器件技术领域的著名专家及领头人。1955年毕业于北京大学物理系，曾师从中国物理学家周培源、胡宁、王竹溪。主持编著《黑白显像管和显示管》《电子光学计算机辅助设计》《彩色显像管》《应用电子光学》4部专著和2部译著；获发明专利10项。夫人

童林夙（前排右一）向时任国务委员、中国科学院院长宋健汇报展示研究成果

詹宏英也任教于东南大学，是该校信息科学与工程学院著名教授。

在北京上大学的时候，有一次父亲约他中午12点到中山公园吃饭。他迟了10钟，父亲冷冷地对他说："你迟到了，我今天没时间了，明天你再来吧。"此后，童林夙再也不敢迟到。

1955年7月，童林夙毕业后，加入中国人民解放军大连海军基地，成为中国第一个研制核潜艇团队的成员，随后又参加钱三强、何泽慧团队的中子弹研究项目。1957年，为了照顾父亲，他从北京调回来，并且从事了一个跟此前并不相关的专业，但他表现得依然出色：1980年，牵头研制电视显像管的国产化。1987年，他代表国家有关部门主持对国家22个大型彩色显像管项目进行评估，为国家节省投资额10多亿元。

1950年代以后，童寯每天坚持徒步到学校，校方看他辛苦，提出安排汽车接送，被他一口回绝，理由是："汽油宝贵，不要浪费在我身上。"后来校方提出为他购置一辆三轮车，童寯更为生气："我最看不惯别人哈腰卖力气，自己坐在车上！"在校方的坚持下，童寯最后应允，但提出条件：须由自己的儿子——50多岁的电子系教授童林夙蹬车。于是，在东南大学的校园里就出现了这样的风景：头发花白戴着眼镜的童教授，吃力地蹬着三轮车，另一位童教授坐在车上，一言不发，面色如常。

1981年7月的暑假里，童林夙汗流浃背地将父亲童寯完成的《东南园墅》手稿用打字机敲打出来。

虽然东南大学也给童林夙夫妇在兰园分配了一套住房，但他们还是习惯住在这里。两位老人依然固执地保留着房子的布局和颜色，保留着童寯在世时的一切家具摆设。为了让童寯住宅发挥社会作用，童林夙和詹宏英夫妇曾有愿望把文昌巷老宅变成纪念馆，以便让更多人知道童寯的故事。

在童林夙次子童明的印象中，病重的父亲即使在生命最后的时光，也依然不愿松懈，他最希望看到的，是童家的后人能够事业精进，勤奋刻苦，于国家和社会"有用"。

童明、张琴夫妇：为祖父策展、编撰书籍

童明（1968—），东南大学建筑学院教授、博士生导师，继承了祖父的建筑学专业，并把学术研究的领域拓展至城市规划学，童寯的孙媳妇，也就是童明的妻子张琴，获得过东南大学建筑学学士，同济大学城市规划硕士、博士学位，是阮仪三城市遗产保护基金会发起人。

1986年，童明考取南京工学院（1988年改名"东南大学"）建筑系。他说：这原本不是他自己的志愿，"只是因为爷爷去世后，家里最年长的长辈就是叔爷童村了，他专程从上海打来电话，跟我爸妈谈，让我必须学建筑"。随后分别获得本科与硕士学位。1993年，他到同济大学读博，同时在资深建筑图书编辑杨永生（1931—2012）的指导下，整理《童寯文集》。1997年，童明整理出祖父的遗作《东南园墅》，经中国建筑工业出版社出版。还整理完成了祖父未完成的书稿《童寯文集》（1—4卷），以及童寯在欧洲的绘画集《童寯画录》和说明画录的《童寯画记》（英文）。

1999年，童明自同济大学建筑与城市规划学院城市规划理论与设计专业毕业，获博士学位，留校任教，担任城市规划系教授。2002年9月，为纪念童寯先生100周年诞辰，出版纪念集《关于童寯》，内容分为纪念文章和生平事迹照片两部分。由童文和童明撰写了《童寯年谱》，比较详尽地记述了爷爷的一生。

左一起为童林夙、张琴、童明及金允铨先生在童寯画室

2015年，童明去纽约访学，在费城的宾大建筑档案馆调阅祖父那批建筑师留在宾大的历史资料。他觉得自己对祖父一辈缺乏"实质性"认知，于是要把这段历史更为清晰、完整地梳理出来。9月，童明设计，装修改造了位于四牌楼校区图书馆三楼的"童寯画室"，并于2016年10月完工。

2016年12月4日，东南大学图书馆、东南大学建筑学院举办童寯画室开放揭幕仪式，三位院士（齐康、钟训正、王建国）以及刘敦桢先生家属刘叙杰、宋谊夫妇出席。童明认为爷爷的"绘画造诣和他的精神世界是相关的，他整个人的精神领域，实际上更多偏向于人文主义色彩"。

2017至2022年，童明先后分别在四地策划了三次层层递进的展览，主题都是围绕"毕业于宾夕法尼亚大学的中国第一代建筑师"及其做出的历史性贡献。2017年，在南京江苏省美术馆举办的展览"基石"，主题是关于100年前在宾大的第一批中国建筑留学生学成归来，为中国现代建筑发展所做出的奠基性贡献；2018年，在上海当代艺术博物馆举办的第二次展览"觉醒的现代性"，主要围绕这一批建筑师回国后，特别是在上海所从事的建筑实践；2019年，在清华大学艺术博物馆举办的第三次展览，名为"归成"，着重呈现以梁思成、林徽因为代表的第一代建筑学人在建筑理论、建筑史学等领域做出的贡献。2022年1月28日傍晚，他和美国宾夕法尼亚大学林中杰教授、同济大学李翔宁院长共同策展的"中国建造：现代建筑百年对话"（Building in China: A Century of Dialogues on Modern Architecture），在宾大费舍尔美术图书馆（Fisher Fine Arts Library）和建筑档案馆（Architectural Archives）开幕。

2020年，童明的父亲童林夙教授去世，这一年也是童寯先生120周年诞辰，他将工作关系转到了南京母校东南大学，回到自己的出生地，回到与爷爷一同生活过的城市，回到爷爷工作和生活过的地方。11月30日至12月30日，他在东南大学四牌楼校区前工院一楼，举办了"童寯、李剑晨先生诞辰120周年纪念展"。

童明说，回到南京"某种程度上，也是为了建成童寯纪念馆"。早在2014年，他的父辈，郑敏、童林夙及童林粥就向有关部门提交了《关于筹建童寯纪念馆的设想》："我们作为童寯先生的三位子女，并及全体家属，设想在童寯故居的基础上建设童寯纪念馆，它包括童寯住宅和反映有关中国近现代建筑发展历史的小型博物馆。"2015年1月，他完成了童寯纪念馆的设计方案。2016年1月，他把童寯纪念馆的规划总平面图，连同《文昌巷52号童寯故居修缮与再利用可行性报告》交到了秦淮区有关部门。

2018年，通过五年时间的收集、访问和梳理，张琴出版了《长夜的独行者——童寯1963–1983》。该书将她所能够收集到的关于童寯先生的资料，与相关人士的回忆串联在一起，呈现出一个更加鲜活真实的童寯先生形象。

她说，书名源于童文的讲述："祖父对我的期望是要好好地做人和做学问。他在我心中是做人、做学问的终极典范。在我幼小的心灵中，他是一盏智慧的明灯。"有意思的是，"独行者"的寓意，来自童寯先生的自我比喻："钟"。一是他在二十世纪六十年代就在课堂上鼓励学生提问。他说："要善于发问，要会提问题。比如敲钟，大敲之则大鸣，小敲之则小鸣，不敲则不鸣。"还有，他的生活极有规律，每天早上7点他离开文昌巷的家步行半个多小时到学校，然后坐在一楼资料室看书摘写笔记。久而久之，建筑系的师生都习惯了那个固定的座位上的，那个固定的身影。有的学生会向他提问，他要么当场回答，要么就是把问题记在纸条上过后回答。2021年8月，她又接着出版了《烽火中的华盖建筑师》，叙述了三位合伙人保持终身的令人感动的互相信任和诚挚友情。

他们和祖父一样，都认为建筑师是有社会责任的，建筑师不是简单地提供了一个房屋产品，而是为居民提供生活场所，要去"展示一个很好的建筑思考"。他们还认为，中国的社会现实正在发生巨变，各种各样的经济发展、社会转型，以及新型城市环境与城市生活的兴起，使得建筑这么一件事情就不再可能采用简单的工匠方式去重复以往所熟悉的事务。所以，要向先进的领域去学习，要向自己既往的历史去学习。

面对祖父给予的共同遗产，他们认为作为一个人最重要的是在品格上的培养。有了这种培养，就建立了一种自信，就可以把这些遗产介绍给公众，通过书的形式、展览的形式、访谈的形式，甚至还可以用"行走"的方式来进行宣传。

跋

　　有人说，在秦淮河畔感叹国家之兴亡，感叹家事之兴衰，感叹生命之短长，是在南京这个"文学之都"最为风雅的事情。

　　为此，我要首先感谢这些家族的后人们，因为没有他们的帮助也就没有这本书，可以说这本书是我和他们长期合作的结果；其次要感谢引领我进入地方志领域的恩师杨献文先生，他使我知道文化的传承需要一代又一代人付出努力；我还要感谢与我工作和生活在一起的亲朋好友，感谢他们给了我一个向上的融洽的生存与发展的人文环境；最后我要感谢我的家人，感谢他们对我的鼓励与支持，因为他们从来给我的都是祝福而不是压力。